U0104817

古典文獻研究輯刊

三三編

潘美月・杜潔祥 主編

第34冊

元代墓碑文研究（下）

范雪琳 著

國家圖書館出版品預行編目資料

元代墓碑文研究（下）／范雪琳 著 -- 初版 -- 新北市：花木蘭文化事業有限公司，2021〔民 110〕

目 4+196 面；19×26 公分

（古典文獻研究輯刊 三三編；第 34 冊）

ISBN 978-986-518-650-0（精裝）

1. 碑文 2. 研究考訂 3. 元代

011.08　　110012111

古典文獻研究輯刊

三三編　第三四冊　　ISBN：978-986-518-650-0

元代墓碑文研究（下）

作　　者　范雪琳

主　　編　潘美月、杜潔祥

總 編 輯　杜潔祥

副總編輯　楊嘉樂

編　　輯　許郁翎、張雅淋、潘玟靜　美術編輯　陳逸婷

出　　版　花木蘭文化事業有限公司

發 行 人　高小娟

聯絡地址　235 新北市中和區中安街七二號十三樓

電話：02-2923-1455 ／傳真：02-2923-1452

網　　址　http://www.huamulan.tw 信箱 service@huamulans.com

印　　刷　普羅文化出版廣告事業

初　　版　2021 年 9 月

全書字數　326349 字

定　　價　三三編 36 冊（精裝）台幣 90,000 元　

元代墓碑文研究（下）

范雪琳 著

目次

上冊

下編：元代墓碑文個案研究

第五章　元代墓碑文代表性作家研究

第一節　元代的墓碑文作家

根據筆者自《全元文》中統計的數字，目前元代留存有墓碑文的作家共有 424 位，其中留存作品最多者當屬吳澄，共有 204 篇；其次是黃溍，共有 187 篇；再次為虞集，共存 158 篇；其餘如程鉅夫（104）、姚燧（94）、蘇天爵（94）等在數量上也相當可觀。不過，代表性作家的選取並不能僅僅以留存作品數量的多少作為判斷依據，而是要綜合考慮各方面的選擇標準，除了現今有一定數量的碑文留存之外，作為代表性作家，其碑文在文體、文學、文獻等方面的價值必須要能夠突出元代碑文特點、顯示一代文章成就，才能夠稱其為「代表性作家」。

如果從前人評論、散文史或是文學史著作來看，被公推為元代一流文學作家的有兩位，一是姚燧，二是虞集。姚、虞二人今皆有數量豐富的墓碑文作品存世，其文章題名種類豐富，且由於墓主大多為高官顯貴，因而具有較高的文獻價值，另外，二人均為引領元代文風轉變的重要人物，因此碑文風格也頗具時代特色，所以姚燧與虞集兩人是我們在研究元代墓碑文時不可或缺的兩位代表作家。

姚、虞之下，則各家說法不一。如較早涉及元代散文，尤其是墓碑文研究的錢基博《中國文學史》，書中列舉了郝經、安熙、姚燧、元明善、馬祖常、蘇天爵、趙孟頫、袁桷、虞集、歐陽玄、黃溍、柳貫十二家碑文可觀者，對其文字風格、寫作成就進行品評，並列舉其代表作品，總體來看，錢氏的評語大多中切，但是由於其所處的時代背景較為特殊，使得他在寫作這本文學史時帶有較強的個人情感，因此有時難免會有失偏頗。此後鄧紹基《元代文學史》、漆緒邦《中國散文通史》等作品大多也是採取類似體例，但評價更為公允一些。而《中國歷代碑誌文話》中則是將墓碑文的創作與元代的復古思潮緊密結合，列舉了程鉅夫、吳澄、趙孟頫、劉因、盧摯、姚燧、歐陽玄、袁桷、揭傒斯、元明善、虞集、馬祖常、楊維楨十三家，通過元代的復古運動為線索，舉例說明這些作家在墓碑文創作的一些特點。但是《碑誌文話》在代表作家的選擇上有些似乎有些過於強調元代「復古」的參與者，比如盧摯，盧摯現今僅存墓碑文 4 篇，僅以《趙公神道碑》一篇為例就稱其為元代墓碑文的代表作家似乎有些難以服眾。

由於文章篇幅有限，我們只能基於學界的研究成果之上再次進行擇選：

從元代墓碑文的縱向發展來看，筆者在緒論部份將其分為三期，前期是金亡後至大德年間，中期是至大至至順年間，後期是元統年間至元代滅亡。姚燧與虞集可以被認定為是前、中兩期的代表作家，雖然元代後期的墓碑文在總體成就上稍遜於前兩期，但仍有蘇天爵這樣的可觀之人。蘇天爵曾學於虞集、馬祖常、袁桷等人，又曾長時間擔任監察職位，對於當時的政治、社會問題頗有記錄，且他與元代理學關係密切，其筆下多有元代理學家墓主，因此碑文文獻價值較高。另外，蘇天爵編纂有《元文類》一書，該書收錄有墓碑文作品十八卷 125 篇，是我們了解元人對於碑文看法的重要材料，因此蘇天爵的碑文是值得我們進行細緻分析的。

如果從墓碑文的價值來看，有些作家雖然今日留存作品的數量並不豐富，但是其文中的墓主是元代各領域中的重要人物，因此碑文中記錄了較多關於元代社會、歷史、文化等方面的內容，文獻價值較高，這樣的作家也是我們所應考慮到的，如歐陽玄，他雖然目前僅存墓碑文 40 篇，但其筆下既有元代理學發展的重要人物許衡，也有元代文學巨擘虞集，還有貫雲石這樣的少數民族作家，與朝廷關係密切的僧人釋守忠……歐陽玄為他們所撰寫的碑文中留下了大量的相關材料，對我們研究元代的理學、文學、宗教、民族等提供了重要幫助，且歐陽玄本身也是元代散文的代表性人物之一，因此歐陽玄也被納入個案研究之中。

危素是元明之際的重要人物，他經歷了元、明易代，因為政治經歷而為帝王所厭，也為後人所諷，但危素實則是元代理學與禮學傳承中一位較為重要的人物，他的碑文中涉及到了不少相關內容，同時，易代臣子的經歷、心態也在碑文之中有所顯現，這對我們研究易代文人來說也是非常寶貴的材料。

此外，還有一位作家的情況比較特殊，即元好問，關於元好問的朝代歸屬問題，學界一直存在不同聲音，如果從其碑文創作角度來看，現存作品中既有作於金代也有作於大蒙古國時者，且 1234 年金亡後，北方地區的實際統治權已經落入了蒙古人手中，元好問也並未從此不仕於蒙，倘若依據本文的收錄原則來看，元好問歸入元代也並無問題，不過，元好問作為金末入元的重要作家，在碑文上也卓有成就，因此學界對其碑文進行系統探究或細緻分析的研究作品頗多，如《元好問碑誌文研究》（喬芳，揚州大學碩士論文，2007年）一文，作者在文章中著重突出了元好問碑文中「以碑存史」的重要特點，舉例論證其史學價值，並對元氏碑文進行了系統分析與討論，對後人研究提供了一定助益，再有如魏崇武《論元好問「避難南渡」時期的散文創作》（《西南民族大學學報（人文社會科學版）》，2009 年第 12 期）、李貴銀《元好問借碑存史的書寫策略》（《歷史教學》，2018 年第 8 期）等等，對元好問碑文的各方面價值都有較為深入的探究，因此筆者在文中也不再贅述此類，而是將目光投向其他作家。

除以上幾人之外，我們提到過的元代較有名的墓碑文作家還有如吳澄、黃溍等等，吳澄的作品雖然留存較多，但其文章理學氣息濃厚，沖淡了文學色彩，在文學方面的價值有所欠缺；其餘如程鉅夫、黃溍的作品雖多，但總體價值相較同時期的姚燧、歐陽玄則要稍遜一籌，因此未被選入。

出於以上種種因素的考慮，筆者選取了五位元代墓碑文代表作家，分別是姚燧、虞集、歐陽玄、蘇天爵與危素，在本章中我們將對這五位墓碑文作家的作品進行更深層次的剖析。

第二節　姚燧

姚燧（1238～1313），字端甫，號牧庵，洛西（今河南洛陽）人，元代著名文學家。姚燧本人的行狀和墓碑文已經亡佚，生平事蹟多見於《元史・姚燧傳》〔註 1〕。按《元史》記載，姚燧三歲而孤，由伯父姚樞撫育成人。少時

〔註 1〕〔明〕宋濂等：《元史》卷一百七十四，列傳第六十一，中華書局，1976 年，頁 4057～4060。

受學許衡，年三十八時始為秦王府文學，後歷任中書左丞、昭文館大學士、翰林直學士、中憲大夫、翰林學士承旨、知制誥兼修國史等職，卒後謚曰文獻，曾參與修撰《世祖實錄》。《元史》評價曰：「蓋自延祐以前，文章大匠，莫能先之。或謂世無知燧者，曰：『豈惟知之，讀而能句，句而得其意者，猶寡。』」〔註2〕可見姚燧在當時文壇地位。

學界對姚燧的研究大約始自上世紀九十年代，馬曉敏《元代文學家姚燧研究綜述》〔註3〕一文曾對此進行總結：從墓碑文作品來看，目前學界研究側重於探討姚燧墓碑文的史料價值與人物刻畫等問題，如俞樟華、郭亞磊《略論姚燧墓誌銘的史傳文學價值》〔註4〕一文，對姚燧墓碑文的補史價值進行了舉例說明，並以全真教道士為代表對其墓碑文中的人物形象刻畫做了分析。張振雄《〈牧庵集〉的材料來源及所反映的元代社會》〔註5〕則是簡要論述了姚燧碑文所反映的元代政治事件、社會經濟以及學術文化問題，仍然是從其史料價值的角度來探討。張華清《姚燧散文研究》〔註6〕一文則將重點放在了姚燧碑傳的實錄精神與批判精神上，並涉及到了姚燧塑造人物的寫作手法以及姚燧碑傳的史料價值，但是關於姚燧作品中對於韓愈的師法、碑文的語言風格等問題還需要進一步的討論。其餘關於姚燧文學作品、文學思想、藝術風格等內容的研究作品，如查洪德《姚燧文章特色論》〔註7〕等，也對我們探討姚燧文章的風格、手法有所助益。

一、創作分期，文獻考辨

《元史》稱姚燧為以文著名，因此當時請銘者可謂絡繹不絕：「當時孝子順孫，欲發揮其先德，必得燧文始可傳信；其不得者，每為愧恥。故三十年間，國朝名臣世勛、顯行盛德，皆燧所書。每來謁文，必其行業可嘉，然後許

〔註2〕〔明〕宋濂等：《元史》卷一百七十四，列傳第六十一，中華書局，1976年，頁4059。

〔註3〕馬曉敏：《元代文學家姚燧研究綜述》，《內蒙古民族大學學報（社會科學版）》，2014年06期。

〔註4〕俞樟華、郭亞磊：《略論姚燧墓誌銘的史傳文學價值》，《荊楚理工學院學報》，2011年08期。

〔註5〕張振雄：《〈牧庵集〉的材料來源及所反映的元代社會》，《長春教育學院學報》，2015年第14期。

〔註6〕張華清：《姚燧散文研究》，揚州大學碩士學位論文，2015年。

〔註7〕查洪德：《姚燧文章特色論》，《文學與文化》，2011年03期。

可，辭無溢美。」〔註8〕張養浩在《牧庵姚文公文集序》中也稱「而將相鼎族，輦金篚幣，託銘先世勳德者，路謁門趨，如水赴壑。」〔註9〕可見一斑。從現今留存的篇目來看，姚燧存有神道碑銘五十七篇，佔據留存篇目的大半，且其中多有名臣顯宦，如姚樞（《中書左丞姚文獻公神道碑》）、史格（《平章政事史公神道碑》）、阿里海牙（《湖廣行省左丞神道碑》）、董文忠（《董文忠神道碑》）等，可知姚燧在當時確為碑版巨匠。而根據《全元文》及《姚燧集》〔註10〕中收錄的輯佚作品來看，姚燧現存墓碑文共94篇，其中包含神道碑銘57篇，墓誌銘16篇，道行碑5篇，先塋碑4篇，阡表4篇，壙道碑3篇，墓碣3篇，其他類1篇。

但其中《岳氏宗塋之碑》一文，《全元文》、《姚燧集》中均將此文列為輯佚之作，《全元文》稱其來源於《齊河縣志》，阮元等人所編《山左金石志》也收錄此文，《山左金石志》〔註11〕中稱此碑為後至元二年（1336）三月所立，據朱朗齋所錄，其撰文者為姚燧（1238～1313），書丹者為劉賡（1248～1328），纂額者為張養浩（1270～1329），三人皆為元代碑版巨擘，但後至元二年此碑立時三人皆早已不在人世；此外，《山左金石志》中稱此碑乃是敘述岳飛之弟岳傑贅於齊河鄧氏，即岳寧之祖，岳飛之墓在錢塘，其家子孫世代居於當地，而並未聽聞有齊河一支。《宋史》中只載有岳飛有弟名翻，沒有任何關於「岳傑」的記載。由此可見，此碑真偽實在是有待商榷，因此暫時將其剔除在外。此外，筆者從《北京圖書館藏中國歷代石刻拓本彙編》中輯佚出一篇《大元朝列大夫騎都尉弘農伯楊公神道碑銘》，因此，姚燧目前存世的墓碑文中應是有58篇神道碑銘，3篇先塋碑。

現今關於姚燧的年譜主要有兩種，一是姚燧門人劉時中所作《姚燧年譜》，查洪德編輯點校《姚燧集》中有收錄，二是今人王瑩所編《姚燧年譜》〔註12〕。劉氏為姚燧晚年所收門人，隨其南下，但此《年譜》內容較為簡略，且錯漏之處甚多，如將許衡、姚樞、楊氏等卒年編年錯誤，作品繫年也有不少漏編、錯

〔註8〕〔明〕宋濂等：《元史》卷一百七十四，中華書局編輯部點校，中華書局，1976年，頁4059～4060。

〔註9〕〔元〕姚燧：《姚燧集》，查洪德編輯點校，人民文學出版社，2011年，頁654。

〔註10〕〔元〕姚燧：《姚燧集》，查洪德編輯點校，人民文學出版社，2011年。

〔註11〕〔清〕阮元、畢沅：《山左金石志》卷二十四，《石刻史料新編》第十九冊，新文豐出版公司，1977年，頁14781。

〔註12〕王瑩：《姚燧年譜》，廣西師範大學碩士學位論文，2013年。

編、重複出現的現象，所提供的參考有限。而王氏《年譜》在內容上則較為詳盡，雖也存在一些疏漏之處，但其內容來源清晰，更為可靠，總體來說，姚燧生平行跡以及作品創作狀況在王氏《年譜》中得到了比較詳盡地展露。筆者參考了這兩種《年譜》，將姚燧的墓碑文作品進行了繫年（詳見附錄），依據《繫年》中所反映出的姚燧的墓碑文創作狀況以及其生平經歷，我們大約可以將姚燧的墓碑文創作劃分為三個時期：

前期是自中統二年（1261）至至元十一年（1274）。這一時期姚燧主要從許衡習理學，按其《送暢純父序》所言，姚燧在中統二年（1261）二十四歲時才開始閱讀韓愈之文，並嘗試創作，這為他之後的墓碑文創作奠定了基礎，但目前並沒有明確作於這一時期的墓碑文存世。

中期是自至元十二年（1275）至至元三十一年（1294）。至元十二年，姚燧正式進入仕途，為秦王府文學，此後至陝西、湖北等地為官。在這一時期內，姚燧先後經歷了伯父姚樞、第一任妻子楊氏以及恩師許衡的去世，再加上輾轉各地為官，所見所聞。至元三十一年（1294）對於姚燧來說是人生的重要轉折點，中書省以朝請大夫、翰林學士召姚燧入京，姚燧在多年外放為官之後，終於又回到了政治中心。這一時期，姚燧墓碑文的代表作有《譚公神道碑》《袁公神道碑》等。

後期是自元貞元年（1295）至皇慶二年（1313），這也是姚燧墓碑文創作的巔峰期。元貞元年，姚燧參與修纂世祖實錄，之後歸隱，居武昌等地；大德六年又作《國統離合表》；大德十一年姚燧被徵為太子賓客，授正奉大夫，至大元年授為資善大夫、翰林承旨，至大二年拜翰林學士承旨、知制誥兼修國史，居此高位也使得姚燧在文壇中的影響達到了前所未有的高度，從其學文之人皆是如張養浩、貫雲石之類，因此其墓碑文的墓主也多是身處高位之人，如賀仁傑、趙弼等。目前留存的、姚燧的大部份墓碑文都是在這一時期所作，尤其是至大年間，可稱為是姚燧墓碑文的高峰時期，一是因為當時姚燧本人文名顯赫，時人皆以有姚燧之碑文為榮；二是因為元貞、至大改元時的大規模追封以及至大三年（1310）封贈制度的確立，使得人們對於作碑有急切需求，元代的封贈在世祖、成宗兩朝並沒有形成定制，實際封贈人數也較少，且有很大的隨意性，許多官吏或其祖、父在死後都無法得到該有的尊榮，武宗至大三年，封贈制度第一次正式確立，既然有了明確的封贈制度，那麼符合條件的官吏都可以按律請封，而用以表現封贈的碑銘需求量自然直線上升〔註 13〕；三是或許與文獻本身的留存狀況有關，《牧庵集》是在姚燧去世後由其門人刊刻而成的，其早年之作或有遺失、或未選入，再加上《牧庵集》本身在流傳過程中的散佚〔註 14〕，因此留存後期作品較多也是很有可能的。姚燧後期的墓碑文，代表作有《湖廣行省左丞相神道碑》《平章政事蒙古公神道碑》《中書左丞姚文獻公神道碑》等。

二、以事寫人，佈局多樣

墓碑文的重點在於對墓主的描寫，姚燧對於墓主形象的刻畫，其核心就在於對墓主特質的把握，張華清在《姚燧散文研究》中曾將其概括為以事蹟來刻畫人物，並輔佐以細節描寫、傳奇手法進行描寫。我們以《中書左丞姚文獻公神道碑》為例來對姚燧墓碑的人物刻畫進行說明：

姚燧自幼而孤，由姚樞撫育成人，姚樞去世後，姚燧親自為其書寫了一篇近六千字的神道碑銘，這篇神道碑可謂長篇鉅製，其特點在於敘事詳盡，將姚樞生平大小事蹟一一書寫，突出表現了姚樞才華出眾、忠君仁愛等特點，可稱為姚燧的代表作。文章採用了倒敘手法，結構清晰，先從姚樞去世之事寫起，以說明其位高顯重，再接以姓氏、家族源流，說明其家世顯赫，人才輩出，接下來又開始逐年排比其生平事蹟，在這些生平事蹟之中，姚燧也有選擇地詳寫了一部份，如姚樞與趙復之事，此一事姚燧在《序江漢先生事實》一文中也有記載，二人首次相見時，趙復因姚樞身著戎服，留有鬚髯而以為其為蒙古士卒。從姚燧的描寫之中，能夠看出趙復當時的絕望、悲慟，他既悲哀自己與親族的命運，也為北方，或者說是整個漢地文化的不保而悲哀，因為在他的印象之中，蒙古人對漢地文化並不感興趣，只不過是財物人口的掠奪者罷了，但姚樞的出現讓他看到了一絲希望。在描寫趙復投水赴死這一部份時，姚燧先是製造了一種令讀者緊張的氛圍：先是寫出趙復與姚樞相訣別之事，姚樞由此得知了趙復已有赴死之意，而月滿中天之下，姚樞於死屍之間遍尋不得，讀至此處，讀者大約與當時的姚樞一樣為其心急，最終到了水邊才找到了欲投水的趙復，姚樞以言語道理相勸，最終才保全其性命。姚樞之所以能夠勸阻趙復，也是因為他看出了趙復心繫漢地文化的想法，這就

〔註 13〕關於元代封贈制度的演變，參見王曉帆：《元代封贈制度三題》，中央民族大學碩士學位論文，2013 年。

〔註 14〕關於《牧庵集》的刊刻及版本、流傳等問題，詳見《姚燧集》前言。

與前文趙復的「駭」與「悲」形成了照應。姚燧運用了欲揚先抑的手法與富有「古奧之風」〔註 15〕的用詞，將這一舊事娓娓道來，姚、趙二人此一相見，既是姚樞救得趙復性命，又意味著理學在北方傳播的開始，姚樞在習得理學之後，定居蘇門山，之後有許衡、竇默等人因慕學而陸續前來，北方理學自此才有所發揚。

在蘇門時，姚樞化民成俗，刊刻詩書，鑽研理學。之後投入忽必烈門下，以平生所學盡心輔佐，為救時弊上書三十條；勸忽必烈奪取漢地，成就大業，但征伐大理時又阻止殺戮，可見姚樞為人自有其原則所在，他勸服忽必烈爭奪天下，未嘗不是想要終結亂世，提出曹彬不濫殺的典故，一是為忽必烈贏得人心，二是姚樞自己的仁者之心。在敘事過程中，姚燧又善於利用細節描寫來對人物特點進行突出，如征伐大理時，寫姚樞捨馬而徒步之事以顯示姚樞之「仁」:「及歸，馬多道死，公惟一馬，瘠不可乘之，則牽之，襆穀數升，時搖木盂以飼。雪深三尺，軍馬所經，踏為冰梯，惟旄牛負橐以從。徒步僅千里，而中原馬至，分賚之，始免繭足。」〔註 16〕姚樞之仁，不單是對於百姓，對與自己朝夕相伴的馬兒也有憐惜仁愛之心，可見其實乃君子。又通過誇張式寫法表現蒙古軍之威武:「先遣三使入大理，諭招許不殺掠，大軍經土蕃，刊木求塗。以前三使先至諭旨，彼以為誑，磔其尸于樹。大師及城，其相高祥登陴望之，見吾軍威之盛，駭愕，口張不收。」〔註 17〕

之後，姚樞又幫助忽必烈洗脫憲宗猜忌，制定新格，平定南宋等事，說明其為人聰慧，為治國之材。文章的末尾又對姚樞一生為國為民的仁愛之心進行總結，認為其「天資含宏而仁恕，恭敏而儉勤，理生惟務本實，不事末作。未嘗疑人欺已，有負其德，亦不留怨胸中，憂患之來，不見言色。」〔註 18〕可見其人品高潔。值得稱讚的是，姚燧在文章中將姚樞為政所陳之策，所施之法都非常詳盡地進行了記錄，這對我們了解世祖一朝早年的施政非常有幫助，也補充了史書之中所缺少的部份，李祖陶稱此文「字字實錄」，此言不虛。

與敘事等手法相配合的，是多樣化的篇目佈局，這種篇目佈局的安排往

〔註 15〕李真瑜、田南池、房春草:《中國散文通史·宋金元卷》，安徽教育出版社，2013 年，頁 413。
〔註 16〕李修生主編:《全元文》卷三一四，第九冊，鳳凰出版社，1998 年，頁 578。
〔註 17〕李修生主編:《全元文》卷三一四，第九冊，鳳凰出版社，1998 年，頁 578。
〔註 18〕李修生主編:《全元文》卷三一四，第九冊，鳳凰出版社，1998 年，頁 583。

往是根據墓主本人的特點出發，比如《董文忠神道碑》一文中，因董氏家譜世系不可遠溯，所以就從文忠先考董俊林開始寫起，董氏一門戰功累累，而後通過伐宋之事寫出董文忠的勇猛及知人善用，廷議一事看出其羽翼斯文，在治地則為官清正，文忠去世後，下至販夫走卒亦失聲，可見其為民所愛戴〔註 19〕。再如《平章政事史公神道碑》與《榮祿大夫福建等處行中書省平章政事大司農史公神道碑》兩篇文章，前者是為史格所作，史格為史天澤之子，後者則是為史燿所作，史燿為史天澤之兄史天倪之孫，二人本為堂叔侄關係，史格初無子，便將史燿過繼，但姚燧在寫這兩篇碑文的時候採用了不同的開篇方式：《平章政事史公神道碑》一文先寫史家滿門忠烈，已故太尉公史天澤不貪戀權勢，主動上交虎符一事，而史格為將門虎子，戰功累累，治地有方；而在《大司農史公神道碑》中則先介紹了史天倪為武仙所殺之事，然後引出史氏父子戰績彪炳，再寫史燿在平南中立下戰功等內容。一方面，這種寫法對應了兩人的出身——一個是史天澤之子，一個是史天倪之孫，因此前文著重寫史天澤交出權柄，後文則在史天倪被殺事件上花費大量筆墨；另一方面，武仙殺史天倪與史家交出兵權兩事對史氏一族以及當時的社會、政治都產生了極大的影響，是元代初期兩件大事，但是姚燧並沒有在兩篇碑文中均著重描述兩件事，而是分別詳細描寫，以避免兩篇文章的大量重複，可見其篇目佈局巧妙，詳略得當。

此外，姚燧還有一篇《故民鍾五六郡墓誌銘》〔註 20〕，是純以七言韻語來寫的，這篇文章雖然是駢體墓誌，但是也講求結構：姚燧先寫出了鍾氏家族是由於靖康之亂遷徙至本郡，墓主鍾文興居家孝謹，為文縝致，為鄉里善人，接下來又交代了墓主的生卒年、葬地、子孫等信息，這與某些散體墓碑常用的結構是相同的，只是被應用到了駢體中。

三、捍衛儒道，排斥佛教

姚樞与許衡是元代初期北方理學發展的兩個重要人物，姚燧從學此二人，在學術思想中受其影響頗深。按照《姚文獻公神道碑》中的敘述，姚樞之學來自趙復，而趙復又是朱熹的私淑弟子，因此姚樞之學是秉承朱氏學說，深

〔註 19〕李修生主編：《全元文》卷三一五，第九冊，鳳凰出版社，1998 年，頁 586～591。

〔註 20〕李修生主編：《全元文》卷三二七，第九冊，鳳凰出版社，1998 年，頁 773。

得其要旨的。而許衡在蘇門遇姚樞之後，得程朱理學著述，因此許衡之學也是以程朱為主。由此可知，姚燧在學術角度也繼承了程朱理學的特點，同時他又深受韓愈「文以明道」「文道合一」思想的影響，因此他主張將文、道結合，以氣行文，這其中所說的「道」，其實就是儒家、尤其是理學所倡導的思想觀念。

作為一位理學家，在姚燧的墓碑文中有時會出現與理學相關的內容，如《領太史院事楊公神道碑》中，墓主楊恭懿也是一位理學家，且與許衡有所交往，姚燧在文章中稱，楊恭懿年二十四時始讀朱子《集註》《章句》《四經》等書，由此感嘆「人倫日用之常，天道性命之妙，皆萃此書。」〔註 21〕姚燧稱其「窮理以致其知，反躬以踐其實……自任益重，前習盡變，不事浮末矣。」〔註 22〕這種「窮理致知、反躬實踐」的思想正是許衡對程朱理學有所發揮之處，許衡在教導學生的時候也非常重視這一點，因此姚燧在文章中點出楊恭懿「窮理致知、反躬實踐」，正說明他深受這種思想的影響。而所謂「前習盡變，不事浮末」，說明在姚燧看來，程朱理學才是最至高無上的學說，理學以外的某些學說都是「浮末」之學，是應該摒棄的。文中還記錄了楊恭懿與某司徒論辯一事，司徒奉潛藩教來秦，而楊恭懿以仁義道德之言使其信服，又與某司徒之友講論理學。再如《太倉監趙君神道碣》一文中：「蓋《書》以乘治忽，《詩》以正性情，《易》以際人天，而《春秋》以謹名分……示萬世以操存涵養，為傳心之要典者，惟《論語》為然。」〔註 23〕「傳心之要典」可以很明確地看出姚燧對於程朱理學的支持。

此外，通過墓碑文來看，我們不難發現姚燧對於佛教具有顯而易見的排斥，元代由於統治者的支持，佛教盛行，發展迅速，不免出現儒、釋、道三家相爭的局面，在這種情況下，姚燧出於對儒道正統地位的捍衛之心而排斥佛教是很正常的。

關於姚燧排佛的問題，張華清《姚燧散文研究》與李東菊《姚燧散文研究》中都有所提及：姚燧僅有的幾篇佛寺碑文大多都是奉命而作，他在文章中明確表示了自己作文乃是為外部原因所迫，而非出於本心，《普慶寺碑》中則引用了韓愈之言，表明儒者立場，甚至直言「於佛氏之書，蓋未暇也」之

〔註 21〕李修生主編：《全元文》卷三一七，第九冊，鳳凰出版社，1998 年，頁 627。
〔註 22〕李修生主編：《全元文》卷三一七，第九冊，鳳凰出版社，1998 年，頁 627。
〔註 23〕李修生主編：《全元文》卷三二五，第九冊，鳳凰出版社，1998 年，頁 746。

語，《儲宮賜龍興寺永業田記》中姚燧還揭露了佛教氾濫所導致的與民爭地、與國徵稅的問題，但是對於佛教中勸導忠孝與善，姚燧是持肯定態度的。從姚燧現存的墓碑文來看，他似乎一篇塔銘類作品都沒有。在《提舉太原鹽使司徐君神道碑》中，墓主徐德舉以石為槨，並告誡子孫：「他日無厚藏，明器用陶，無法流俗侈靡，崇事浮屠。」〔註 24〕佛教的盛行，對於傳統的儒家喪葬方式也帶來了衝擊，因此姚燧將此言錄入文中，由此也可以看出他對佛教的排斥。

然而，在至大四年（1311），姚燧因為《重建南泉山大慈化禪寺碑》一文與僧徒發生了衝突。在文章中，他直接指出禪寺屢次發生火災的原因在於僧人疏於管理，而重修過程中所消耗的財力、物力、人力過大，並且以「祝髮之徒」稱呼僧人。這種行為引起了僧徒不滿，後狀告至答己太后處，言「祝髮，斷髮也，罵僧為禿焉」等，此事雖然在李宗師等人集議之下平息，但是武宗仍然令趙孟頫、元明善另撰文，《元史・姚燧傳》中稱其「然頗恃才，輕視趙孟頫、元明善輩，故君子以是少之」〔註 25〕，此言或許即從此事而來。無論如何，這件事對於姚燧來說都是一個巨大的打擊與折辱，更遑論當時的姚燧已經是七十四歲高齡的老人，此後姚燧辭別朝廷，歸隱廬山，不過兩年即去世。其實，「祝髮」「祝髮之徒」這種說法在元代還算較為常見，趙孟頫在《圓明大師演公塔銘》也使用了「祝髮之徒」一詞，這說明這種稱呼其實本身並不包含褒貶之意，較大可能是由於姚燧在文章中所寫作的內容並沒有達到寺僧請銘時所要求或者所期待的褒揚之意，反而直接指出寺僧的問題所在，使得僧徒惱羞成怒，才有了這一樁事件。

相較於佛教，姚燧對於道教，尤其是全真教則是相對寬容，姚燧現存三篇道行碑，分別是為王處一、郝志松以及高道寬所作，其餘尚有數篇為道家廟宇所作之碑。俞樟華、郭亞磊《略論姚燧墓誌銘的史傳文學價值》一文中對於姚燧的這三篇道行碑做了較為深入的分析：姚燧雖然寫道士，但是並沒有一些虛幻的宗教內容，而是寫其磨礪心志、苦心修煉的過程以及一種怡然自得的精神境界，並以此達到一種超脫的狀態，如「九夏迎陽立、三冬抱雪眠」的王處一，正是這種苦修的磨練才使得其能夠達到精神上的升華。此外，

〔註 24〕李修生主編：《全元文》卷三一八，第九冊，鳳凰出版社，1998 年，頁 638。
〔註 25〕〔明〕宋濂等：《元史》卷一百七十四，中華書局編輯部點校，中華書局，1976 年，頁 4059～4060。

全真教與以往的教派不同，許多全真子弟是具有較高的文化修養的，如高道寬「幼業讀書，能通大義」。因此，姚燧筆下的全真教徒是具有非常鮮明時代特色的人物。

姚燧之所以對全真教相對寬容，或許也與全真教對文化、對儒士的態度以及在當時社會中所做出的一些貢獻相關。《中書左丞姚文獻公神道碑》中就記載了姚樞與全真教的一段淵源：姚樞在許城之時曾經遇到過一位蕭姓將領，這位蕭姓將領就曾經受過邱處機教導「汝軍中惟救人無殺」，此後姚樞聽聞窩闊台詔學士於全真教長春宮，由楊惟中監督，因此姚樞投奔楊惟中，才有了後來結識忽必烈等人之事。可以說，邱處機這種「阻止濫殺」的態度是當時全真教受到儒士歡迎的原因之一，加之其對儒士的庇祐以及對於文化的尊崇，使得金亡之後的儒士與全真教之間一度非常親近〔註 26〕，在這種環境之下成長起來的姚燧，對全真教有好感也是正常的。

除此之外，姚燧的墓碑文中有時也會出現一些道家觀念，如《朝列大夫飛騎尉清河郡伯張君先墓碣》：「蒙莊有言：今夫水，其積也不厚，則其負大舟也無力。朝列之先，厚水者也，資其後以負大舟也，佐五命，而所生享報如是，未艾其年。」〔註 27〕此文是在至大三年封贈之後為張養浩之父所作，姚燧欣賞張養浩，因此對其家人也不吝讚美，張父雖生時不顯，卻也屢有善行，姚燧以莊子之言來進行譬喻，認為正是張養浩家中祖先行善積德，才有了其今日的成就。

四、師法韓愈，文學復古

蒙元初期，北方散文掀起了一股「宗韓」的潮流，根據魏崇武《論蒙元初期散文的宗韓之風》〔註 28〕來看，當時的這股「宗韓」潮流，是由楊奐與元好問最先開始的，楊奐在對韓文的編選過程之中，受到了韓愈散文風格以及創作手法的影響，其作品表現出一種光明俊偉的文風，在散文構思與表現手法上也體現出一種尚新、求變的思想；元好問主張遍考諸法，於韓文之中也獲益良多，錢基博更對此提出了「以韓矯蘇」的觀點。再加之當時理學影

〔註 26〕魏崇武：《試論蒙古前四汗時期的儒道關係》《廣州城市職業學院學報》，2012 年第 4 期。

〔註 27〕李修生主編：《全元文》卷三二八，第九冊，鳳凰出版社，1998 年，頁 789。

〔註 28〕魏崇武：《論蒙元初期散文的宗韓之風》，《西南民族大學學報》（人文社會科學版），2012 年第 2 期。

響日盛，「道統」觀念逐漸為學者所重視，幾種風氣的交織使得宗韓成為了當時北方散文所盛行的趨勢。此後，師從元好問與楊奐的郝經在《答友人論文法書》一文中也對當時文人沈溺於科舉程文，以文為技，日下卑弱的文風進行批判，他提出應重視道統，師法經典，學習古人，而郝經所師法的對象就是韓愈，他在《原古錄序》中將孟子與韓愈置於最突出之地位，就證明了這一點。

作為姚樞之侄，楊奐之婿，姚燧無疑也是宗法韓愈的文人學者之一。在姚燧《送暢純甫序》一文中，我們可以明確了解到：最遲在憲宗時期，韓愈的散文已經成為當時文人學者爭相師法的對象，姚燧自二十四歲學韓文以來已經有所成就，其師許衡對此表示讚賞，雖然許衡以「文債負累」來告誡姚燧，但並未反對姚燧作古文〔註29〕。此外，在這篇贈序中，姚燧還提出了他對作文的一些看法：

> 然文章以道輕重，道以文章輕重，世復有班孟堅者出，表古今人物，九品之中，必以一等置歐陽子，則為去聖賢也有級而不遠，其文雖無謝、尹之知，不害于行後，猶以失之為悲，下下之外，豈別有等置余為哉？則為去聖賢也無級而絕遠，其文如風花之逐水，霜葉之委土，朝夕腐耳，豈有一言之幾乎古，可聞之將來乎？〔註30〕

姚燧認為論文應首推班固、韓愈、歐陽修等，因其「去聖賢不遠」，文章近於古，可以流芳百世，而其餘他人之作，則如同風花、霜葉，朝夕之間便會為人所遺忘，可知其在文章寫作上是提倡復古的。此外，姚燧作為理學家，對於強調「道統」的韓愈是相當尊崇的，而他所提出的文與道應相輔相成的看法，也是韓愈在古文運動中所提倡的「文以載道」的一種發揮。

姚燧在墓碑文角度對於韓愈的師法，一是表現在其對人物的刻畫與結構的佈局上，這一點我們在前文已經有所論述，其二是在行文風格上對韓愈的學習。韓愈的文章向來以雄奇著稱，皇甫湜對韓愈文章的評價是「如長江秋清，千里一道，沖飆激浪，瀚流不滯」，可見韓愈文章氣勢之盛。姚燧在墓碑創作中也趨向於韓愈的「雄奇奔放」，但二者又略有不同，張養浩稱姚燧風格

〔註29〕以上來自魏崇武：《論蒙元初期散文的宗韓之風》，《西南民族大學學報》（人文社會科學版），2012年第2期。

〔註30〕李修生主編：《全元文》卷三〇一，第九冊，鳳凰出版社，1998年，頁377～378。

為「雄剛古邃」。從人生經歷來看，其實姚燧與韓愈也頗有些相似之處：二人皆是少時而孤，姚燧由伯父撫育，韓愈則隨寡嫂成長；二人皆是堅定的衛道之人，在對待佛教的態度上都是以排斥為主；韓愈作《平淮西碑》，結果為人所磨平，而姚燧作《南寺碑》，又為僧人所告，二人皆是碑版巨匠，卻都在碑文的創作中惹到了麻煩官司。但從仕途來看，韓愈四次科舉才得以中第，此後為官也屢屢遭受貶謫，與之相比，姚燧雖外放多年，但為官頗有功績，此後更是身居高位，這或許是造成二人風格差異的原因之一。此外，姚燧墓碑文的墓主有不少是武將，這導致了其文章內容中充滿了對戰爭場面的描寫，以雄剛之筆寫戰事，更能突出元代初期奮發而上、建功立業的氣勢。

姚燧之所以能夠在風格上達到「雄剛古邃」的效果，與其墓碑文的語言與句式相關，試舉幾例來看：

> 七年，去城亳鹿邑，避河流齧，移戍潁州。城久荒棄，剪荊以芟，隍塹樓堞，官舍民廬，皆所經始。宋勍將夏貴夜悉銳東南壁，公將射士當之，大呼疾戰，矢下雨注。又虞士氣久用將奪，戒司史促其漏。丙夜伐五鼓，敵以為旦出奇騎擊不利客也，騰藉崩潰，積骸如京，創此大治，始不輕犯。（姚燧《潁州萬戶邸公神道碑》）〔註31〕

> 明年，公上言：「興元形勢，西控巴蜀，東扼荊襄，山南諸城無要此者。自始取道滅金，漢中無歲無兵，其地與民宋棄不有，敵不敢復，城郭隳而弗完，田野蕪而輟耕，民窨麴食。時吾兵來，扶戴白以負嬰黃，偷斃生活，竄栖太白窮谷之間。吾歸，則壯者出為盜賊，肆相奪攘，甚者仇而殺之，而生齒益耗，誠能留民戍守，招徠未降，民見父子不分，貨錢之得有也，其至恐後。為擇良瘦便水之田，授其耕耒，假與種牛，俟秋穀守，什稅四三，儲之于庾，守之以吏，征蜀之師朝至而夕廩焉。」（姚燧《興元行省瓜爾佳公神道碑》）〔註32〕

從以上兩段文字我們可以大致看出姚燧在用詞方面的特點：一是喜用四字句與對偶句，二是講求用字。四字句與對偶句的應用能夠為文章增添氣勢，但姚燧並非通篇對偶，而是在句式上富於變化，駢散結合以敘事。語言上姚燧則講求字、詞的使用，有時多用生僻字詞，配合句式的變化特點，使得文章

〔註31〕李修生主編：《全元文》卷三一六，第九冊，鳳凰出版社，1998年，頁610。
〔註32〕李修生主編：《全元文》卷三一六，第九冊，鳳凰出版社，1998年，頁606。

具有雄剛之風。但是生僻字詞的使用，讀之令人不免有艱澀之感，這也是其墓碑作品常為後人所詬病之處。錢基博在《中國文學史》一書中就曾經評價姚燧「以蹇澀支離之筆，抒廣末猛賁之調，而無大力控摶，無浩氣運貫……生字拗語，怪怪奇奇。」〔註 33〕但瑕不掩瑜，姚燧以雄剛之氣革除宋末文弊，《元史》也對此給予了肯定：「為文閎肆該洽，豪而不宕，剛而不厲，舂容盛大，有西漢風，宋末弊習，為之一變。」〔註 34〕

除了受到韓愈雄健風格的影響之外，長期居於楚地也使得姚燧的作品帶有一絲楚地色彩。例如《宋太常少卿陳公神道碑》的銘文部份，就採用了楚辭的體例：

> 峻南峙兮嵩高，阻西鶩兮函崤。趾北邙兮坡陀，壖洛水兮波滔滔。堂封兮偃斧，古為藏兮幾何？所既夷兮已焉，有不夷兮疇焉。主將帝私兮之家，俾鬼護兮神訶。待裔孫兮為告，賴立石兮不磨。維裔孫兮思慎其守，不忍嘿兮求牛馬走。曰先志兮其成，庶階茲兮來嗣可究。余亦虞兮遺苗，匪妄冑兮華遙。其統緒兮可尋，具方冊兮昭昭。年數千兮世踰百，生民祖兮或幾及。豈伊神明之後兮，不與他族而中絕。而何孟氏一言，遽必五世而斬君子之澤？坐令自今讀其書兮，亦取二三武成之策。重曰：往者兮垂芳，來者兮是望。勿替兮休聲，與嬀水兮齊悠長。〔註 35〕

在銘文中，姚燧先點出了墓主陳希亮墓址所在—北邙，又讚美其陳氏乃是聖人之後，最後又稱其家後繼有人，這與文章內容的結構是相互照應的：文章開篇姚燧交代了作文緣由——陳希亮葬於洛陽，但後世子孫以官為家，失其所在後復得，因此請姚燧作碑，以防止陵谷變遷；姚燧以陳氏源遠流長，而詳敘其家族源流、世系，這也是從陳氏後人請銘原因所考慮而採取的敘述方式，以滿足其記錄家世、防止譜系失傳的需要，最後又勉勵其人，稱其「不隕世德」。以楚辭之體，意在「歲時上冢，使歌以祀」，《九歌》等作品原本即為祭祀所用的歌曲，而姚燧此言很明顯是意圖將其所作的銘文也當作祭祀之歌，既居楚地，則當為楚人之辭，楚地文化對姚燧的影響由此可見。

〔註 33〕錢基博：《中國文學史》，上海古籍出版社，2011 年，頁 702。

〔註 34〕〔明〕宋濂等：《元史》卷一百七十四，中華書局編輯部點校，中華書局，1976 年，頁 4059～4060。

〔註 35〕李修生主編：《全元文》卷三一二，第九冊，鳳凰出版社，1998 年，頁 547～548。

但是，姚燧這種「雄剛古邃」的文章風格，並沒有在以後的墓碑文創作中成為主流，究其原因，一是因為姚燧本人屬於「大器晚成」，從其生平經歷來看，姚燧入仕之時已經三十八歲，此後又不斷外放、輾轉各地為官，直到至元三十一年才得以回到京師，但此後兩年旋即歸隱，再次起復時，又於至大四年因《南寺碑》一事與僧侶發生衝突，因此事開罪太后，即仁宗之母答己，之後離開京城，居於廬山、郢城，可以說，姚燧一生中的大部份時間都是遠離政治中心、偏居一隅的，從前文所述也可知，他在文壇的影響力達到頂峰之時，大概是在大德末年、至大之初，此時的姚燧已經是年逾古稀的老人。此外，姚燧雖然為姚樞之侄、許衡之徒，但是姚樞早在至元十五年就已經去世，許衡也是數次起歸，並於至元二十年薨逝。姚燧雖與董家等交好，但與虞集相比，他沒有如虞集一般得到文宗的鼎力相助，在當時也並無奎章閣一樣的平台來供其施展所長。二是因為姚燧所處乃是元代初期，其時南方剛剛歸附，正處於百廢待興之時，南北文學雖然大多都強調師法古人，但是其所宗法的對象不一，北方如元好問、王惲等大多融合唐宋，而南方文人有些則仍沿襲宋人之風，而姚燧的雄剛風格與傳統所強調的墓碑宜雅並不相同，因此姚燧雖文名在外，但是從元代現存的文學作品來看，真正以雄剛風格來創作墓碑文的元代文人其實並不多。

五、春秋筆法，言簡意深

根據《元史・姚燧傳》記載，姚燧曾於元貞元年參與修撰《世祖實錄》，並與高道凝同為總裁官；至大二年被授予榮祿大夫、翰林學士承旨、知制誥兼修國史；此外，姚燧又為《通鑒綱目》著有《國統離合表》。幾度擔任史官的經歷對姚燧的墓碑文寫作也有一定的影響，首先就表現在其對春秋筆法的繼承，春秋筆法講求在用字之上寓意褒貶，一字之褒，榮於華袞，一字之貶，嚴於斧鉞，姚燧在墓碑文中也採用了這種筆法，如其在文中稱呼阿合馬及其黨羽時，甚少直呼其名，而是使用了「盜殺之臣」「犯法臣」這兩種稱呼以代指。

「盜殺」一詞最早在《春秋》一書中出現，《哀公四年》中提到「王二月庚戌，盜殺蔡侯申」，《正義》中對此處的解釋是：「盜字當臣名之處，以賤不得書名，變文謂之盜耳。」〔註36〕按照《正義》所言，由於殺蔡昭侯之人是

〔註36〕〔春秋〕左丘明：《春秋左傳正義》卷二十，〔清〕阮元校刻《十三經註疏》本。

為低賤之人，因此不在史書中書寫其名，而是以「盜」來代稱。《史記》中也有「盜殺」一詞，《晉世家》中有：「幽公淫婦人，夜竊出邑中，盜殺幽公。」〔註37〕《楚世家》中有：「聲王六年，盜殺聲王。」〔註38〕幽公好色，聲王在位期間楚國動亂，可見在《史記》中以「盜殺」結局的兩位國君皆不是所謂明君，司馬遷這樣書寫，是繼承了《春秋》體例，低賤之人不書名。由此推斷，「盜殺之臣」意指為盜所殺之臣，即是為低賤之人所殺之臣，姚燧一直以此稱呼阿合馬而不書其名，未嘗沒有貶低阿合馬之意，這種在稱呼上蘊含褒貶之意的方式正是史家所常用的。除「盜殺臣」之外，姚燧還常以「犯法臣」稱呼阿合馬及其黨羽，如《董文忠神道碑》中就有「**犯法臣阿哈瑪特**」字樣，阿哈瑪特即阿合馬，「犯法臣」顯而易見也是一種充滿貶義的稱呼，而這一稱呼在《平章政事蒙古公神道碑》《少中大夫靜江路總管王公神道碑》《少中大夫孫公神道碑》中都有出現，足可見姚燧對於阿合馬及其黨羽的厭惡之心。姚燧如此厭惡阿合馬的原因，一是因為阿合馬雖以善於理財而進階高位，但專權之後氣焰囂張，大肆斂財、殘害忠良，為權不仁；且姚燧伯父姚樞、恩師許衡與阿合馬不合，為阿合馬所排擠，這也反映了元初儒臣與理財之臣之間的矛盾衝突〔註39〕，姚燧作為姚樞之侄、許衡弟子，主張以儒術治國，與阿合馬在政治主張與立場上是對立的，自然對媚上欺下的阿合馬表示不屑。

除阿合馬外，「犯法臣」有時還指桑哥一黨。如《中奉大夫荊湖北道宣慰使趙公墓誌銘》中有：「受命湖省，而犯法臣肆其兇饕，恃有中援，威福張甚。」〔註40〕按文中時間線來看，墓主趙椿齡受命湖省應當是至元二十四年之事，其時阿合馬已死，桑哥上位，因此此處「犯法臣」當指桑哥。桑哥繼阿合馬之後以理財之能專權，與阿合馬相似，桑哥也排擠忠良，貪贓枉法，此文作於至元三十一年（1294），此時桑哥已被抄家誅殺，因此姚燧以「犯法臣」來稱呼桑哥，也暗喻其結局。

此外，姚燧的文章往往言簡意深，耐人尋味。《湖廣行省左丞相神道碑》

〔註37〕〔漢〕司馬遷：《史記》卷三九，〔宋〕裴駰集解，〔唐〕司馬貞索隱，〔唐〕張守節正義，中華書局編輯部點校，中華書局，1982年，頁1687。

〔註38〕〔漢〕司馬遷：《史記》卷三九，〔宋〕裴駰集解，〔唐〕司馬貞索隱，〔唐〕張守節正義，中華書局編輯部點校，中華書局，1982年，卷四十，頁1720。

〔註39〕關於許衡與阿合馬之爭，詳可參見羅賢佑：《許衡、阿合馬與元初漢法、回回法之爭》，《民族研究》，2005年05期。

〔註40〕李修生主編：《全元文》卷三二五，第九冊，鳳凰出版社，1998年，頁753。

中，姚燧在墓主阿里海牙之外還記錄了關於劉整之事：「嘗讀望諸君書，『善作者不必善成，善始者不必善終』，未嘗不興慨歎於武敏……及襄陽下，方戍淮西，功已不出乎己。大師南伐，復分兵淮東，渡江捷聞，一失聲而死。」〔註41〕劉整乃宋降將，也是其中一位諫言先取襄樊之策者，但渡江之役中，因為伯顏阻攔而未能成功，最後鬱鬱而死，死前有言「善作者不必善成，善始者不必善終」。姚燧將劉整與阿里海牙進行了對比，表面上看，劉整頗有「出師未捷身先死」之意，而阿里海牙則是一世英雄，建功立業，但是從阿里海牙的結局來看，「善始者不必善終」未必不是姚燧在隱喻阿里海牙的結局：阿里海牙在征戰過程中也曾有過一些不法之行，如佔據大量田地、降民為奴等，至元二十三年桑哥黨羽要束木鉤考湖廣錢穀，阿里海牙奏請與其相互鉤考貪賄之事，阿里海牙病逝後，鉤考繼續，其家資被抄，成宗年間將其所佔田產收歸國家（《元史・成宗本紀》），從阿里海牙的結局來看，他未必不是「善始者不必善終」，姚燧此言既明示了劉整的悲哀，又暗示了阿里海牙的結局，可謂一語雙關。

而《平章政事史公神道碑》一文中有一段關於墓主史格在南伐過程中遇宋將受傷一事：「故丞相阿珠公將二十五萬戶為前，五萬戶擇一人帥，公其一帥，先諸將濟江，後繼未集，與宋將今中書左丞程鵬飛遇，殺傷相當。公被三創，鵬飛七創，肩輿走鄂，鄂隨下。丞相請以輕進撓法罪公，詔錄其勞，賜白金五百兩。」〔註42〕丞相請罪史格，但最後卻詔賞其金，姚燧在這裡只寥寥提了幾句，但是卻明白昭示此處當有隱情。「後繼未集」說明姚燧認為罪未必在史格，「殺傷相當」「公被三創，鵬飛七創，肩輿走鄂，鄂隨下」說明此戰並非敗績，而且鄂州被攻下，因此後有「詔錄其勞，賜白金五百兩」一事。《元史》中對此事的記載與碑文稍有不同。《元史・世祖本紀》至元十一年有載：「丙辰，萬戶史格以一軍先渡，為宋荊鄂諸軍都統程鵬飛所敗，總管史塔剌渾等率眾赴敵，鵬飛敗走。進軍沙州，抵觀音山，夏貴東走，遂破武磯堡，斬宋都統王達，始達南岸，追至鄂州南門而還。」〔註43〕「丙寅，樞密院言：『渡江初，亳州萬戶史格、邳陽萬戶石抹紹祖，以輕進致敗，乞罪之。』有

〔註41〕李修生主編：《全元文》卷三一二，第九冊，鳳凰出版社，1998年，頁556。
〔註42〕李修生主編：《全元文》卷三一五，第九冊，鳳凰出版社，1998年，頁593。
〔註43〕〔明〕宋濂等：《元史》卷八，中華書局編輯部點校，中華書局，1976年，頁158。

旨，或決罰降官，或以戰功自贖，其從行省裁處。」〔註44〕根據《世祖本紀》記載，史格一軍先渡，被程鵬飛所敗，而後史塔剌渾等率眾敗程鵬飛，當時樞密院認為此戰為史格、石抹紹祖輕進而致敗，請求降罪二人，「或決罰降官，或以戰功自贖」，也就是說，按照《世祖本紀》來看，史格與程鵬飛一戰為敗績，程鵬飛敗走也非史格而是史塔剌渾之功，樞密院進言後降旨是對史格進行處罰或令其以戰功自贖。此事爭論焦點在於：史格是否有冒進之罪？

關於史格是否冒進的問題，我們在《元史》中還可以找到更多的記載。《元史・史天澤傳》後附有史格傳記：「眾軍渡江，平章阿朮將二十五萬戶居前，每五萬戶擇一人為帥統之，格居其一。格軍先渡，為宋將程鵬飛所卻，格被三創，喪其師二百。尋復大戰，中流矢，鵬飛身亦被七創，乃敗走。其後樞密院奏格輕進，請罪之，帝念其功而薄其罪。俾從平章阿里海牙攻潭州，砲激柵木，傷肩，矢貫其手，裹創先登，拔之，遂以軍民安撫留戍。」〔註45〕根據史格傳記來看，樞密院確實奏請降罪，而世祖以功而薄罪說明在此戰中史格是有立功的。再看《元史・伯顏傳》：「是夜，雪大作，遙見南岸多露沙洲，阿朮登舟，指示諸將，令徑趨是洲，載馬後隨。萬戶史格一軍先渡，為其都統程鵬飛所卻。阿朮橫身蕩決，血戰中流，擒其將高邦顯等，死者無算，鵬飛被七創，敗走，得船千餘艘，遂得南岸。」〔註46〕伯顏的傳記中提到是阿朮指示諸將直趨南岸沙洲，而史格之軍先渡，但為程鵬飛所阻，而後雙方激戰，程鵬飛敗走，「死者無算」很明顯與姚燧所說的「殺傷相當」有所差別，程鵬飛的「七創」究竟是何人所致，這裏並未說明，此戰最後的結果是元軍得南岸，取得勝利。《忙兀臺傳》大體與《伯顏傳》記載類似，史格一軍先渡，被程鵬飛所阻，而後諸將與程鵬飛中流大戰，令其敗走，《伯顏傳》中所提「得船千餘艘」或許就是張榮實援軍。綜合來看，這兩篇傳記都只描述了「史格先渡」這一事，並沒有提到史格「冒進」的問題，那麼有可能是在當時的戰術上出了一些問題，伯顏的傳記中提到了「雪大作」，或許是因為突來的大雪打亂了元軍本來的進攻計劃，而史格一軍先渡，結果遇程鵬飛大軍。此外，從

〔註44〕〔明〕宋濂等：《元史》卷八，中華書局編輯部點校，中華書局，1976年，頁163。

〔註45〕〔明〕宋濂等：《元史》卷一五五，中華書局編輯部點校，中華書局，1976年，頁3663。

〔註46〕〔明〕宋濂等：《元史》卷一二七，中華書局編輯部點校，中華書局，1976年，頁3102。

姚燧所提到的「五百兩白金」賞賜來看，史格最後應該並未獲罪，因為同樣參與此戰的李恒在沒有犯錯的情況下也得到了「白金五百兩」的賞賜。這件事情姚燧雖然只以幾句寥寥帶過，但是背後之事卻相當耐人尋味。

六、敘事詳盡，可補史闕

李祖陶曾對《中書左丞姚文獻公神道碑》一文有所評斷：「此公為元初絕大人物，開道學之統，立平宋之基，世祖資之，有言必信，似較張子房為更純矣。文提結分明，中間逐年排比，亦字字實錄，事跡較《元史》本傳加多一倍……」〔註 47〕從「字字實錄」可見李祖陶對於其評價之高，姚燧的墓碑文墓主大多為元代開國功臣或是身份貴重的世族高官，敘事詳盡的特點使得其在文章中保存了大量的史料，可補《元史》之闕，學界也早已認識到姚燧墓碑文的這一價值，俞樟華、郭亞磊《略論姚燧墓誌銘的史傳文學價值》中就試以幾例來說明其墓碑可補史闕的特點，如《徽州路總管府達嚕噶齊兼管內勸農事虎公神道碑》中記錄了關於李壇叛變一事更多的細節。筆者試將姚燧墓碑文所涉及的元代歷史、政治等方面的內容進行梳理，以此來看其文獻價值之所在。

在姚燧的墓碑文中，大約有 28 篇作品中都涉及到了襄陽一地，其中有對於襄樊一戰戰前的記載，也有對於襄樊、渡江戰役的具體記述，也有對於襄陽當地墓主的書寫。如果單從姚燧的行跡來看，他只在至元二十三年（1286）奉旨進京時因病留於襄陽，此後雖然一直任職湖北，但是大多居住在郢城或武昌，與襄陽的直接聯繫並不多。然而從當時的歷史進程來看，襄陽與樊城地處險要，自古以來就是兵家必爭之地，宋、蒙兩軍對於襄陽一地的爭奪早在金亡後就已經開始，一直持續到至元年間元世祖徹底攻下襄樊兩城為止，姚燧出生於太宗十年（1238），青少年時期一直隨姚樞、許衡居於蘇門山（今屬河南省），距離襄陽並不遠，此後姚樞追隨忽必烈南征北戰，姚燧留於蘇門山讀書，而元世祖在用兵襄陽時在與其相鄰的河南一地進行了戰前準備，當時的河南路屬軍也被抽調參與此戰〔註 48〕，因此，我們或許可稱姚燧為襄樊之戰的「見證者」：雖然姚燧並沒有親身前往戰場、參與戰事，但是他生活在

〔註 47〕〔元〕姚燧：《姚燧集》，查洪德編輯點校，人民文學出版社，2011 年，頁 662。

〔註 48〕《臨淮府君王公墓誌銘》中，墓主王庭玉時任河南路統軍司知事，參與了圍攻襄樊一戰，由此可見。

戰事發生之時，見證了元軍南征之戰的全部過程，所知所曉定然要比後人更真實、更詳細。此後姚燧文名漸顯，請他作碑文之人也大多身份貴重、聲名顯赫，而其中有很多墓主都曾經參與過襄樊一戰，這大約也與此役重要性有關——襄陽乃是南宋朝廷的重要屏障，此地一破，南宋軍隊的防線也近乎不堪一擊，因此元世祖將大批兵力集中此地，以求萬無一失，而姚燧也在墓碑文中記錄了大量的南征史事，尤其是對襄樊一役的前後記載，較史書來說更為詳盡。

《鄧州長官趙公神道碑》中對於襄樊之戰前，即從成吉思汗時期開始的襄陽等地的情況進行了記錄：窩闊台為太子時，曾經在鄧州（今屬河南）、唐州（今屬河南）、均州（今屬湖北）組織過人口遷徙，憲宗時期忽必烈以史天澤經略河南，屯田漢上，可以說，為了奪取襄樊這一重地，蒙古統治者至少已經謀劃了數十年。而在為阿里海牙創作的《湖廣行省左丞相神道碑》中，姚燧詳細地記載了至元五年開始的襄樊之戰的具體過程，元軍通過數年在水軍以及軍事設備上的準備，並採取正確的作戰策略，將襄樊兩城圍困達五年之久，使得城內彈盡糧絕，在攻下樊城之後，襄陽獨力難支，呂文煥不得不投降。而姚燧的伯父姚樞作為世祖麾下謀士，在襄樊一戰前後也出力不少。忽必烈征大理之時，姚樞為阻止其濫殺而上陳曹彬不殺之典故。按《中書左丞姚文獻公神道碑》中所載，至元十一年（1274）世祖派巴延南征，下旨言：「惟逆戰者如軍律，餘止殺掠。古之善取江南者，惟曹彬一人，汝能不殺，是亦一彬也。」〔註49〕忽必烈為何要特意諭巴延曹彬一事呢？這或許也與襄樊一戰有關，此前一年，即至元十年（1273），阿里海牙等人先攻破樊城，樊城全城被屠，姚燧在《湖廣行省左丞相神道碑》中也記載了這一慘烈景象：「遂請以西域砲攻樊城，拔而屠之，無噍類遺。」〔註50〕噍類即指活著的人，《漢書．高帝紀》中稱項羽「項羽為人慓悍禍賊，嘗攻襄城，襄城無噍類，所過無不殘滅。」〔註51〕「無噍類遺」可見樊城一役之慘重，姚燧更直言：「襄陽甚慘」。然而被屠城者並不僅僅只有樊城，江陵（今湖北荊州）也是其中之一，江陵被屠，姚燧有嘆：「江陵精銳於是焉盡。」江陵一地曾是楚地重要的文化名城，然而如今被屠，精銳殆盡，姚燧對此也隱有批判之意，漆緒邦稱其有「正義之氣」，也是對姚燧秉

〔註49〕李修生主編：《全元文》卷三一四，第九冊，鳳凰出版社，1998年，頁582。

〔註50〕李修生主編：《全元文》卷三一二，第九冊，鳳凰出版社，1998年，頁553。

〔註51〕〔漢〕班固：《漢書》卷一，〔唐〕顏師古注，中華書局編輯部點校，中華書局，1962年。

筆直書的讚美。南征之戰，湖北地區傷亡極為慘重，或許正是由此原因，第二年，即至元十一年，巴延南征時，世祖才特地交代了曹彬一事，以此警示巴延勿再屠城，而此後阿里海牙攻打湘潭等地時也未再次屠城。此外，《戍守鄧州千戶楊公神道碑》等碑文也對襄樊一戰進行了記錄。

除襄樊一戰外，姚燧的墓碑文中對於蒙軍南伐的路線、經過有著非常詳盡的記錄：襄樊一戰後，蒙古大軍分為左右兩路進攻南宋，左路統帥為博羅歡，右路則為合丹、劉整，《平章政事蒙古公神道碑》即是姚燧為博羅歡所作，文中詳細記錄了博羅歡大軍進攻淮東之事，並以此牽制了當地宋軍，為其他幾路大軍有效爭取了時間；《參知政事賈公神道碑》《榮祿大夫江淮等處行中書省平章政事游公神道碑》中，姚燧則花費了大量筆墨來描寫鄂州之戰，鄂州也是南宋的重要防線之一，此戰是由伯顏、阿朮所率領的軍隊在遭遇張世傑阻攔之後，以迂迴之勢渡江攻鄂，雖有波折，但最後伯顏、阿朮仍是渡江成功，佔領了鄂州，此時局勢已經基本倒向元軍。《潁州萬戶邸公神道碑》記錄了渡江之戰以及之後平湘潭地區之事。攻陷臨安後，陸秀夫等人攜二位王爺逃往海上，而《平章政事史公神道碑》就記錄了元軍平定兩廣地區與崖山海戰之事，陸秀夫攜帝投海之後，南宋王朝徹底覆滅，元軍的南征也暫且告一段落。通過對於姚燧墓碑文的梳理，我們可以大致勾勒出元軍南征的路線以及幾場重大的戰役的發生過程，並藉此看出蒙古軍南征的策略，可以說，正是因為姚燧在碑文中的記錄，才保存了如此之多關於南征的史料。

從寫作時間上看，這些作品大部份都作於元貞元年，即姚燧修纂《世祖實錄》之後。南征伐宋是元代世祖朝的重要功績之一，實錄中也一定有所顯現，但實錄一般是以時間為線索，而不是以事為綱，因此這類持續時間較久的戰役在實錄中的記載就不免顯得碎片化。墓碑文則不同於實錄，可以完整記敘一件事情的經過，並以此來表現人物，因此姚燧選擇在墓碑文中記錄下南征一事，或許也有此原因。

除南征之事外，姚燧也記錄了關於「盜殺臣」阿合馬立碑之事。古往今來，歷史上許多「權臣」「奸臣」似乎在掌權之後都喜歡為自己立碑，延請名家作銘，用以顯示自己的「功績」，為自己歌功頌德，元好問在碑文中就記載了崔立立碑一事，當然，行事這般張狂之人泰半也無甚好下場，阿合馬也不例外。阿合馬在掌權之時，曾經試圖仿效古人，要為自己立碑，生前所立之碑，則應當是德政碑一類，他找到了當時有名的文學家王磐，以重金求王磐作碑，但被王磐所拒。《元史》所載就到此為止，但這件事其實還有後續，姚燧《皇元高昌忠惠王神道碑》中記載：「昔盜殺大臣，嘗求王文忠公褒揚其功，文忠不可，其碑故存，請發兵士如千百人挽之，制曰：『無庸，其令十象輦致。』」〔註 52〕阿合馬既然想為自己立碑，想必是準備了非常精美的碑石，但是因王磐不肯作文，所以大約只能暫時作罷，然而阿合馬還未等到自己的稱德之碑立起，就已經死在了王著的鐵錘之下，在其去世後，這塊碑石也被沒入朝廷，最後用在了一位叫做「答失蠻」的墓主身上。這位答失蠻與上言阿合馬誤國誤民的答失蠻並不是同一人，但仔細看來不免也有些諷刺，姚燧之所以特意在文章中提到這件事，恐怕也存有譏諷阿合馬之心。

此外，姚燧的墓碑文還保存了不少關於元代鉤考的史料。

鉤考錢穀是阿合馬、桑哥理財的重要方式之一，而湖廣行省正是其鉤考的主要的對象之一，姚燧自至元二十一年開始擔任湖北憲副，對於鉤考在當地造成的後果是非常清楚的，《平章政事徐國公神道碑》有：「凡昔盜殺臣為領部……大為計局，鉤考毫釐，諸省承風，鄂省已劇，浙省尤酷。延蔓以求，失其主者，逮及其親。又失，代輸其鄰，追繫收坐，岸獄充牣，榜掠百至，或關夫三木，責妻市酒以償，民不堪命，自經裁與瘐死者已數百人。虐焰熏天，諸王貴戚亦莫誰何，無不下之。」〔註 53〕世祖朝鉤考錢谷本來的目的是為了加強朝廷對於財賦收支方面的中央集權，其本質按理來說應該是一種財政上的審計，但是由阿合馬以及桑哥所主導的鉤考活動，本質並非是審計而在於搜刮財富，借此滿足忽必烈在軍政問題上的大筆支出以及臣子本身的貪欲，因此，這幾場「轟轟烈烈」的鉤考行動實則變成了一種對於地方官府以及百姓的財富搜刮。從姚燧的描述中可以看到，鉤考所涉及的幾個行省幾乎已經到了人人自危的地步，更可怕的是藉此鉤考而進行的出於派系與私人恩怨的鬥爭，最後導致的結果是百姓苦不堪言，不少臣子因此而死。其餘如《平章政事史公神道碑》《平章政事徐國公神道碑》《中書左丞姚文獻公神道碑》《忠貞賀公神道碑》《游公神道碑》《譚公神道碑》《少中大夫孫公神道碑》《湖北道宣慰使趙公墓誌銘》《瀏陽縣尉閻君墓誌銘》中也都提及到了相關內容，今人在研究元代鉤考時，往往也都使用了姚燧碑文中的相關記載〔註 54〕，由此

〔註 52〕李修生主編：《全元文》卷三一二，第九冊，鳳凰出版社，1998 年，頁 549。
〔註 53〕李修生主編：《全元文》卷三一三，第九冊，鳳凰出版社，1998 年，頁 566。
〔註 54〕詳可參見李治安《元世祖朝鉤考錢穀述論》(《歷史教學》2001 年 02 期）等。

也可見其碑文對於史書的補闕之功。

姚燧的墓碑文之中，有不少墓主都屬於少數民族，他的文章中也保存了不少關於這些墓主所源出的部族或氏族的材料。最有名的當屬阿里海牙家族，其神道碑中記載了畏兀化胞而生的傳說等內容；再如《皇元高昌忠惠王神道碑銘》的墓主答失蠻，其家祖先世居高昌，曾為克烈部效命，後投奔成吉思汗；《資德大夫雲南行中書省右丞贈秉忠執德威遠功臣開府儀同三司太師上柱國魏國公諡忠節李公神道碑》《徽州路總管府達嚕噶齊兼管內勸農事虎公神道碑》的墓主李阿嚕及虎益皆是西夏人，且李阿嚕屬西夏鈐部；《南京兵馬使贈正議大夫上輕車都尉陳留郡侯布色君神道碑》，墓主布色長德家中祖先曾仕遼、金，姚燧在文章末尾記錄了關於金代「黑書」「白書」的問題，這對我們研究金代少數民族變遷以及相關制度都是非常重要的材料。

除以上幾點外，筆者還想在此探討關於姚燧墓碑文篇幅的問題。上文我們提到過，唐代時，韓愈將史傳創作的手法引入了墓碑文，因此自韓愈而後的作者逐漸繼承並發展了這種創作手法，對墓主的生平以及事跡進行非常具體的描寫。這種對於具體事蹟的描寫帶來的影響是，墓碑文的篇幅明顯變長。韓愈本人的墓碑文作品，如《曹成王碑》《試大理評事王君墓誌銘》等，一般約有千字，篇幅屬於中等。到了金末元初，元好問抱存「以碑存史」的觀念，試圖利用墓碑文保存當時的史料，因此其部份墓碑文篇幅較長。姚燧也不遑多讓，作品動輒數千言，這在以前是較為罕見的，就整個元代來說，在篇幅上也較少有人能與姚燧比肩，如《中書左丞姚文獻公神道碑》《平章政事蒙古公神道碑》《領太史院事楊公神道碑》等等都是此類代表。

張養浩在《牧庵姚文公集序》中曾提及姚燧文章的特點：「章成，則雄剛古邃，讀者或不能句。尤能約要于繁，出奇于腐。」〔註55〕根據張養浩的序文來看，姚燧作品的一個重要特點是「約要于繁」，這說明姚燧本人似乎是反對文章冗長繁雜的，從他現在所留存的其他記、序作品來看，確實做到了「簡約」，但是惟傳、碑二體，篇幅可謂極長，這是有心還是無意？《中書左丞姚文獻公神道碑》一文最後，姚燧點明了作銘緣由：「恐公事業不能詳盡，不敢干他詞臣，故惟自述……」〔註56〕可見姚燧在墓碑一文上崇尚「詳盡」，這是造成其篇幅較長的原因之一。此外姚燧偶爾也有一些借題發揮之作，

〔註55〕〔元〕姚燧：《姚燧集》，查洪德編輯點校，人民文學出版社，2011年，頁654。
〔註56〕李修生主編：《全元文》卷三一四，第九冊，鳳凰出版社，1998年，頁584。

如《戍守鄧州千戶楊公神道碑》，對墓主書寫較少，反而借此來加以發揮自己的看法。除此之外，在筆者看來，造成姚燧墓碑文篇幅較長的原因還有一點：姚燧現存作品中以神道碑文居多，墓主本身不少是曾經參與過各種大小戰役的開國名臣，他們的生平事蹟是以後修纂史書的重要材料，姚燧從修史角度考慮，自然要在文章中保存更多材料。當然，姚燧也有篇幅較為簡略的作品，比如《百夫長贈中大夫上輕車都尉曹南郡侯坤都岱公神道碑》等。

篇幅較長的好處是墓碑文中留存了大量的材料，可以對讀史書並補史闕，因此文獻價值較高，但是有時過長的篇幅也會帶來繁雜冗長的弊病。錢基博在《中國文學史》一書中就曾經對此多加批判。

蘇天爵在編纂《元文類》一書時，選錄了姚燧墓碑文 30 篇，占總數近三分之一，其餘如虞集入選 14 篇，歐陽玄僅有 2 篇，可見其推崇之意。當然，這或許也與姚燧作品中神道碑較多有關，《元文類》在墓碑部份分為五類，分別為墓誌一卷、墓誌銘三卷、墓碣一卷、墓表一卷、神道碑十二卷，神道碑在《元文類》中佔據絕對優勢，而姚燧墓碑文的墓主大多為開國功臣、名將，僅現存的神道碑作品就有 58 篇之多，因此作為神道碑文的代表再合適不過，由此也可以看出，姚燧的墓碑文在元代是受到廣泛認可的。

元末吳善在《牧庵集序》一文中將姚燧與司馬遷、韓愈、柳宗元、歐陽修、蘇軾等並稱為「一代之宗工」。王炎午在《上參政姚牧菴》中有：「今天下為一，禹跡所無，斯文之運，捨魯奚屬？蓋自拜讀《滕閣》《金章》二記，東南之士相與語曰：『姚夫子之文，今之韓子也，安得從之遊乎？』暨公分政江省，則又相與語曰：『天之屬斯文也，必使環轍四方。』」〔註 57〕王禕《文評》也有：「姚公之文，如泰山之雲，觸石而起，層出疊見，蓊鬱靉靆，而震雷掣電助其威聲，曾不崇朝，雨及天下，萬物被其潤澤者，莫不昭蘇而發育焉。」〔註 58〕可見元人對於姚燧的文章也是非常推崇的。

後世對於姚燧的文章評價也極高，黃宗羲《明文案序》：「唐之韓柳，宋之歐曾，金之元好問，元之虞集、姚燧，其文皆非有明一代作者所能及。」〔註 59〕清人魏源《元史新編》有云：「燧學出許衡而辭章英挺，則有天授。宋末文士皆宗歐、蘇，其弊也冗沓平易。至燧，始宗韓、柳，以紹秦、漢，不屑歐、蘇以

〔註 57〕李修生主編：《全元文》卷五五六，第十七冊，鳳凰出版社，2000 年，頁 326。
〔註 58〕〔元〕姚燧：《姚燧集》，查洪德編輯點校，人民文學出版社，2011 年，頁 703。
〔註 59〕〔元〕姚燧：《姚燧集》，查洪德編輯點校，人民文學出版社，2011 年，頁 658。

下，雄視元初，遂開一代風氣。故元代古文，遠出南宋之上。元初名臣世勳顯闕，皆燧所書，氣昌奇而聲奧閎，歸然躋有元於兩漢。」〔註 60〕《金元明八大家文選》中，李祖陶稱「（姚燧）墓碑之文則皆當時大人物，其敘述贍而不穢，祥而有體，雄深偉岸，與昌黎之過於鑱削者又自不同。以前後諸家比之，其神檢不如遺山之貴，而意蘊較深；其氣韻不如道園之超，而規模更古。」〔註 61〕

總體來說，姚燧的墓碑文在寫作上注重以事跡來刻畫人物，同時又佐以細節等描寫方式；從語言與文學風格來看，他試圖師法韓愈，扭轉當時所存在的文章弊病，並以雄剛之風來衝破這一束縛，因此具有較高的文學價值，後世對這一點也抱持肯定態度。而其墓碑文墓主身份多為開國功勳、高官顯貴，因此保存了大量的史料，具有較高的文獻價值。姚燧的墓碑文在質量與數量上皆有所可觀，但是他雖學韓卻未超越韓愈，風格雖似韓愈之雄奇，卻也失之於繁瑣、艱澀，此乃其弊病之所在，也是我們同樣要留意到的。

第三節　虞集

虞集（1272～1348），字伯生，號邵庵，又號道園。虞集五世祖虞允文為宋代丞相，父虞汲早年曾任黃岡尉，宋亡之後父母攜家中之人徙居臨川崇仁（今屬江西），與吳澄有交遊往來。其母楊氏為宋國子祭酒楊文仲之女，宋亡時，外祖父殉國。虞集自幼穎悟，幼時其母口授經書，聽畢即可成誦。大德六年（1302）被薦為大都路儒學教授，後歷任國子助教、國子博士，仁宗延祐元年（1314）改太常博士，四年遷集賢修撰，五年（1319）任翰林待制兼國史院編修官。泰定元年（1324）陞為國子司業，四年（1327）拜翰林直學士、知制誥、同修國史，兼經筵官。元文宗至順元年（1330）任奎章閣侍書學士及《經世大典》總裁官，第二年，大典修成，任翰林侍講學士、通奉大夫，文宗去世後以病歸鄉。至正八年（1348）病逝於家中，追贈江西行省參政知事、仁壽郡公，諡號「文靖」。

一、留存概況，創作分期

《全元文》共存虞集墓碑文作品 158 篇，其中包括墓誌銘類 80 篇，神道

〔註 60〕〔元〕姚燧：《姚燧集》，查洪德編輯點校，人民文學出版社，2011 年，頁 651。
〔註 61〕〔元〕姚燧：《姚燧集》，查洪德編輯點校，人民文學出版社，2011 年，頁 659。

碑類 32 篇，先塋（先德）類 15 篇，塔銘類 9 篇，墓碑類 9 篇，墓碣類 2 篇，阡表類 2 篇，道行碑類 1 篇，其他作品 8 篇。按《元史》列傳與四庫館臣所稱，虞集平生所作文萬篇，現存不過十之一二，則虞集所作墓碑文數量也應該相當龐大，可惜大多散佚，只能從現存作品中窺得一二。按歐陽玄在《虞雍公神道碑》一文中所言：「至大、延祐以來，詔告冊文、四方碑板多出乎手。」〔註 62〕可見虞集在當時的文壇地位極高，四方來求碑文者甚眾。在此後的明、清兩代，學者對於虞集的成就評價也較高。

姬沈育《一代文宗虞集》中對於二十世紀以來的虞集研究劃分為三個階段：第一階段為二十世紀四十年代前，這一階段人們對虞集的研究大多著眼於其藝術技巧以及藝術修養，虞集學問博洽且詩文藝術性較高，因此學者也大多對此有所稱讚，如**謝無量《中國大文學史》**〔註 63〕與**鄭振鐸《插圖本中國文學史》**〔註 64〕均屬此類，而代表這一時期虞集研究最高水平的當屬**錢基博《中國文學史》**，錢本《文學史》以具體作品為例而對虞集進行點評，認為其著意於歐陽修之容與閑易，但失之冗漫而少於議論。第二階段是二十世紀五十至七十年代，社會－階級分析法的引入使得元代詩文受到的評價要遠遠低於之前，虞集的作品也被認為「內容貧乏」（**劉大傑《中國文學發展史》**〔註 65〕），「成就並不高，只有少數作品值得注意」（**游國恩《中國文學史》**〔註 66〕），與之相對的，這一時期的臺灣研究者對於虞集的成就則加以肯定，**孫克寬《元虞集與南方道教》**從虞集與南方道教的關係入手對其相關作品進行了分析，對後人有所啟發。第三階段是二十世紀八十年代以後，社會－階級分析法的逐漸淡出以及文學史觀的更新促使研究者們從更多的角度與層面來看待虞集的作品，從而糾正了一些較為極端的認知，學者們更多注重從其社會文化背景與心態等方面來分析虞集作品的特點及其背後的原因，如**鄧紹基《元代文學史》**中就對虞集的思想傾向、詩文主張、詩文內容以及藝術風格等問題進行了探討，此後又有**查洪德《虞集的學術淵源與文學主張》**〔註 67〕《虞集的

〔註 62〕李修生主編：《全元文》卷一一〇四，第三十四冊，鳳凰出版社，2004 年，頁 662。

〔註 63〕謝無量：《中國大文學史》，臺灣中華書局，1993 年。

〔註 64〕鄭振鐸：《插圖本中國文學史》，人民文學出版社，1957 年。

〔註 65〕劉大傑：《中國文學發展史》，上海古籍出版社，1982 年。

〔註 66〕游國恩等主編：《中國文學史》，人民文學出版社，1964 年。

〔註 67〕查洪德：《虞集的學術淵源與文學主張》，《殷都學刊》，1999 年 04 期。

詩文成就》〔註 68〕，作者按照學術淵源—學術思想—文學主張—文學成就這樣的順序揭示了虞集作品的思想內涵，對後人研究啟發頗多〔註 69〕。《一代文宗虞集》則是在此基礎上對虞集進行了比較全面的分析，包括虞集所處的時代背景、思想心態、與道教交往以及其詩文成就、對元代中期文壇的影響等問題，並對虞集的《道園學古錄》與《道園遺稿》進行了版本流傳梳理。在以上關於虞集及其文學作品的探討中，其墓碑文作品往往與傳記、行狀等歸入一類，學界大多肯定這類作品的補史價值，但是自錢基博《中國文學史》開始，也對其「冗漫」的缺點多有批評，認為其失之剪裁，且認為虞集雖手法成熟，但文章內容的深度與廣度則較弱。

姬沈育此書出版於 2008 年，此後關於虞集的主要研究作品有羅鷺《虞集年譜》〔註 70〕，《年譜》以時間為線索，每年下列時事、事蹟、編年詩、編年文四項內容，將虞集的生平行跡與當時的社會政治背景緊密結合，對後人研究虞集提供了較大的幫助。此外，書中還對虞集的作品進行了補遺。但書中對於一些材料的引用有時存在考證不夠嚴謹的情況，比如在「延祐元年」下，作者引用了《朝鮮史略》中的一段材料，稱高麗忠肅王留京師，虞集、閻復、姚燧、趙孟頫等人與之考究書史，但實際上姚燧已於此前一年，即皇慶二年九月去世，自然不可能在本年中與之考究書史。此外年譜中還存在作品重複編年的現象，但瑕不掩瑜，本書對於了解虞集生平行跡以及創作等問題，仍是非常重要的參考資料。

筆者根據《虞集年譜》中的相關材料，將其中涉及虞集的墓碑文的編年摘選編成繫年附於文後，從繫年來看，我們大概可以將虞集的墓碑文創作分為三個時期：

前期是成宗大德五年（1301）至仁宗延祐七年（1320）。大德五年虞集來到大都，客授董士選之館，之後由其推薦進入仕途，被授予大都路儒學教授等職，武宗即位後擢升為國子助教，後又歷任將仕郎、國子博士等職。虞集作於此時期的墓碑文大約有 13 篇左右，從小類來看，這 13 篇除了 1 篇墓表與 1 篇墓碑以外，其餘 11 篇均是墓誌銘；從墓主身份來看，其中 6 篇墓主為女性，其餘 7 篇是為隱士、官吏或是平民所作，其中官職最高的當屬《鄭侯

〔註 68〕查洪德：《虞集的詩文成就》，《殷都學刊》，2000 年 01 期。
〔註 69〕以上來自姬沈育：《一代文宗虞集》，中國社會出版社，2008 年。
〔註 70〕羅鷺：《虞集年譜》，鳳凰出版社，2010 年。

墓誌銘》與《嶺北行省左右司郎中蘇公墓碑》兩文墓主，此二篇都是成於延祐年間，其中蘇志道是蘇天爵之父，與虞集素有往來，而蘇天爵在國子學中師從虞集。從墓主的身份以及作碑的原因來看，這一時期來向虞集請銘之人大多不屬於高官顯貴一類，敕賜之作也較少，可見虞集當時或許文名未顯。

中期是英宗至治元年（1321）至文宗至順三年（1332）。英宗即位後，以拜住為相，並起用張珪，虞集入翰林國史院，薦歐陽玄，後與袁桷同為會試考官，錄取程端學、宋褧等人。文宗即位後開奎章閣，命虞集等修纂《經世大典》，使得虞集在文壇的聲望一時無兩，因此相較於前期而言，中期虞集的神道碑作品有了大幅度增長，作品當中對於元代混一氣象的歌頌溢美之辭也相對較多。當然，隨著官職名望高升而來的是各方面的讒言譭謗，且在這段時間內，對虞集有知遇之恩的董士選，與虞集交好的熊朋來、張珪、袁桷以及弟弟虞槃皆相繼去世，這對虞集來說打擊甚重，皇位的頻繁更替也使得當時朝中動盪不安。親朋好友的去世、官場上的爾虞我詐以及身體上的病痛使得虞集產生了歸隱之意，但直到至順三年（1332）文宗駕崩，虞集才得以辭歸故里。創作於這一時期的墓碑文大約有 48 篇，其中包括 15 篇墓誌銘，7 篇先塋碑，13 篇神道碑，4 篇墓碑，4 篇塔銘，3 篇墓碣，1 篇墓表，1 篇道行碑，從小類來看，虞集這一時期的作品種類是三個時期中最為豐富的。這一時期的作品主要集中於泰定四年（1327）至至順二年（1331），其中泰定年間曾對一些死於奸臣帖木迭兒之手的臣子如朵兒只、賀勝等一一進行平反、封贈，其家中自是要延請名人作碑，虞集的《賀丞相墓誌銘》等作品皆是在此情況下而作，他在文中也特別記錄了當年帖木迭兒迫害殘殺忠臣之事，《元史》修纂時就大量採錄了虞集碑文中的內容；天曆年間則是燕帖木兒平倒剌沙之亂，新帝即位後對參與此戰之人加以封贈，如《句容郡王世績碑》就是文宗為了褒獎燕帖木兒而特意所賜，虞集在碑文之中記載了欽察土土哈家族的源流與世系，為後人留下了寶貴的史料。這一時期的代表作有《中書平章政事蔡國張公墓誌銘》《姚忠肅公神道碑》等。

晚期是順帝元統元年（1333）至至正八年（1348）。元統元年（1333）亦師亦友的吳澄去世，虞集亦歸隱臨川家中，因為文宗草詔一事為人所讒，險些獲罪。寫於這一時期的墓碑文大約有 70 篇，遠多於前兩期，這當然與文集的形成有些關係，但也說明了虞集這一時期的高產。這 70 篇中包括 44 篇墓誌銘，15 篇神道碑，5 篇先塋碑，4 篇塔銘，1 篇墓碑，1 篇墓表。晚年虞集居於臨川，因此有不少墓碑文的墓主均是臨川或附近之人。這一時期的代表作包括《亡弟嘉魚大夫仲常墓誌銘》《通議大夫簽河南江北等處行中書省事謚文肅陳公神道碑》等。

目前可知的虞集最早創作的一篇墓碑文是作於大德八年（1304）的《鄧伯某甫妻田夫人墓誌銘》，最晚則是作於至正七年（1347）的《鮑君實墓誌銘》《歙士吳寧之以寧墓誌銘》，此間四十餘年，尤其是在延祐元年（1314）以後，虞集幾乎每年都有寫作數篇墓碑文，如此高產，可見歐陽玄所謂「四方碑板多出乎手」之言不虛。從創作時間來看，虞集在大德至延祐年間文名漸顯，至治以後逐漸成為文壇領軍人物，晚年雖然歸隱家中，但是請銘者依然不絕，且尚有敕賜之作存世，說明朝廷與世人對其碑版文字仍顯看重。

二、因人而作，以情動人

從實際留存的作品來看，虞集墓碑的墓主身份跨度較廣，呈現出多樣化的特點：既有累世功勳之人，如高昌王、曹南王、張珪父子，又有清正之官，如朵兒只、陳思濟、姚天福，也有道德模範如孝子談採與其妻，還有處士如唐士仁等。從寫法上來說，虞集也接受了韓愈對於墓碑文寫作的革新成果，以事蹟刻畫人物，並通過各種描寫手法來豐富人物形象，但虞集在為這些人創作墓碑時，一般是出於不同的目的來進行的，因此在具體的寫作中對事蹟的選取也有不同標準。

在介紹虞集生平時我們提到過，虞集前後曾至少八年任職史官，這對他的墓碑文作品影響較大，很多墓碑文中經常出現「待罪國史」之言，這些墓碑大部分應該都是在延祐五年至泰定元年所作。此外，虞集在文章中也經常點出自己的史官身份，如《兩浙運使智公神道碑》有：「太史氏虞集，以故人子，當篆其墓之石以銘。」〔註 71〕這種史官身份使得虞集在為很多高官顯貴、累世功勳或是清正官吏創作墓碑時往往出於一種史家的立場，以一種記錄史實、明得失、以史為鑑的目的來書寫墓主生平，而這一史家立場對於人物刻畫的主要影響在於事件的選取上，虞集往往會選取一些對政治具有重大影響的內容進行記述。

如《張忠獻公神道碑》一文，虞集先簡單交代了墓主張九思的生平，其

〔註 71〕李修生主編：《全元文》卷八八七，第二十七冊，鳳凰出版社，2004 年，頁 455。

於至元二年（1265）入侍東宮，後參與伐宋戰爭。文章側重記錄了阿合馬被殺一事：阿合馬任丞相後，專權獨斷，殘害忠良，高菩薩、王著圖謀殺之，矯稱太子指令，恰逢張九思直宿東宮，捕獲賊人。同樣寫阿合馬被殺的還有《高莊僖公神道碑》，墓主高觿與張九思同留京師，也參與了抓捕賊人一事。阿合馬被殺一事在當時震驚朝野上下，虞集在這兩篇墓碑文中，既完整記錄了阿合馬被殺的經過，使得史書編纂有據可依，又通過寫兩位墓主在事件當中所發揮的作用來凸顯他們的精審持重與決斷得當。在文章中，虞集先渲染了刺殺之前的緊張氛圍：「賊迺結黨數百人，偽為儀服器仗，矯稱皇太子，夜扣建德門，啓鑰而入，直抵太子宮西門，傳令開宮門。」〔註 72〕以幾個動詞的變換將王著一行偽裝儀仗、長驅直入的過程展現在了讀者面前，就在讀者以為其即將成功進入宮內之時又突然發生轉變，張九思的出場打斷了王著等人的腳步，接下來寥寥幾句話的試探則表現出來張九思的聰慧之處，「賊計窮，往返數四，氣益索」則把行兇者當時急躁的心理活動表現得淋漓盡致，正是由於張九思看穿了這些人的偽裝，王著等人不得不改變策略，轉而走向前門，而刺殺成功之後，在其餘諸人仍然處於茫然的狀態之下，張九思當機立斷，誅殺了刺客。虞集在這段不長的文字之中，既以人物的語言、行為推動了事件的發展，同時又在行為之中表現了人物的性格特點，同時還留存了重要的史料，可見其筆力所在。

再如《平江路達魯花赤黃頭公墓碑》，墓主黃世雄去世後數年內未及請謚，墓碑未立，後其子保童向虞集請銘，虞集在文章中先寫明了作銘緣由，又自黃氏先祖寫起，在簡略敘述了黃世雄的仕宦經歷，最後重點書寫其海運政績。黃世雄曾上書言海事，陳情利害，虞集非常詳細地記錄了其上書的十條內容，並由此發出了感慨。一方面記載了元代海運之事，一方面藉由此政績來說明黃世雄為官之才幹。

對於為普通人創作的墓碑，虞集同樣注重事跡的選取，但以表現墓主性格、德行等方面為主。如《王公信墓誌銘》〔註 73〕，本文篇幅較短，用筆省淨，文章從王孚所在之地寫起，永平之地，舊俗為善騎射，而其中又有好義

〔註 72〕李修生主編：《全元文》卷八七四，第二十七冊，鳳凰出版社，2004 年，頁 270～271。

〔註 73〕李修生主編；《全元文》卷八九五，第二十七冊，鳳凰出版社，2004 年，頁 580～581。

能文之人，墓主王孚就是其中之一，虞集在開篇就點出王孚的特點：善騎射、好義、能文，接下來通過所選取的三件事蹟——殺蛇、還物、遊學進行了具體說明，這三件事恰恰是圍繞開篇所說的善騎射、好義、能文這三個特點展開的，文章篇幅雖然不長，但是詳略有致，也突顯了墓主本人的性格與品行。

有些墓碑的墓主與虞集並沒有直接往來，因此他採用了側面描寫的手法，即通過對墓主親近之人的德行書寫來凸顯墓主的品格，如《胡彥明墓誌銘》〔註 74〕一文，作者先寫墓主胡景先為人慎愿寬厚，為善鄉里，接下來用三件具體事蹟進行說明：一是替鄉人還債而焚債券；二是兄長早逝，撫育其子如親子；三是教子有方，內外有禮，為當時名臣。胡景先之子胡彝與虞集曾有交往，觀其行，聽其言，見其慎於用物，可知其人乃君子，其父自然也是品德高尚之人。再如《周母李孺人墓誌銘》〔註 75〕，也是從周暾的德行來寫其母李孺人。

虞集有時也會在墓碑文中以靈異感應事件來寫墓主之不尋常之處，如《倪文光墓碑》中，墓主倪文光之母妊娠伊始，就夢到異僧持械至其家中，將生倪文光時，屋頂有光，鄉里之人以為其家大火，趕至其家卻發現乃是文光出生。這種靈異事件的描寫凸顯了墓主的與眾不同，為後文倪文光出家為道打下了鋪墊。

除了以事件表現人物之外，虞集的有些墓碑也擅長以情感打動人心。文學自產生以來就與抒情不可分割，墓碑文雖然以記錄墓主生平德行為主，要求「平實」，但墓主有時與作者之間是存在直接聯繫的，或為親人，或為好友，作者為其去世而感到哀慟，在文章中自然也有所表現，韓愈在為孟郊所作的墓碑中就曾經寫到過「吾尚忍銘吾友也夫！」虞集在這方面的代表作是他為其弟虞槃所作《亡弟嘉魚大夫仲常墓誌銘》。

虞槃去世後十五年，虞集歸休鄉里，為其作銘。文章從家族世系開始寫起，先是回憶了少時家中逢難的情景，但逆境之中，虞槃更兼勤苦，因此學有所得。兄弟二人各地為官，臨別時曾「慟哭為別」，秩滿後入京師，虞集本欣喜可以與弟弟相聚，卻不料虞槃在歸京途中去世，從此天人永隔。

〔註 74〕李修生主編：《全元文》卷八九三，第二十七冊，鳳凰出版社，2004 年，頁 540。

〔註 75〕李修生主編：《全元文》卷八九九，第二十七冊，鳳凰出版社，2004 年，頁 632。

虞集在文章中先是追憶了與亡弟相處的點滴生活，然後又寫其聰慧穎悟，有言傳於世，為官清正。兄弟別離數年，本滿懷希望與弟弟見面，卻得到了其去世的消息，虞槃生於咸淳甲戌（1274）年，卒於泰定丁卯（1327）年，五十三歲就去世，自然令虞集悲慟不已，還要忍痛為弟作銘。文章最後，虞集感嘆：

> 嗟夫！故宋衣冠之世家，百年以來幾已盡矣，而遺經道學之傳尤鮮焉。先君、先夫人，抱先世遺教於萬死一生之餘，忍貧茹蔬，使我兄弟得以就學。集之不肖，雖竊祿食，無以顯揚其親，以仲常之積學，立志著書，立論有可傳者，而所至止此，此皆集不誠不明，上負祖考，下負賢弟者也。是以歸來數年之間，宣等屢以斯文為請。每一執筆興思，輒流涕而不能成章。今年已七十，疾日加，甚恐終無以盡吾情者，乃敘而銘之。〔註 76〕

兄弟二人共同經歷了國難與家變，父母節衣縮食以供求學，本以為以虞槃之才智，可以有所作為，可弟弟卻英年早逝，未及有所大成，虞集作為兄長，一方面對弟弟的去世表示惋惜悔恨，因此不忍為弟弟作銘，但一方面自己愈發年老，又恐此事未成，不得不忍痛作銘。兄弟之情，躍然紙上。

再如《江西省參政董公神道碑》，此文是為董守恕所作，董守恕為董士選之子，董士選對於虞集有知遇之恩，在此文中也可以看到虞集對於董士選的感恩、懷念之情，如文中對董士選之事的記載，以及稱董守恕為人有乃父之風，虞集見此甚至「或至感泣」。如今恩人之子去世，也不免引發其哀歎：此文作於至正六年（1346），其時虞集已經是七十五歲高齡，距離隨其父客董士選之館已經整整過去了五十年，隨著時間的流逝，當年的董氏門人如今所存者甚少，而董士選也早在至治元年（1321）去世，曾與虞集在董氏館內相識的元明善也相繼於至治二年（1322）去世，物是而人非。虞集在隱居臨川後，曾與董守恕相見一面，然而一經離別便是生死之隔，如今董守恕身死，其長子、長孫皆早卒，惟有二、三、四子與曾孫在，不免令虞集哀歎歲月之無情，世事之無常。

《亡弟嘉魚大夫仲常墓誌銘》與《江西省參政董公神道碑》都是虞集晚期的作品，或許是年歲漸老與目疾的日益嚴重，也或許是知交好友相繼離開

〔註 76〕李修生主編：《全元文》卷八九五，第二十七冊，鳳凰出版社，2004 年，頁 573。

人世，亦或是在朝幾十年的沉沉浮浮、如履薄冰，使得虞集在歸隱臨川之後的心態也發生了一些變化，作於至正三年（1343）的《立只理威忠惠公神道碑》就稱自己「老病江上，筆墨荒落」，這種心態的變化也導致在虞集後期、尤其是晚年的一些墓碑文中常常會流露出追憶過去、思念故人、自哀自傷的情緒。

三、傳承理學，兼容佛老

關於虞集的學術思想，目前學界已經有不少研究作品涉及到了這一問題，查洪德《虞集的學術淵源與文學主張》、姬沈育《一代文宗虞集》等皆有所說明，綜合來看，虞集一是主張迴歸傳統儒學，因此在文學上強調復古思想；二是在學術上兼容各家，總體傾向是「宗朱融陸」：虞集的學術思想受家學影響頗深，其先祖虞允文與魏了翁互為摯友，魏氏之學宗法朱熹，又會同朱、陸，因此虞集的學術傾向也是「宗朱融陸」；此後虞集從吳澄游，又部份接受了吳澄的學術思想，即後人所稱的「江西學術」；另外，來自外祖家傳的蜀學對虞集也有一定的影響。《元史》所言「集學雖博洽，而究極本原，研精探微，心解神契，其經緯彌綸之妙，一寓諸文，藹然慶歷乾淳風烈」〔註 77〕也可看出這一點，多種思想的接受使得虞集在學術上能夠兼容百家而不拘守一格，但總體來說，他還是以道學家自任的。

從墓碑文來看，虞集繼承了前人的道學傳統，對於理學家所強調的「孝」與「節」也是大力提倡的，因此他也有不少表現出儒家教化意義的墓碑文，例如虞集為女性所作的墓碑文，虞集存世的女性墓碑文為 21 篇，這 21 位墓主大多都是官宦之家的女性，其中有品級的外命婦就有 11 位，虞集在墓碑文中一般以歌頌女性的「貞節」「賢淑」「孝順」為主題，更有通過大篇幅的、對於其子功業的描述來凸顯女性的方式〔註 78〕，這種頌揚與理學家們所堅持的「孝」「節」是一致的。除女性墓碑文外，虞集在很多男性墓碑文中對於墓主的「忠」「仁」等道德品質的褒揚，也可以看出其受儒家傳統文化的影響。

與姚燧一力排佛不同，虞集對於佛教，尤其是禪宗則相對寬容，這與他

〔註 77〕〔明〕宋濂等：《元史》卷一八一，列傳第六十八，中華書局編輯部點校，中華書局，1976 年，頁 4181。

〔註 78〕以上來自李卓婭：《元代女性墓誌銘研究》，華中師範大學碩士學位論文，2012 年。

學術上的兼容思想或許也有關係。虞集現存 9 篇塔銘，其中涉及到的僧人大多出自禪宗尤其是臨濟宗，從他的筆下我們可以看出關於禪宗在宋末元初的流傳狀況，這是研究宋元佛教史的重要材料，如《佛國普安大禪師塔銘》《大辨禪師寶華塔銘》《鐵關禪師塔銘》等。虞集之所以與禪宗之僧交好，一是因為禪宗自宋代開始就在南方盛行，二是由於禪宗之僧人常與文人有文學往來。虞集在塔銘作品中多舉佛教偈語，禪味濃厚，說明他對佛教，尤其禪宗也有其獨到的理解，如《斷崖和尚塔銘》《鐵牛禪師塔銘》都是此類代表作品。由於方外之人出離塵世的特殊身份，虞集在描寫墓主時往往會採用一些傳奇筆法，比如《佛國普安大禪師塔銘》中，寫普安禪師幼時即聰敏異常，六歲時在淨土院見寂照和尚，寂照問曰：「汝其為釋氏乎？」於是普安即心許釋氏之道，不久後祝髮出家。普安去世後，其身形仍如生時，並伴有異香，以浮屠之法火燒，後得舍利。再如鐵牛禪師生病不藥而癒，也是一例。

從虞集的塔銘中，我們還可以看出元代佛教與朝廷的關係非常密切。如《智覺禪師塔銘》與《大辨禪師寶華塔銘》同是作於天曆二年，由時任翰林學士承旨的阿璘帖木兒與奎章閣學士柯九思等人所上書，由朝廷賜號兩位禪師，大辨禪師還有官方所賜「寶華之塔」，之後又命虞集為銘。這種官方賜予塔銘的行為在元代是很常見的，虞集也在文章之中寫出了兩位禪師與朝廷之間的淵源，由此也可知官方對於佛教的大力扶持。

與佛教相比，道教對虞集的影響則更大一些。元代的文人與道教之間的密切往來催生了大量的文學作品，而道教的教義思想以及修煉方式對於文人也產生了一定影響，虞集即是其中之一。李舜臣、何雲麗《論江右文化對虞集的影響》以及姬沈育《一代文宗虞集》中都涉及了這一問題：虞集的一生中有不少時間在江西度過，因此江西道教，尤其是正一教對於虞集的影響頗深，比如張留孫弟子吳全節與虞集乃是摯友，其本人在生活中也有清齋修煉之行為，但他甚少在作品中直接宣傳教義理念，而是認為道教之法門在於清淨無為的修煉心境，這一心境也影響了虞集的創作〔註 79〕。

從其墓碑文來看，虞集曾分別為正一教的張留孫、全真教的孫德彧以及真大教的岳德文作有碑文，文中詳細記錄了幾位墓主生平大事以及主要活動，對後人研究元代道教發展提供了重要依據，尤其是《真大道教第八代崇

〔註 79〕李舜臣、何雲麗：《論江右文化對虞集的影響》，《江西師範大學學報（哲學社會科學版）》，2009 年第 5 期。

玄廣化真人岳公之碑》一文。根據臺灣學者袁國藩《元代真大道教考》〔註80〕所說，元代關於真大道教的史料散逸情況非常嚴重，袁氏花費十年的辛苦追索，也不過只得到了二十餘條相關材料，其中虞集這篇碑文在考證元代真大道教的創始、教義等問題中被反覆使用，可見其文之價值。真大道教為劉德仁所創，岳德文為真大教第八代真人，少時曾受兵亂，十六歲入龍陽宮學道，至元十九年第七代真人去世，岳德文嗣領教務，二十一年被朝廷宣授真人，並任命為掌教宗師，賜璽書。而為丞相安童療愈病痛的「神通」使得岳德文在當時被很多親王貴族視若神明。除岳德文之外，文章還對於劉德仁創教以來的歷史作了追述，同時我們也可以從中看出當時真大教的發展狀況：

> 諸王邸各以其章致書，為崇教禮助者，多至五十餘通。而□實都而王，又為創庫藏，脩宮宇，廣門墻，充田畝，始冠與衣，間飾金寶，極其精盛。元貞□年，加封其祖師，錫賚尤厚。使人立碑棣州冠劍所藏處。是年奉詔，修大內延春閣，下賜予，遍及其徒……吾聞其徒云，西出關隴，至於蜀；東望齊魯，至于海濱；南極江淮之表，皆有奉其教戒者。皆攻苦力作，嚴祀香火，朔望晨夕望拜，禮其師之為真人者，如神明然。信非有道行福德者，多不足當其任，而真人時常使人行江南錄奉其教者，已三千餘人，庵觀四百，其他可概知矣。（虞集《真人岳公之碑》）〔註81〕

可以看出，真大教在當時確實非常受到王公貴族的歡迎，各種崇教禮助書函可謂絡繹不絕，在經濟上真大教也由這些貴族給予了很大幫助，不僅有充實庫藏，修葺宮室，還有充足田產，道人們衣冠精緻，珠光寶氣。甚至其已逝的祖師也得到了官方加封，這與元代子孫有功而封贈先人的情況非常相似。並且皇帝還將延春閣也賜予了真大教人，延春閣是元大都宮城兩組主殿之一，另一主殿為大明殿，二者由南向北排列於宮城中軸線上〔註82〕，可見延春閣之重要性，這樣的大內主殿都被賜予給了真大教，可見真大教在當時地位之

〔註80〕袁國藩：《元代真大道教考》，《宋遼金元史研究論集》（《大陸雜誌史學叢書》第四輯第四冊），頁143。

〔註81〕李修生主編：《全元文》卷八八七，第二十六冊，鳳凰出版社，2004年，頁449。

〔註82〕高塽：《元大內宮殿考證》，《首都師範大學學報》（社會科學版），2010年A1期。

高。此外，從教眾規模來看，真大教徒在當時幾乎遍及江南，可謂香火鼎盛，三千餘人與四百庵觀的規模，可以想見當時的真大教確實走向了創教以來的巔峰時期，而為真大教帶來這一切的，正是當時的掌教岳德文。

四、衍承宋脈，風格平易

從元代散文發展的脈絡來看，元代初期南北方關於文章宗法唐人還是宋人，其看法並不完全一致，南、北兩地內部也有所分歧，但是至元代中期，虞集主持文壇後，秉持宋人之風，使得雅正風气逐漸成為了墓碑文創作主流，錢基博在《中國文學史》中也稱：「元文之有虞集，陶鑄群材，主持風氣，如金之有元好問……紆余委備，一本歐陽以衍宋脈……蓋有意於歐陽子之容與閒逸，而不為姚燧之奇險相高。」〔註 83〕

虞集之所以能夠「陶鑄群材，主持風氣」，使得元代文章為之一變，首先與其兼容並包的文學思想是密不可分的，這種兼容並包的文學思想又來自於其融合百家的學術思想。目前學術界對於虞集的文學思想研究涉及較多，概括來說，虞集為文提倡「平淡悠遠」的文章風格，重視文章經世致用的實用性，強調為文有裨世用，這種「經世致用」的觀念對於元代中後期的文學創作也產生了較為廣泛而深遠的影響。虞集的文學思想在其墓碑文中也有所反映：經世致用的實用性使得虞集在文中著意於保存各類史料，這一點我們在下文中會具體進行分析；而關於虞集的散文，按歐陽玄在《神道碑》中所記載，虞集最初受到的文學教育來自其母楊氏，楊氏為宋代國子祭酒楊文仲之女，虞集在為其外祖楊家所作《楊氏番禺塋域碑》中曾經提及，文仲一支世居蜀地，家中先祖曾於眉州任職，而眉州正是東坡家鄉。楊氏所傳授的歐、蘇之文對虞集作品的風格影響甚深，此外，江右文化的平易雅正的文學觀念也對虞集所有啟示。

虞集自己在《跋程文憲公遺墨詩集》一文中也曾經提到過：

> 故宋之將亡，士習卑陋，以時文相尚，病其陳腐，則以奇險相高，江西尤甚，識者病之。初內附時，公之在朝，以平易正大振文風，作士氣。變險怪為青天白日之舒徐，易腐爛為名山大川之浩蕩。今代古文之盛，實自公倡之。公既去世，而使吾黨小子，得以淺學

〔註 83〕錢基博：《中國文學史》，上海古籍出版社，2011 年，頁 739。

末技，濫奏於空乏之餘，殆不勝其愧也。〔註 84〕

從這段文字來看，虞集既反對南宋末年的陳腐時文，也反對奇險詭譎的文字，他認為這種文風在當時的江西尤為嚴重，而程鉅夫則以「平易正大」的文風改變了當時的為文風氣，化奇險陳腐為舒徐浩蕩，虞集肯定了程鉅夫在文風變革之中所起到的作用，也提出了自己所崇尚的乃是宋人平易舒徐的語言風格。

虞集的文學主張表現在其具體作品中，就是語言風格以雅正為主，平實、紆徐而自然。錢基博稱「其文紆餘委備而條達疏暢，急言竭論而容與閒易，蓋得筆於歐陽修。」〔註 85〕因此，在虞集的墓碑文中，我們幾乎很難見到生僻字詞，大多文從字順，語出自然，就這一點來看，他與姚燧形成了鮮明對比。但虞集文章中也無萎靡之氣，而是強調雅正，如：

> 北邙之北，有重岡蜿蜒，隋為衰平，曰杜村之原者，古溝四周，漲潦溢流，注合於瀍，南溝之渚，渟涵深碧，有龍居之，歲旱不竭，鄉人禜焉。我先塋實臨之。溝外有道，車徒所經，東隴南阜，隱若城郭，西獨虛敞，風氣宣通，宅是奧區二百餘年矣。(虞集《楊氏先塋碑》)〔註 86〕

北邙之地地處洛陽北側，為崤山支脈，伊洛二水流經之處，向來以山水宜人著稱，白居易也曾在詩中感嘆「北邙冢墓高嵯峨」，民間更有俗語稱「生在蘇杭，葬於北邙」，而虞集筆下的北邙，除了依山傍水、風景優美之外，更是龍居之所、歲旱不竭，先塋立在此處之家，自然也得一方水土之庇祐。虞集在描述北邙風光之時，既沒有使用有生僻、艱澀之字，也沒有過多虛飾溢美之辭，反而有種徐徐講述、娓娓道來之感，這正是其文字魅力之所在。這種風格在很大程度上影響了當時的文風，元代中期至後期，墓碑文多偏好雅正之風，而少有如姚燧一般雄剛之作。

此外，查洪德在《虞集的學術淵源與文學主張》中還提出，虞集雖主張理學，但也承認人的感情，因此虞集的墓碑文作品當中也會有抒情成份的存在，如前文我們提到過的他為虞槃所作的墓碑文，文中關於虞槃去世後自己忍痛作銘的一段文字，可謂是字字泣血。這種抒情成份其實是繼承了前人的

〔註 84〕李修生主編：《全元文》卷八三三，第二十六冊，鳳凰出版社，2004 年，頁 335。

〔註 85〕錢基博：《中國文學史》，上海古籍出版社，2011 年，頁 738。

〔註 86〕李修生主編：《全元文》卷八八四，第二十七冊，鳳凰出版社，2004 年，頁 404。

作文傳統，宋代曾鞏在為亡妻而作的《晁氏墓誌銘》中也表現出了對於妻子去世的悲痛與哀思之情。虞集筆下的墓主並非每一位都是高官顯貴、文壇巨擘，因此純以事蹟來寫人則未免有些單薄，抒情成分的增加令其能夠以情感取胜，可謂獨辟蹊徑。

五、審慎求實，補史之功

虞集作碑，最重「詳實」。詳是指文章內容豐富，虞集在文中非常注重敘事詳盡，雖然錢基博稱其文言太盡而不免冗漫，但是從史料保存的立場來看，記錄愈詳，內容愈多，則史料愈多。

如其為姚天福所作的《姚忠肅公神道碑》。姚天福為元初名臣，去世於大德六年（1302），後因其子姚侃上書請制，得贈正奉大夫、河南江北行中書參知政事、護軍，追封平陽郡公，謚號忠肅。泰定三年（1326），由孛朮魯翀為其撰寫《大都路總管姚公神道碑銘》一文。至順元年（1330），元惠宗欲為其再立一碑，因此令虞集又作一文，即《姚忠肅公神道碑》。姚天福治獄公正，兩篇神道碑都記錄了他任山北遼東按察使時所斷的一件命案：

> 武平縣民劉義訟其嫂與其所私同殺其兄成。縣尹丁欽以成尸無傷，憂懣不食。其妻韓問之，欽告其故。韓曰：「恐頂顖有丁，塗其跡耳。」視之，果然。獄定，上讞。公召欽，諦詢之餘，因矜其妻之能。公曰：「若妻處子耶？」曰：「再醮。」令有司闓其夫棺，毒與成類，並正其辜，欽悸卒。（孛朮魯翀《大都路總管姚公神道碑銘》）〔註 87〕

而虞集的《姚忠肅公神道碑》字數較孛朮魯翀之文多一倍：

> 公為山北遼東按察使，武平路武事執事坊寨劉義，軍籍也。其兄成，暴死，詣宮告其嫂阿李與逮州王懷通，疑其為所殺。縣令丁欽驗屍，無死狀，言諸府，府不能決，以告公。公曰：「安得無死狀，期三日，必如期復命。」府以責欽，欽憂不知所為。其妻韓，問之曰：「何為憂若是？」曰：「劉成之獄，有其情而無其跡，府則占甚迫，且姚公不可違，奈何？」韓問其事始末，曰：「驗屍時，曾分髮觀頂骨乎？」曰：「亦觀之，無見焉。」曰：「子不知，是頂中富有

〔註 87〕李修生主編：《全元文》卷一〇三一，第三十二冊，鳳凰出版社，2004 年，頁 348。

物以藥塗之，泯其跡耳。」欽即往濯而求之，頂骨開，得鐵三寸許。持告府，府詣公言。公曰：「敏哉！令胡為前迷而今得也？」召欽來賞之，欽至具言得妻韓教事。公曰：「法當賞韓。」以他事苛留欽，而以欽言召韓於家。韓至，即引至公前。公曰：「汝能佐夫不及，甚善。汝歸欽幾何時？」曰：「妾萊州人，嫁廣寧李漢卿為妻，漢卿死十月，貧無所歸，適丁令半歲矣。」曰：「漢卿今葬何所？」曰：「寄殯廣寧某寺中，貧未能還葬也。」乃以韓付有司曰：「是有事，當問。」即遣憲吏劉某，晝夜驛四百里至廣寧，會官吏，即其寺，果得李漢卿棺，啟而視之，其顛則果如劉成也。取廣寧交書，封頂鐵以還。公以鐵示韓，韓即款服。而欽亦自縊。不旬日，而兩獄皆具平。（虞集《姚忠肅公神道碑》）〔註 88〕

兩篇文章對比來看，明顯虞集的作品描寫更加詳細，向讀者描述了一個非常完整的事件，起、承、轉、合俱全。虞集先點出了此事發生於姚天福任職山東遼北按察使之時，事件的起因在於劉義懷疑其嫂與私通之人殺害其兄，然屍體無恙，死因不明，看上去是一樁「懸案」，於是丁欽上報府，府再報公，姚天福以三日之期命其破案，這才有了丁欽的憂思，而韓氏替丁欽解決這一問題也成了順理成章之事，劉義兄長的案件得以水落石出，但卻由此又引發出了一件案中案，最後兇手伏法，不過數日即解決兩樁案件，可見姚天福為人思慮謹慎，斷獄果決而公正，而虞集在敘事過程中，採用了大量的對話來推進案情，而非一味敘事，又讓讀者有種身臨其境之感。

當然，虞集作文之「詳」有時也會引來一定的質疑，因為從文學創作的角度來看，內容過詳往往會導致文章篇幅上漲，有時會出現失之剪裁的弊病，但如果從史家角度來說，史料的留存自然是越多越好。

「實」，是指內容求實，這也是受到執筆史書的立場影響，墓碑作為墓主一生的縮影，也是史料的重要來源，因此務必要求實、求盡。《元史．虞集傳》中有載：「然碑板之文，未嘗苟作。南昌富民有伍真父者，貲產甲一方，娶諸王女為妻，充本位下郡總管。既卒，其子屬豐城士甘憝求集文銘父墓，奉中統鈔五百錠準禮物，集不許，憝愧嘆而去。」〔註 89〕可見虞集對於非常看重

〔註 88〕李修生主編：《全元文》卷八八八，第二十七冊，鳳凰出版社，2004 年，頁 486。

〔註 89〕〔明〕宋濂等：《元史》卷一八一，中華書局編輯部點校，中華書局，1976 年，頁 4181。

碑銘的真實性，這在他的文章中也有所體現：

《牟伯成先生墓碑》中，墓主牟伯成為牟巘之子，家中幾代皆仕宋，少年時曾與名臣相親，咸淳年間，伯成中進士第，因不願與賈似道同流合污而被外調，不久後告歸。宋亡後，與父親牟巘專心經學。臨終前特指定虞集為其作銘，虞集在文章末尾有言：「雖然，僅能書所得而知先生者，庶其可信也。其不知者，固不敢言，言固不信矣。後之君子，信其所可知，則其未盡知者，可推見矣。」〔註90〕虞集這段話，一是表明自己為文之「實」，不以臆斷之事、虛美之辭入文，二是在文章中留有餘韻，他所未寫的內容，讀者可以根據已寫的部份進行推斷，言簡而意未盡，這就避免了文章過於冗長的問題，做到了詳略得當。

再如為朵兒只所作《楊襄愍公神道碑》〔註91〕。朵兒只之死涉及到元代的大奸臣帖木迭兒，虞集在文中採用了倒敘的手法，開篇交代了請銘緣由：泰定帝即位元年，朵兒只冤情得以昭雪，由此引出了帖木迭兒當權為奸一事：仁宗時，帖木迭兒為丞相，籠絡左右，奸黨勢大，朵兒只時為御史中丞，不畏奸佞，因大奴一事抗太后之意，埋下禍根。仁宗去世後，帖木迭兒復位，假借旨意殺朵兒只與拜住二人，朵兒只臨危不懼，不失風骨。直到帖木迭兒諸子相繼倒臺、泰定帝即位後，朵兒只才得以平反。文中記錄了帖木迭兒與其黨羽所為不法之事，為後世提供了詳實的史料記載。

這種「詳實」的特點使得虞集的墓碑文往往可信性較高，在史書補闕的角度來看具有很高的史料價值，而虞集在創作墓碑文的過程中，也往往從史官立場出發，著力保存以下幾方面的史料：

一是金、宋亡國前後之事。虞集於至元九年（1272）出生於南宋統治之下的衡州（今湖南衡陽），這一年恰好是襄樊之戰最為激烈的時期，蒙古軍隊圍攻樊城，第二年樊城即被屠，襄陽投降，南宋朝廷失卻了一道最為堅固的屏障。可以說，虞集的幼年生活是伴隨著戰火輾轉各地，他親眼目睹了南宋王朝的覆滅，八歲時外祖父也死於國難。作為一位本身就經歷過朝代更替之人，再加上曾多年擔任史官，他對於盛衰興亡、朝代更替顯然有自己的思考；

〔註90〕李修生主編：《全元文》卷八八三，第二十七冊，鳳凰出版社，2004 年，頁399。

〔註91〕李修生主編：《全元文》卷八七四，第二十七冊，鳳凰出版社，2004 年，頁266。

而從元代史學發展情況來看，對於「史」的垂鑑作用，元人是很看重的，因此虞集對於金、宋亡國前後之史事是非常關注的。在《天水郡伯趙公神道碑》一文開篇中他稱：「集昔承乏國史，觀乎中州。當國家興王肇基之初，而究夫亡金喪亂之跡，以補史之闕文。而太平日久，舊聞散失，苟有可稱者，無鉅細，執筆不敢忽也。」〔註 92〕這段材料中，虞集非常明確地提出了要「究亡金喪亂之跡，以補史書之闕」，這與元好問所提出的「以碑存史」實際是有異曲同工之妙，但承平日久，舊事散逸嚴重，因此一旦有「可稱者」，即有價值之事，虞集也將事無鉅細記錄下來，在這篇文章中，虞集就記錄了關於金亡後北方勸農的相關材料。

《桐鄉阡碑》中虞集也以光州（今河南潢川）為例來做了說明，光州北臨黃河，西靠光山，是鄂、皖、豫三地交界處，一直以來都是河洛重鎮，早在金、宋對峙時期，宋人在此地設下關塞，以作為保障。金人窺覦光州已久，時有騷擾，因此光州之民兩百餘年不得安居，每有兵至，則避禍山中，事後乃出。元代滅宋後，光州之民得以安定，四面八方之人也逐漸遷居光州。

再如《中書平章張公墓誌銘》一文，虞集花了大量篇幅來寫張珪平賊一事：

> 還軍，盜起燕湖，宣、徽尤甚。皆僭號署官，掠郡縣，燒府庫，殺縣長吏。江東新附，民心易搖，應者日衆，至犯杭之昌化，行省以重兵討之，未克。報至之日，公投衣而起，率步騎向燕湖，燕湖定……南陵盜又起，稱天王，攻宣州，州兵不能支。公得檄，帥輕騎數十赴賊，賊並林陣。公不介而馳之，賊靡，賊見無後拒，引衆圍公，公揮稍槊出入，殺數十人。賊傷公稅金脅，裹創復戰，斃其子以一矢。官軍大至，斬首數千級，賊平。郡人德公，至于今祠之。蓋自是，江東之人，安於耕田鑿井，以共賦稅，而長子老孫矣。〔註 93〕

作者先交代了平賊一事的起因，繼而寫出了張珪的治軍嚴明，行軍而不擾民，追討賊子有勇有謀；接下來寫出張珪平賊的勇猛與智計，張珪並非一味使用武力之人，揣測賊寇之心，以攻心之計平之；最後又寫平南巖西坑寨之事。

〔註 92〕李修生主編：《全元文》卷八七八，第二十七冊，鳳凰出版社，2004 年，頁 322。

〔註 93〕李修生主編：《全元文》卷八九一，第二十七冊，鳳凰出版社，2004 年，頁 516～517。

虞集藉此事刻畫了張珪有勇有謀的人物形象，說明其功績赫赫，但如果只是為了刻畫人物，其實並沒有必要在文中花費如此大量篇幅來詳細寫這件事，簡略的描述反而可能會讓文章的剪裁更加合理。然而，結合當時的社會背景來看，太平路等地民變一事其實引發了不小的動盪，這一點在前文中我們已經有所論述，當時的虞集恰好與其弟虞槃一起在湖南讀書，作為一個親身經歷者，他自然是知道這場動亂的嚴重性，根據虞集行跡來看，民亂開始後的第三年，即至元二十一年（1284），虞集就跟隨父母寓居江西崇仁祖宅，此事或許也與當時湖南等地的動亂有關。此次民亂所波及的範圍較廣，持續時間也較長，但在《元史》當中只有寥寥幾條記載，關於張珪在此中的功績幾乎略過不提，因此虞集在這篇《墓誌銘》中對於平賊一事的記載，不單豐富了張珪本人的生平材料，也對《元史》進行了補充。而從這次平賊我們也可以看出，元代初期在江南的統治政策其實是存在了一定問題的，虞集在文章中也直接點出了這一問題：「江東新附，民心易搖，應者日衆」，這場民亂之所以能夠持續八年之久，遍及江南各地，就證明了這一點。

此外，虞集在墓碑文中還提到了關於金亡之後蜀地的慘狀：

> 會國朝以金始亡，將併力於宋，連兵入蜀。蜀人受禍慘甚，死傷殆盡，千百不存一二，謀出峽以逃生。（虞集《史母程夫人墓誌銘》）〔註 94〕

這則材料簡單記錄了關於金亡之後蒙古軍隊攻宋之事，蒙古亡金之後就將進攻重點放在了蜀地，且蒙古軍其所遵循的是「拔城而後屠」的政策，因此才有了虞集所描述的蜀地慘狀，「千百不存一二」足以說明蜀地人民受兵災的嚴重程度。但是，虞集雖然描述蜀地慘狀，並不代表他對元朝取代宋朝表示反對，在另一篇《何氏先塋碑》，他在開篇就提到過：「吳蜀著於漢，盛於隋、唐。宋遷江南，猶倚重上流，北控關陝。及其季年，悖纂間作，我國家將取宋，大軍出西南，蜀當其衝，民庶幾無孑遺。世祖皇帝建元立極，神武不殺，仁澤深厚。至於至元，休養生息，長子老孫，而蜀之生氣完復矣。」〔註 95〕在虞集看來，正是世祖至元年間的政策，才使當地得以休養生息、恢復生產，

〔註 94〕李修生主編：《全元文》卷八九九，第二十七冊，鳳凰出版社，2004 年，頁 628。

〔註 95〕李修生主編：《全元文》卷八八四，第二十七冊，鳳凰出版社，2004 年，頁 410。

慢慢重拾往日生機。

同樣是在《何氏先塋碑》這篇文章中，虞集又描述了百年後，即至正年間的蜀地：「今朝廷待蜀人與中州無異，近時揚歷清要者甚衆，何氏之門，艱難積累之久，始發於震，其福澤未艾乎？」〔註 96〕蜀地是虞集外祖父楊氏一支久居之地，也是其曾祖曾經守衛過的地方，因此對他來說蜀地是有著特殊意義的地方，經歷了數十年前的滅宋之戰，蜀地之人從戰禍之中慢慢地恢復生機，艱難積累，無論是作為史家，還是作為與蜀地有淵源之人，虞集對此都是樂見的。

這一篇先塋碑並不是敕賜之作，而是私家請銘，所以虞集不是在歌功頌德，而是確實提出自己對於宋、元易代的看法，從他所言來看，虞集對於南宋晚期的衰敗腐朽也是深感厭惡的。如果從虞集的家世以及年少成長軌跡來看，他其實完全具備了不出仕元朝的條件：虞集家中幾代出仕宋廷，本人生於南宋而長與南宋故土，外祖父楊文仲又殉國而死，青年時期曾跟隨父親遊於故宋諸公名卿之家，但是虞集不但出仕元朝，而且還成為了高官，在其幼時，父母節衣縮食供他與弟弟讀書，或許就是為了其能參加科舉走上仕途，元代初期科舉未行，其父又授館於董士選家中，董士選出自藁城董氏一族，董氏一族在滅宋之戰中又出力甚多，但其父仍選擇授館於其家，一方面或許是生計所迫，另一方面或許是為了虞集與其弟出仕所作的考慮，不過由此也可見虞集的父親其實對元廷的態度也是較為平和的，他雖然自己不出仕元廷，但並不反對二子出仕。此外，趙汸在《邵庵先生虞公行狀》中曾經提到過：「故國名卿學士多寓是邦，公入則受教家庭，出則從諸公遊，於經傳百氏之說、帝王之制、有國家者興衰得失之由與其為之之術，無不學焉，而典故沿革，世家爵里，考覈於近代者，尤精詳矣。」〔註 97〕虞集曾出入南宋遺老之間，對於國家興衰得失的歷史觀很明顯是受到了這些「故國名卿學士」的影響，那麼虞氏父子對於元廷的接受態度以及虞集對於宋亡的反思或許也能代表當時一部份故國遺老的看法。

再來看虞集對於金亡的態度：

〔註 96〕李修生主編：《全元文》卷八八四，第二十七冊，鳳凰出版社，2004 年，頁 411。

〔註 97〕李修生主編：《全元文》卷一六六二，第五十四冊，鳳凰出版社，2004 年，頁 353。

> 國家大兵入中原，金人不能支，自燕遷汴，又遷蔡而亡。當是時，中州之人，殘傷驅迫，南奔北徙，殆無生全，郡縣蕭條，土著鮮矣。隨寓體養，以有子孫，馴至貴富，恬樂新土，顧懷舊鄉，而思有述，以待於方來，情之厚者也。且金之亡於蔡也，大兵破城，師猶巷戰，其主死之，是天亡之，非戰士之罪也……（虞集《李氏先塋碑》）〔註 98〕

同元人滅宋一樣，虞集承認了戰爭為中州人民所帶來的苦痛，他們不得不遷徙他地以求生計，戰爭使得郡縣凋零、各地蕭條，逃至各地的百姓對於故鄉總是有所依戀的，但在虞集看來，金帝之死不是戰士之罪過，而是天要亡金。但雖然認為朝代的更替與「天命」有關，虞集也還是認識到了南宋與金朝廷自身所存在的問題，前文的蜀地即是一例，這說明他的歷史觀一方面受到了理學影響，一方面也充分意識到了「人」的作為會影響到歷史的進程。

二是臨川舊事。與姚燧多寫襄陽一般，虞集的墓碑文中也不免會有一些地域偏向，在虞集的作品中最多被提及的當屬臨川。虞集與臨川可以說是有著不解之緣，虞氏家族的祖宅就在江西崇仁，而崇仁即是臨川屬地。至元二十一年（1284），時年十三歲的虞集隨父母一同回到了崇仁祖宅，並隨父親遊於故宋諸公名卿之家，備聞前代典故，直到元貞二年（1296）虞集隨父親授館於董士選家中為止，他的活動區域應當都是以崇仁為圓點。此後，虞集至金陵、進大都，直至文宗去世（1332），在闊別近四十年後，他終於又回到了故鄉，寓居臨川山中。虞集的一生大約有 28 年左右的時間都在臨川度過，因此臨川也成為了虞集墓碑文中的一個重要主題。

根據筆者統計，虞集的作品中涉及到臨川的作品（包括墓主為臨川籍或文中記錄了臨川相關之事）一共有十五篇，其中十四篇有明確的寫作時間，最早的兩篇《九萬彭君之碑》《孫履常墓誌銘》寫於後至元元年（1335），最晚的一篇為《黃母林宜人墓誌銘》，寫於至正五年（1345），《處士唐德卿墓誌銘》雖在文中沒有明確提及寫作時間，但是墓主死於至正二年（1242），則此文當寫於至正二年（1242）之後。這樣看來，這十五篇墓碑文全部都是虞集後期的作品，也就是他在歸隱臨川之後。虞集通過這十五篇墓碑文，為我們描述了自古為文物之邦的臨川在朝代更替前後的一些情況：

〔註 98〕李修生主編：《全元文》卷八八四，第二十七冊，鳳凰出版社，2004 年，頁 412。

按《元史》記載，至元十二年春，「丙戌，大軍次江州，宋江西安撫使、知江州錢真孫及淮西路六安軍曹明以城降。」〔註 99〕元軍大兵壓境，當時的宋朝守將選擇投降，無論是出於何種考慮而做出的選擇，江西相對蜀地與湖北來說，在戰爭中所受到的影響相對較小，虞集在《艾聖傳墓誌銘》中有：「臨川有為士者，自故宋盛時，至於今三百年，其傳十數世，居不失其業，學不失其道，常與一時之大夫君子遊，以有譽於鄉里，富完壽考，遺其子孫，以安而未止者。」〔註 100〕《孫履常墓誌銘》中也提到：「臨川文物之邦，自昔有行義文學政術之士，相望於代。宋亡，故進士數人，衣冠偉如，為衆庶儀表，三四十年而後盡。」〔註 101〕臨川一地，建置久遠，自古為文物之邦，唐代王勃在《滕王閣序》中曾有過「光照臨川之筆」的讚歎，而宋時董震也曾稱臨川為「人才之鄉」，因此宋亡以後，仍有故宋進士能夠「衣冠偉如，為衆庶儀表」。但虞集也點出了問題之所在，故宋的一代名傑去世後，當地似乎無所後繼。這種情況的出現，恐怕與科舉的暫時廢止關係較大。臨川之士，之所以能夠在三百年間、十數世之內秉持舊業、不失其道，其中一個重要原因就是宋代科舉的實行，科舉對於曾經的臨川士子來說，是走入仕途最重要的一條途徑，按前文趙汸《行狀》的說法，宋亡後江左一些學校依然使用前代科目之法，「所取輒百數十人」，說明宋亡之後，當地仍有不少學子依然在習舉子業。但是元代初年科舉一直未行，曾經以此為業的士子們不得不另尋出路，為自己謀求生計，當為學不能為自己帶來未來之時，人們對此的熱衷也就會不斷衰減，《故梅隱先生吳君墓銘》中也稱「臨川內附，學者多廢」，後繼無人的趨勢也就慢慢顯示出來。

這一點似乎也可以從元代為隱逸之人所作的墓碑文中得到證明。元代的隱逸之士主要有隱士、逸士兩類，雖然名稱不同，但是從其生平來看差別並不大，為這兩類人創作墓碑文較多的作家當屬吳澄與揭傒斯，此二人剛好也是江西籍文人，其筆下的隱逸之士大部份也都是當地之人，這就說明有元一代江西籍的隱逸者是很多的。從其成因來看，除了當地深受道教文化影響之

〔註 99〕〔明〕宋濂等：《元史》卷八，中華書局編輯部點校，中華書局，1976 年，頁 160。

〔註 100〕李修生主編：《全元文》卷八九七，第二十七冊，鳳凰出版社，2004 年，頁 608。

〔註 101〕李修生主編：《全元文》卷八九七，第二十七冊，鳳凰出版社，2004 年，頁 597。

外，科舉的廢止是其中一個較為重要的原因，吳澄所撰的《故靜樂逸士黃君墓誌銘》中，墓主黃長元就是一位比較有代表性的人物，黃氏家中本為豐城大族，豐城一地，南鄰崇仁，東臨臨川，書院林立，人才濟濟。其父黃榮孫也曾為宋代官吏，宋亡後家中逐漸淪落。延祐年間恢復科舉後，黃長元率家中子弟應詔，抱病參加科試，不久後去世。從黃長元抱病參與科試也可以看出延祐重開科舉對於士子的影響之大。

此外，歸附元朝之後的臨川地區，曾經有一段處於「無政府狀態」下的動盪不安時期。《元史・世祖本紀》載：「（至元十五年秋七月）丙申，以右丞塔出、〔左丞〕呂師夔、參知政事賈居貞行中書省事于贛州，福建、江西、廣東皆隸焉。」從至元十二年歸附一直到十五年設立官制為止，負責治理當地的是當時的府軍等武將，朝代的更替，加之管理上的混亂使得當地屢有盜亂發生。《傅民德墓誌銘》中有類似記載：「臨川郡城內附，崇仁以屬邑從焉。故宋所署官無在者，而朝廷設官未至，治軍府者檄之攝尉縣邑，以閭里盜起傍近，以策平之，尋進為簿，久之自免而去，略無仕祿之意。」「閭里盜起」也說明了宋亡以後的不穩定局面，在這種動亂的社會背景之下，人心惶惶不安，向學之心自然也不如前人一般。

三是關於朝廷制度等相關史料的保存。作為史官的虞集，對於朝廷相關制度的建置沿革同樣注意，因此在墓碑文中也留存了相關資料。

如《楊襄愍公神道碑》保存了當時鈔法改革的相關史料：

> 初尚書省改作至大銀鈔，視中統一當其二十五。又鑄錢為至大錢，至是，議罷之。公曰：「法有便否，不當視立法人為廢置。銀鈔固當廢，銅錢與楮幣相權而用之，昔之道也。國無棄寶，民無失利，錢未可遽廢也。」言雖不盡用，而時論是之。〔註102〕

鈔法改革是至大年間經濟改革的重點。元代自初期開始，鈔法制度就相當混亂，紙幣的濫用在一定程度上使得通貨膨脹的狀態持續存在，武宗年間立尚書省的起因就與這種經濟狀況有關。材料當中所提到的至大銀鈔與至大錢就是此次尚書省改革的重點之一，根據今人研究來看，至大銀鈔發行之後，中統鈔貶值了 25 倍，這與文章當中「視中統一當其二十五」是相符合的。至大錢就是使用銅錢，銅錢在元代以前是非常通行的一種貨幣，元代一直有此

〔註102〕李修生主編：《全元文》卷八七四，第二十七冊，鳳凰出版社，2004 年，頁 268。

類倡議，文中提到議罷至大錢，但朵兒只認為，歷來銅錢與楮幣應當權衡使用，這種制度應當沿襲，因此不應立時廢止，這代表了當時大多數人的看法，不過至大錢因為在鑄造方面的問題又引發了使用的混亂，最後也未能施行多久〔註 103〕。

又如關於唐兀衛組成之事。根據今人研究來看〔註 104〕，唐兀衛是元代最早建立的色目人軍衛，《元史》中對唐兀衛建置略有記載，而虞集的《彭城郡侯劉公神道碑》則可補史書闕文，文章中提及：

> 朝廷初分侍衛親軍，列以為衛，唐兀衛之立，遣使籍河西六郡良家子以充之。時乃顏之叛，軍事方興，所徵發多憚行，賂使者求免。公兄名在籍中。公曰：「兄家嗣，當事父母。」請諸使者親代其行。至京師，得召見，備禁衛。〔註 105〕

從這段文字中我們可以看出關於唐兀衛的人員組成情況：《元史》中只提及有「河西軍三千人」，但是這三千人所自何來並不清楚，虞文則清楚表明了唐兀衛是由河西籍的良家子弟組成的。《彭城郡侯劉公神道碑》是虞集為劉完澤所作，劉完澤其家為西夏大族，劉完澤之子即是元代有名的沙剌班，漢名劉伯溫，為虞集門人。關於劉氏父子的族屬，學界一直有不同說法，這是由於元代至少有三個沙剌班，一位即是完澤之子，漢名劉伯溫；一位是畏兀人，阿璘帖木兒之子，曾入奎章閣，後官至平章政事，並參與修纂《金史》，陳垣《元西域人華化考》卷八〔註 106〕所提到的沙剌班就是這位；一位是蒙古沙剌班，陶宗儀《書史會要》中對其有所記載〔註 107〕，學界的不同說法有時是將前兩位沙剌班混淆而產生的。虞集既與劉伯溫有所淵源，那麼他的這篇墓碑文想必還是較為可信的，文章中虞集稱其「別於唐兀」，但余闕的《送劉伯溫之江西廉使得雲字》中卻稱其為「當時所稱唐兀氏」，看起來虞、余二人的材料似

〔註 103〕關於武宗時期的鈔法改革，詳可見李鳴飛：《試論元武宗朝尚書省改革的措施及其影響》（《中國民族邊疆研究》2008 年 00 期）以及屈明月：《元代鈔法研究》（西南政法大學碩士學位論文，2010 年）。

〔註 104〕詳見葉新民：《元代的欽察、康里、阿速、唐兀衛軍》，內蒙古社會科學，1983 年 06 期。

〔註 105〕李修生主編：《全元文》卷八七八，第二十七冊，鳳凰出版社，2004 年，頁 318。

〔註 106〕陳垣：《元西域人華化考》卷八，上海古籍出版社，2000 年。

〔註 107〕關於三個沙剌班的詳細考證，可參見王力春：《元人沙剌班考》，《北方論叢》，2011 年第 3 期。

乎相互牴牾，但是二人皆與劉伯溫有所交往，對於族屬問題想必不會弄錯，造成這一牴牾的原因恐怕是當時人對於「唐兀」這一稱呼的使用問題，唐兀這一概念有狹義也有廣義，狹義上僅指黨項人，廣義上可概稱所有河西居民或西夏遺民。虞集的「別於唐兀」中所使用的乃是狹義的「唐兀」，這說明劉氏一族並不是黨項族人，而余闕的「當時所稱唐兀氏」應代指廣義唐兀，即河西居民或西夏遺民。從劉氏家族的歷史來看，其家族世居敦煌，此前為西夏大族，西夏亡國後遷徙至張掖占籍，則劉完澤應為河西籍子弟，這也就可以解釋為何劉完澤家中子弟會被籍為唐兀衛。但是劉完澤到底屬於哪一民族，似乎難以根據目前的材料做出推斷，鄧文韜《元代西夏遺民研究》中將其歸為漢人，但不知其依據為何〔註 108〕。從劉完澤的情況來看，唐兀衛所籍的河西子弟並不一定都是黨項族後裔，也有如完澤一般屬於其他族屬之人，但是均以「唐兀衛」為名，那麼「唐兀衛」中的「唐兀」就是一個較為廣義的稱呼，所指代的應該是所有河西居民。

除以上幾方面的史料以外，在先塋碑部份我們曾經提到過，虞集有四篇為少數民族家族所作的先塋碑，分別是欽察土土哈家族的《句容郡王世績碑》、高昌亦都護家族的《高昌王世勳碑》、赤老溫家族的《孫都思氏世勳碑》、按察兒家族的《蒙古拓拔公先塋碑銘》。土土哈、亦都護、按察兒這幾人在《元史》中均有獨立傳記，而赤老溫是追隨成吉思汗的蒙古四傑之一，為大蒙古國的建立以及疆域的拓展立下了汗馬功勞，但是《元史》中並無赤老溫本人傳記，只有其曾孫忙哥撒兒傳，赤老溫之父鎖爾罕世剌曾襄助成吉思汗，本人又是曾得到「拔都兒」美譽的驍勇善戰之人，按虞集文章所稱，赤老溫多征討之功，其子阿剌罕、孫鎖兀都等人世代高官，文章記錄了孫都思氏自鎖爾罕世剌至建都班六代的世系以及人物生平，可補史書之闕。

歐陽玄曾有言:「皇元混一天下三十餘年，虞雍公赫然以文鳴於朝著之間，天下之士翕然謂公之文，當代之巨擘也。」〔註 109〕《四庫提要》中也稱虞集詩文為「有元一代冠冕」，評價極高，可見時人與後人對虞集文章的認可，而蘇天爵在《元文類》墓碑一類中選錄了虞集墓碑文 14 篇，可見其推崇之意。

整體來看，虞集的墓碑文在寫法上也主要以事蹟刻畫人物形象，而風格

〔註 108〕鄧文韜：《元代西夏遺民研究》，寧夏大學碩士學位論文，2014 年。

〔註 109〕李修生主編：《全元文》卷一一〇四，第三四冊，鳳凰出版社，2004 年，頁 654。

上則衍承歐陽，平易紆徐，娓娓道來。史官的經歷與立場使其在創作過程中注重內容詳盡而求實，為後世留存了大量史料，具有較高的價值。這一創作特點也影響了元代墓碑文的發展：自虞集後，元代的墓碑文大多都宗法宋調，以雅正風格為主，講求平易敘事，少奇險之風。其成就並不下於姚燧，四庫館臣也稱，有元一代之碑文，惟姚、虞二人堪可旗鼓相當。

第四節　歐陽玄

歐陽玄（1283～1357），字原功，號圭齋。祖籍廬陵（今江西吉安），與歐陽修同族，後曾祖遷居瀏陽（今屬湖南）。自幼穎悟，經史百家之學無不貫通，為虞集等人所賞識。延祐元年（1314）詔行科舉，二年歐陽玄中進士，此後為官四十餘年，六入翰林，三拜承旨，並兩次擔任國子祭酒，纂修四朝實錄、《經世大典》與三代史書，《元史》稱其「屢主文衡，兩知貢舉及讀卷官，凡宗廟朝廷雄文大冊、播告萬方制誥，多出玄手。金繒上尊之賜，幾無虛歲」〔註110〕，在當時的文壇及史學領域均頗有聲望，有《圭齋文集》等傳世。

根據董名傑《近三十年歐陽玄研究綜述》〔註111〕一文來看，近幾十年來學界對於歐陽玄的研究主要集中在以下幾方面：一是文獻整理與版本考證方面，除《全元文》外，至今共有四本歐陽玄文獻整理專著出版，魏崇武《歐陽玄〈圭齋文集〉版本考》〔註112〕對《圭齋文集》的成書以及版本流傳狀況做了非常細緻的梳理；二是關於歐陽玄的學術思想研究，如衷爾鉅《理學「衣鉢海外傳」的歐陽玄》〔註113〕就著重梳理了歐陽玄的學術淵源與學術觀點，並且指出了歐陽玄為程朱理學的外傳做出了貢獻；三是關於歐陽玄文學理論與文學作品的研究，這也是當今歐陽玄研究的重點，如邱江寧《奎章閣文人與元代文壇》〔註114〕就將歐陽玄作為元代奎章閣文人的重要代表，將其文學思想以及文學理論置於當時文壇的大背景下，有利於我們了解歐陽玄對於當時和後世文壇的影響，而劉夢初《歐陽玄和他的詩文理論》〔註115〕則是將歐

〔註110〕〔明〕宋濂等：《元史》卷一八二，中華書局編輯部點校，中華書局，1976年，頁4198。

〔註111〕董名傑：《近三十年歐陽玄研究綜述》，《湖北科技學院學報》，2017年8月。

〔註112〕魏崇武：《歐陽玄〈圭齋文集〉版本考》，《文獻》，2014年第2期。

〔註113〕衷爾鉅：《理學「衣鉢海外傳」的歐陽玄》，《孔子研究》，1998年04期。

〔註114〕邱江寧：《奎章閣文人與元代文壇》，《文學評論》，2009年01期。

〔註115〕劉夢初：《歐陽玄和他的詩文理論》，《求索》，1994年06期。

陽玄的文學理論概括為尚古、崇道、重情、養性四方面，**梁豔《歐陽玄及其〈圭齋文集〉研究》**〔註 116〕除了對歐陽玄的家世、生平、著述、交遊這四方面進行了考察外，還對《圭齋文集》中所收的詩文進行了探析，其中對於其墓碑文作品的藝術風格與史料價值進行了說明，認為其「事祥祥而辭巧，气沛而文贍，足以補正史之闕失」，而**周小春《略論歐陽玄的傳記作品特色》**〔註 117〕則是將歐陽玄的傳狀碑誌四類作品統歸為傳記，對其「崇道德而黜功利」的傳主選擇以及尚實求雅的寫作特色進行了分析；四是關於歐陽玄史學成就的研究，**江湄《歐陽玄與元代史學》**〔註 118〕、**李紹平《宋遼金三史的實際主編歐陽玄》**〔註 119〕都認定三史的總裁官實為歐陽玄，並肯定了歐陽玄在三史修纂過程中所作出的貢獻，包括制定範例、筆削潤色等等。綜合來看，前人的研究成果對於我們了解歐陽玄的學術、文學思想，文集的成書刊刻、版本流傳以及其碑文的寫作特點均有所助益。

一、創作概況，文獻考辨

《元史》曾有言：「海內名山大川，釋、老之宮，王公貴人墓隧之碑，得玄文辭以為榮。片言只字，流傳人間，咸知寶重。」〔註 120〕可見歐陽玄墓碑文之重要性，《全元文》共收錄其 40 篇墓碑文，其中有神道碑 13 篇，墓碑（銘）13 篇，墓誌銘 6 篇，先塋碑 4 篇，阡表 1 篇，塔銘 1 篇，其他 2 篇。雖然數量不多，但是從墓主身份來看，其中有不少是如錢基博在《中國文學史》中所稱的「名卿大僚、儒林丈人」，如許衡、趙孟頫、貫雲石、虞集、揭傒斯、程端學、董士珍、劉詵等，由此也可見歐陽玄在當時的文壇地位。

在這 40 篇墓碑文中，較為特殊的是《追封武威郡公賈琮神道碑》一文，此文末尾有「元至正二十六年撰」字樣，按行狀等材料來看，歐陽玄早在至正十七年十二月就已去世，無論如何都不會在至正二十六年寫下這樣一篇神道碑文。學界對此亦有不同看法，魏崇武、劉建立點校《歐陽玄集》中認為

〔註 116〕梁豔：《歐陽玄及其〈圭齋文集〉研究》，中南大學碩士論文，2009 年。

〔註 117〕周小春：《略論歐陽玄的傳記作品特色》，《商》，2014 年 15 期。

〔註 118〕江湄：《歐陽玄與元代史學》，《北京師範大學學報（社會科學版）》，1997 年第 3 期。

〔註 119〕李紹平：《宋遼金三史的實際主編歐陽玄》，《湖南師範大學社會科學學報》，1991 年 01 期。

〔註 120〕〔明〕宋濂等：《元史》卷一八二，中華書局編輯部點校，中華書局，1976 年，頁 4198～4199。

「二十六年」當作「六年」或「十六年」，抑或此文系偽作〔註 121〕，湯銳點校《歐陽玄全集》中則直接認為「二十六年」的「二」字為衍文。參考學界的說法，這篇《賈琮神道碑》其實有以下幾種可能，一是此文系後人冒名偽作，二是「元至正二十六年撰」一句有誤，其文仍為歐陽玄作品，或作於至正六年，或作於至正十六年，或是至正間某年。

從此文的出處來看，歐陽玄的詩文作品早在其生時就已經散佚頗多，其文集最早於明成化七年（1471）由其五世孫歐陽俊質等以家藏殘稿增補、刊刻而成，此本也是目前現存諸本之祖本，今存；此後又有清乾隆十三年瀏陽紹文堂刻本、清道光十四年棣余山房刻本、清道光二十六年新化鄧氏南村草堂刻本三種刻本，另有摛藻堂《四庫全書薈要》本、《四庫全書》諸本、金侃抄本等各類抄本〔註 122〕，《全元文》所錄《圭齋文集》是以成化刻本為底本，校以文淵閣《四庫全書》本、金侃抄本，並於集外輯佚文章八十七篇，《追封武威郡公賈琮神道碑》就是自集外所輯篇目之一，此前的各版本之內均未收錄此文。按《全元文》所載，此文在民國時文竹齋鉛印本《無極縣誌》以及《畿輔通志》中均有收錄，民國本《無極縣誌》中在題目之下對於碑文做了簡要說明：「曹氏《續誌》云碑文載前志《藝文》，歐陽玄撰，至正二十六年立，今佚。按玄有《圭齋文集》十六卷，此文今不見集中，為可貴也。從黃志餘存於下。」〔註 123〕這裡提到的曹氏《續誌》是指清光緒十九年所刊由曹鳳來纂修的《無極縣續誌》，今存，書中只對賈琮神道碑做了介紹，但是並未收錄全文；黃志是指由黃可潤所纂、刊刻於清乾隆二十二年的《無極縣誌》，今存光緒十九年補刊本，書中卷十《藝文志下》錄有神道碑全文，但對墓址、神道碑留存狀況並無說明。曹本《無極縣續誌》卷一在「武威郡公賈琮神道碑」一條下注有「歐陽元撰，至正二十六年立，今佚」字樣，這就說明此碑最晚在光緒年間以前就已經佚失。

再來看《畿輔通志》，《畿輔通志》有三個版本，一是康熙年間于成龍等人所修的康熙本，二是雍正年間李衛、唐執玉等所修的雍正本，三是光緒年

〔註 121〕〔元〕歐陽玄：《歐陽玄集》，魏崇武、劉建立點校，《元代別集叢刊》，吉林文史出版社，2009 年。

〔註 122〕關於《圭齋文集》的成書刊刻、版本流傳狀況，詳見魏崇武：《歐陽玄〈圭齋文集〉版本考》，《文獻》，2014 年第 2 期。

〔註 123〕〔民國〕耿之光、王桂照修，王重民纂：《無極縣誌》，《中國方志叢書》影印本，成文出版社，1976 年。

間直隸總督李鴻章所主持修纂的光緒本，其中只有光緒本《畿輔通志》(《續修四庫全書》本）在卷一七一中收錄有賈琮墓一條，稱墓在無極縣境內，其址不詳，並附有碑文，文後同樣也有「元至正二十六年撰」字樣，曹本《無極縣續誌》是在光緒十九年刊刻而成，而李鴻章等人編修光緒本《畿輔通志》是在同治年間就已經開始，但光緒本《畿輔通志》中既然聲稱墓址不詳，那麼很有可能這一神道碑在《畿輔通志》編修時也不得見，換句話說，光緒本《畿輔通志》中所收錄的這篇神道碑極有可能是參考了黃本《無極縣誌》的，這也就說明，其實光緒本《畿輔通志》中《武威郡公賈琮神道碑》一文的來源或許與《無極縣誌》中是一致的。比較《畿輔通志》以及兩版《無極縣誌》的文字來看，兩版《無極縣誌》之間幾乎沒有差別，而光緒本《畿輔通志》與黃本《無極縣誌》的文字存在少量差異，看上去似乎是根據黃本進行了校勘。

再向前追溯，黃本《無極縣誌》中所收《賈琮神道碑》是來自康熙年間所刊《重修無極志》，此《志》為順治年間高必大所修，至康熙十九年後人張天綬增刻，國家圖書館今存張氏增刻本。按照高必大《重修無極縣誌敘》與張天綬《續修無極縣誌敘》中所言，明熹宗天啟三年就有王家徵重修無極縣志，到了清順治十八年由高必大在王《志》基礎上續修補全，十九年後，即康熙十九年，張天綬主持延請穆真元等人進行了增補校訂。張本《重修無極志》卷下「雜誌」中收有「冢墓」一類，其中記載「賈琮墓在城西南三十里陳村，前有神道碑，賈惟貞同前」，後有「藝林志」中「碑記」一類，收錄神道碑全文，其中也有「元至正二十六年撰」字樣。而按張《敘》所言，康熙十九年的這次增補校訂主要是針對這近二十年間的官師、科目、明經、節孝、災祥等事，其餘如疆域、風物、土俗等條目皆是由舊志所傳，這即是說，《賈琮神道碑》一文應當是在高本縣誌中就已經有所記載的。由於王家徵所修版本已不可見，因此我們暫時不能確定此文究竟是王本已有還是高本所加，但張本《重修無極志》中既然給出了賈琮墓所在之地，也就說明賈琮之墓確實曾存在於無極縣之中，其所收碑文也當是據神道碑所錄，確有可考，而非後人自他處尋得補入。

如果從文章內容來看，這篇文章是否有可能是歐陽玄所作呢？我們來仔細分析文中所提到的賈琮與其子的經歷：倘使以賈琮的生平來看，他生於中統元年（1260），卒於大德十年（1306），同年葬入家族先塋之中，至正二年（1342）因當地水患而改葬新塋，之後因其子賈惟貞為官有功而得到了「武威郡公」的追封，也就是說，這篇文章最早應該作於至正二年（1342）後。此外，文章中提到了賈琮之子賈惟貞曾經被選為廣東海南海北等地奉使宣撫，這件事在《元史·順帝本紀》中也有記載，此事發生於至正六年十月，乙酉日順帝下詔命奉使宣撫巡行天下，賈惟貞也是其中之一，但在《賈琮神道碑》中，作者還寫下了巡行之後賈惟貞的仕宦經歷，也即證明此文當作於至正六年以後，因此至正六年一說應當被排除掉。

再繼續來看賈惟貞的生平經歷，文中提到他被擢永平路總管一事，此事在《元史》中也可有所印證，當是發生於至正八年二月（《元史·順帝本紀》），此後賈惟貞因賑災有功升兵部侍郎，又轉為兵部尚書，直至中書參知政事。《神道碑》中也提到了賈惟貞入職中書一事，還提到了「中書賜碑之請」，這就說明此碑乃是由中書所賜，即敕賜之作，賜碑作偽的可能性相對來說是較小的，且從賈惟貞的生平來看，碑中所言與史書也多有互證。一般說來，墓碑之文冒以他人之名，其目的大約是通過假借名儒巨擘之手來抬高墓主及其家人身份，或是攀附世家大族或名人後裔，但是從《元史》以及其他材料來看，賈琮之子賈惟貞仕途順暢，在不長的時間內一路從奉使宣撫做到中書參知政事，說明此人能力確實出眾，且賈惟貞既然已經成為了中書參知政事，那麼看上去似乎並沒有作偽的必要性。

再從時間線索來看，這篇碑文當是賈惟貞任中書參知政事，進封武威郡公後因追封所賜，那麼賈惟貞究竟是何時擔任這一官職的呢？或許我們可以由李士瞻《上中書丞相書》一文進行推斷，此書作於李士瞻任右司省掾時，按陳祖仁所撰《楚國李公行狀》中記載，李士瞻於至正十年（1350）登進士第，十九月考滿後任將仕郎，再二十四月後充右司掾，此時大約為至正十四年到十五年左右，七個月後又除從仕郎、刑部主事，則《上中書丞相書》應作於至正十四年到十五年左右。當時濟寧為起義軍所佔，中書省上奏處死分省、分院官，當時的知院哈剌八都兒因為是勛戚得以赦免，時任右丞的阿塔赤與參知政事賈惟貞卻因此坐罪論死，李士瞻上書丞相，求減免阿塔赤與賈惟貞之罪，這件事最終以「阿塔赤等遂得減死」落幕，雖然減死，但想必賈惟貞的中書參知政事恐怕是不能再任，那麼這塊碑應當是在此事發生之前就已賜下。從以上推論來看，這篇碑文的具體創作時間應當是至正八年後到至正十四年之間，完全有可能是成於歐陽玄之手，且以歐陽玄在順帝朝的地位來看，由他來作賜碑是完全合理之事。

再來看最後題寫時間的這句「元至正二十六年撰」，歐陽玄確實有在碑文末尾寫明作文時間的習慣，但是在他現存的其他墓碑文之中並沒有出現過這種以「元」字後加上年號的說法，歐陽玄的碑文中凡是稱呼元代，大多都言「我元」、「皇元」，沒有直呼「元」的情況，這樣來看，這句「元至正二十六年撰」倒似乎是像後人所加之句，或許有可能是後人在抄錄之時，將立碑時間誤作為撰碑時間。古人立碑，一般都會在碑文末尾附有撰者、書丹者、篡額者、立碑者的姓名以及立碑時間，但此文自康熙本《重修無極志》開始，文後就一直缺少此類信息，筆者推測，此文被錄入方志之時恐怕碑石就已經有所殘缺，因此編纂者誤將立碑時間認為撰碑時間。

關於歐陽玄年譜的編纂，目前只有張璞所編《歐陽玄年譜》〔註 124〕，但此文目前暫不得見。筆者依據《圭齋文集》中所錄張起巖《歐陽公神道碑》、危素《歐陽公行狀》等材料以及今人對其生平行跡的考述，對其墓碑文作品進行了繫年。我們大致可以以順帝元統元年（1333）為界，將歐陽玄的作品分為兩個時期：前期的歐陽玄墓碑文作品今存較少，這大約與歐陽玄詩文散佚較多有很大關係；後期則是歐陽玄墓碑文創作的主要時期，現存的大部份作品都是在後期所作，尤其是為一些較為重要的墓主，如許衡、趙孟頫、揭傒斯、虞集、貫雲石等的墓碑文都是其後期作品，這也說明了歐陽玄在順帝一朝的地位顯重。

二、以德擇人，把握特質

周小春在《略論歐陽玄的傳記作品特色》一文中，對於歐陽玄在墓碑文傳主的選擇特點總結為「崇道德而黜功利」，歐陽玄筆下的墓主，除卻部份無法推卻的敕賜之作外，大多都以「道德」作為主要的抉擇標準，或是忠義驍勇之人如王端，或是儒者高士如虞集、劉詵，或是卓有政績的官吏如王去思、宋雲舉。在為這些墓主進行形象刻畫時，歐陽玄最突出的特徵是能夠把握住墓主在身份、性格上的特殊之處，並以此作為書寫的重點，通過對其生平事蹟的描述來凸顯。

如為釋守忠所作《長老忠公塔銘》，元代由於佛教盛行，史官文人為僧徒作塔銘也是較為常見的現象，由於墓主僧徒的特殊身份，在文章中作者們往往會重視書寫墓主在宗教思想、修行上的成就，以表現這類特殊墓主的功、

〔註 124〕張璞：《歐陽玄年譜》，廣西師範大學碩士學位論文，1998 年。

德、言。但是歐陽玄在《長老忠公塔銘》中，只用了小部份的篇幅來書寫守忠在宗教修行角度的內容，其餘的大部份筆墨都花費在了守忠與朝廷之間的往來關係上：文章開篇是從至正八年守忠圓寂開始寫起，元代的禪師在圓寂之前大多都會留有偈語，以示拋卻肉身得以超脫涅槃，而守忠除了為弟子留下偈語之外，還對其多有告誡：「汝等繼自今宜勇猛精進，紹隆先聖之道，庶毋負國朝崇重吾教之心。」〔註125〕守忠在臨終之前仍然對弟子叮囑，令其勿忘紹緒先人，不辜負朝廷尊崇之意，這顯然與一般禪師只留偈語而逝有較大差別，守忠之所以在圓寂前留下這樣的遺言，歐陽玄並沒有在文中立刻給出原因，而是在後文逐漸有所揭示。泰定年間，守忠居於建康崇因寺時，曾與當時的太子梁王有所交往，梁王至建康，留居寺中，並問道於守忠，且以財帛相贈助其重建寺宇，留有題名「崇禧寺」匾額。此後梁王與守忠往來不斷，致和元年梁王即位，是為文宗，文宗對於守忠多有優待，不但賜予封號、錢帛，還將崇禧寺改名為大崇禧萬壽寺，此後也是賞賜不斷，文宗去世後卜答失里太后與繼任的順帝也對守忠禮遇有加，順帝還命其住持大龍翔集慶寺。守忠一生與朝廷往來四十餘年，所受恩賜不絕，但即便在這樣的榮寵之下守忠依然能夠保持本心而毫無自炫之意，其所得錢帛之物也大多施捨貧窮、助人救急，這種對身外之物的不在意正是佛家所強調的對於名利的看淡。歐陽玄以守忠的遺言作為開端，詳細地記錄了守忠一生與帝王、朝廷的往來，既藉此說明其佛法之高深，又通過轉折之筆寫出守忠在面對這等榮耀富貴加身的「不動心」來表現出他淡泊名利、超脫於世的貴重人品，更顯突出之意。

再如《國史貫公神道碑》，這篇文章也著重表現了貫雲石為人灑脫，超脫於世，淡泊名利的特點，但是貫雲石與釋守忠的身份、經歷並不相同，所以歐陽玄採用的寫作方法也有所差異。文章甫一開篇，先交代了二人的深厚情誼，接下來歐陽玄在貫雲石的顯赫家世以及其本人的文識武略上多有著墨，貫雲石為阿里海涯之孫、貫只哥之子，其母為廉希閔之女，貫雲石出身於錦繡之家，自小文武雙全，承襲父爵後，又能賞罰分明，治軍嚴正，家族與才識所帶來的富貴卻並不令其貪戀，反而貫雲石對名利能夠淡然處之，在將爵位相讓後貫雲石隱居江南，悠遊為樂。而歐陽玄又記錄了貫雲石遊賞江南時在梁山泊以錦被易蘆花被之事，《蘆花被》一詩在當時流傳甚廣，易被之事也成

〔註125〕李修生主編：《全元文》卷一一〇二，第三十四冊，鳳凰出版社，2004年，頁628。

為了人們眼中的美談，這類「奇聞異事」比起生平功績，有時更能加深人們對於墓主的印象，歐陽玄顯然也深諳此理，因此才在文章中特特寫下這件易被之事，既凸顯貫雲石的灑脫，也令讀者對貫雲石的人物形象有了更生動、更深刻的理解。

在刻畫人物的過程中，歐陽玄也注意對於墓主的細節描寫，如他在寫貫雲石年少意氣風發之貌：「公生神采迥異，年十二三，膂力絕人，善騎射，工馬槊。嘗使壯士驅三惡馬疾馳，公持槊前立而逆之，馬至騰上，越而跨之，運槊風生，觀者辟易，挽強射生，逐猛獸上下。」〔註126〕寥寥幾筆，就將貫雲石神采飛揚、少年意氣的一面極好地表現出來。再如《趙文敏公神道碑》，作者記錄了趙孟頫任職濟南時發生的幾件事：一是城東兩家互爭豐腴之田，趙孟頫斷以此田地養士；二是得能文之人加以獎勵，以此教化郡中，使儒風盛行；三是大旱之年在龍洞祈雨；四是斷案時不連坐多人，必審查內情，當地之民多稱讚其仁善之心，趙孟頫去官之時，數人送其至京城，號泣不忍離去。通過這四件事可以看出趙孟頫在治理地方時興教化而有仁心，不以嚴苛之法治民，反而取得了更好的成效，歐陽玄在書寫這四件事的時候也並未花費大量篇幅、筆墨，均是簡單帶過，但卻使得人物形象更加豐滿。此外，歐陽玄也擅長採用側面描寫的手法，如通過姚燧、仁宗皇帝對貫雲石的評價來寫其才能、品格：「（姚）公見其古文峭厲有法，及歌行、古樂府慷慨激烈，大奇其才。仁宗皇帝在春坊，聞其以爵位讓弟，謂其宮臣曰：『將相家子弟有如是賢者，誠不易得！』姚公入侍，又數薦之。」〔註127〕

在刻畫人物的過程中，歐陽玄有時也會採用以情動人的手法。文章末尾，歐陽玄講述了揭傒斯未病前曾對其言：「某平生愛公文，恨無因獲一言。早晚史事成，求公作《貞文書院記》，記成而刻，吾志畢矣。」然未記書院，而斯人已去，徒留悲痛。當然，除了這些「名卿大僚、儒林丈人」之外，歐陽玄也為普通人作過墓銘，如《曾秀才墓誌銘》，這同樣是一篇以情感取勝的文章。文章開篇歐陽玄講述了作銘的緣由，曾一漢在江南去世，其兄長曾德元在京城聞知此事，慟哭不已，後向歐陽玄請銘，言曰：「人之生苟有德慧，孰不願

〔註126〕李修生主編：《全元文》卷一一〇四，第三十四冊，鳳凰出版社，2004年，頁652。

〔註127〕李修生主編：《全元文》卷一一〇四，第三十四冊，鳳凰出版社，2004年，頁652。

有辭於永世也？弟一漢，實曾氏才子弟，今不幸短命，父兄不能續以長，願得先進一言以傳，庶幾猶未死也。」〔註 128〕歐陽玄為曾氏兄弟之間的深厚感情所打動，因此愿為之作銘，在文章的結尾，他又發有感慨之言：「為父兄鮮有不愛其子弟者，論才不才，恩義有不相掩者。一漢死，父兄若失希世重寶，不能自存。」〔註 129〕「父兄若失希世重寶」一言可謂是一語道出了曾一漢去世後家人的心情，一漢穎悟聰慧，為人孝悌，卻英年早逝，令人惋惜，對父母兄弟來說，曾一漢的離去就如同失卻了世上最珍貴的寶物一般，其內心苦痛令人聞之惻然。歐陽玄雖然與曾一漢之間並沒有直接往來，但是他通過書寫曾氏父兄對曾一漢的拳拳愛護之心以及白髮人送黑髮人的苦痛，來抒發了自己對於曾一漢早逝的惋惜。

三、道統傳承，文道合一

元代著名的高麗文學家、思想家李穡曾經這樣評價過歐陽玄的治學成就：「衣缽誰知海外傳，圭齋一語尚琅然。邇來物價皆翔貴，獨我文章不值錢。」〔註 130〕在這首詩中李穡提出歐陽玄是元代理學外傳高麗的一位重要人物，從李穡的生平來看，他在二十一歲時隨父親李穀來到元都，在國子監進學三年，其間與歐陽玄等人多有接觸，他的理學受到歐陽玄的影響極大。朝鮮後世文人許筠則是這樣評價歐陽玄學術源流的：「圭齋江西人，親事文謝諸公，耳熟石湖、誠齋遺訓，而臨川、南豐、六一、山谷四老之烈，尚爾班班。」〔註 131〕

從危素《歐陽玄行狀》等材料來看，歐陽玄家中原籍廬陵（今江西吉安），與歐陽修乃屬同宗，高祖歐陽時於宋淳熙年間遷居湖南瀏陽，曾祖歐陽新再遷至長沙，並於嶽麓書院任職，祖父歐陽必泰曾任潭州學錄，父親歐陽龍生則任文靖書院山長、道州路教授等職，黃宗羲在《宋元學案》中就將歐陽氏一族列於《巽齋學案》之下。除了家學的影響以外，歐陽玄少時由其母教授

〔註 128〕李修生主編：《全元文》卷一一〇八，第三十四冊，鳳凰出版社，2004 年，頁 731。

〔註 129〕李修生主編：《全元文》卷一一〇八，第三十四冊，鳳凰出版社，2004 年，頁 731。

〔註 130〕袁甫鉅：《理學「衣缽海外傳」的歐陽玄》，《孔子研究》，1998 年 04 期。

〔註 131〕以上來自袁甫鉅：《理學「衣缽海外傳」的歐陽玄》，《孔子研究》，1998 年 04 期，屈廣燕：《文化傳輸與海上交往——元明清時期浙江與朝鮮半島的歷史聯繫》，海洋出版社，2017 年。

《孝經》、《論語》，後從鄉先生張貫之、故宋遺老學，歐陽玄還曾學於許謙，並與方用等人並稱「許門四傑」，許謙之學來自金履祥，金履祥之師為何基，何基又是朱熹門下黃幹之徒，由此可見歐陽玄的學術思想其實也源出程朱。此外，虞集父虞汲任潭州路學正時，歐陽玄以諸生侍之，此後與虞集也往來密切。與金履祥一樣，許謙崇尚實學，主張學術與實際相結合，認為「道」是出自於「君臣父子夫婦昆弟朋友應事接物之間」，在經史之外，許謙對於天文地理、典章制度、食貨刑法、音韻字學等內容也多有涉獵，這種尚實、廣博的治學理念對於歐陽玄也產生了一定的影響，危素稱其「經史百家，靡不研究，伊洛諸儒源委，尤所淹貫」〔註 132〕（《歐陽公行狀》），這種治學特點也當是受到了許謙的影響。

歐陽玄曾為許衡與虞集寫作碑文，前者是元代理學發展的重要人物，後者則是元代文章巨擘，在他們的墓碑文之中，我們也可以窺得歐陽玄學術思想與文學理念的痕跡。在《文正許先生神道碑》一文中，歐陽玄就闡發了自己對「道統」的看法：

> 世祖皇帝以天縱之資，得帝王不傳之學，上接伏羲、神農、黃帝、堯、舜不傳之統，而為不世之君。若魯齋許先生以純正之學，下接周公、孔子、曾、思、孟軻以來不傳之道，而為不世之臣。君臣遇合之契，堂陛都俞之言，所以建皇極、立民命、繼絕學、開太平者，萬世猶一日也。猗歟盛哉！先生既沒之三十三年為皇慶二年，仁宗皇帝詔暨宋九儒從祀宣聖廟庭，明斯道之所自傳矣……論世祖之為君，則見我元國家之初，當真元會合之氣運。故善言先生，必以道統為先，而後及功業，則上可以稱塞聖天子命臣作碑之初意，下可以厭服天下後世學者景慕之盛心也。〔註 133〕

在談及許衡的「道統」之前，歐陽玄先提到了元世祖的「正統」，正統意識是道統思想中的一部份，也涉及到了朝代政權的合法性問題，元代由於是蒙古人統治下的政權，對於其與否屬於正統的討論也較前代格外重要。在這段文字中，歐陽玄提出元世祖乃是接續了上古聖賢的帝王之位，對世祖以及元代

〔註 132〕李修生主編：《全元文》卷一四七七，第四八冊，鳳凰出版社，2004 年，頁 401。

〔註 133〕李修生主編：《全元文》卷一一〇三，第三十四冊，鳳凰出版社，2004 年，頁 635～636。

帝王的正統地位加以強調，而許衡正是在其正統地位的基礎之上來宣揚道統觀念的，許衡的道統是承自三代以下周公、孔子、曾子、子思與孟子的「道」，世祖的「正統」與許衡的「道統」相結合，才有了元代的盛世。此外，在對元世祖與許衡的「正統」、「道統」進行闡釋的同時，歐陽玄還提到了延祐年間孔廟從祀的問題，許衡去世後三十三年，即皇慶二年，仁宗詔以許衡從祀宣聖廟，又以九位宋儒從祀，這九人分別為周敦頤、程顥、程頤、張載、邵雍、司馬光、朱熹、張栻、呂祖謙（《元史・祭祀志》），都是宋代程朱理學發展過程中的重要人物，以詔令的形式將這九位大儒從祀宣聖廟，無疑是從官方上確立了程朱理學在道統傳承中的地位。歐陽玄之所以從世祖的正統地位延伸到九儒從祀問題，是因為元代政權的正統性是程朱理學傳承地位的政治基礎，而這種官方所認可的傳承地位正是程朱理學在當時的一大優勢，從這一角度來看，以傳承程朱理學為已任的許衡，其所推行的道統當然就是傳承自孔孟，具有合理、合法地位的。在後文中，歐陽玄對於許衡的「道統」又有闡發：

> 臣觀三代而下，漢唐君臣，未聞以道統繫之者。當時儒宗，或知足與知，仁未足與居也。宋濂洛數公克續斯道，然未嘗有得君者。世祖龍潛，諸儒請尚其號曰「儒教大宗師」。嗚呼！漢、唐、宋創業之主，烏得而有是號哉？此天以道統而屬之世祖也。先生出際斯運，一時君臣，心以堯舜為心，學以孔孟為學，中外如一喙，號公魯齋先生。嗚呼！魯者，曾子傳道之器，歷代佐命之臣雖欲為此號，豈可得也？非天以道統屬之先生乎……中統、至元之治，上有不世出之君，能表章其臣繼述往聖之志；下有不世出之臣，能贊襄其君憲章往聖之心。於是我元之宏規，有非三代以下有家國者之所可及矣。及夫元貞、大德，高第弟子彬彬輩出，致位卿相，為代名臣。皇慶、延祐之設科，子師敬參預大政，以通經學古之制，一洗隋唐以來聲律之陋，致海內之士，非程朱之書不讀，又豈非其家學之效，見諸已試者歟？〔註 134〕

在歐陽玄看來，元代的道統是承接三代、宋儒之緒的，但是宋代理學諸儒之中，並未有如許衡一般與君主相得者。忽必烈在潛邸之時，曾為北方諸儒尚「儒教大宗師」之號，這在此前也是從未有過的。在這樣的背景之下，許衡

〔註 134〕李修生主編：《全元文》卷一一〇三，第三十四冊，鳳凰出版社，2004 年，頁 639。

入朝，主張以德治民、傳授孔孟之學。魯是曾子傳道之器，這是來自《論語》之中孔子對於曾子的評價「參也魯」，魯，鈍也，曾子雖「魯」，但卻能以其「魯」為傳道之器，許衡以「魯齋」為號，正是天命以道統所歸之人。之所以能有中統、至元以來的盛世氣象，是因為君王繼聖賢之志，而臣子承道學之統，正是由於理學道統在官方的認可與推行，才使得當時的學術風氣與文學風氣有所改變。從這段文字來看，歐陽玄一再強調了元王朝政權的正統性與程朱理學所傳承的「道統」，其一是為了體現許衡在道統傳承中的地位，其二也與這種道統學說的產生有關，「道統」最早產生於唐代韓愈，但「道統說」則是在南宋理學家手中形成，朱熹提出周、張、二程乃是繼孔孟之道，而其弟子黃幹則在為朱熹所撰寫的行狀中給出了道統傳承之人，即孔子、曾子、子思、孟子、周敦頤、張載、二程與朱熹，這與歐陽玄所撰述的道統傳承是一致的，由此也可以看出歐陽玄的學術淵源所在。此外，歐陽玄也同其師許謙一樣，主張學問與實際的結合：

> 公之為學，非託空言，每言先王建事立功，必本於天理民情之實。故教學者，務欲貫事理於一致，同雅俗於至情，以是為圖治之本。（《虞雍公神道碑》）〔註 135〕

歐陽玄對於虞集「治學務實、不為空言」的學術特點進行了讚揚，在他看來，虞集雖言先王之事，但其所言乃是本於天理與民情，在教學的過程之中，也能夠將事與理進行貫通，以至誠之情來會同雅俗，並以此作為治理國家的基礎。歐陽玄把握住了虞集治學的特點，並且將這種特點運用到了為虞集所創作的墓碑文之中，他通過寫虞集教養學子、上陳方略、關中救災等幾事寫出了虞集的學術在其實際仕宦之中的運用，從而突出了其「治學務實、不為空言」的特點。

除道統以外，文統與道統的關係也是歐陽玄所關注的，在為虞集所作《虞雍公神道碑》一文中，他在開篇就對此發出論斷：

> 自漢魏六朝以來，經生、文士判為兩塗，唐昌黎韓公、宋廬陵歐陽公力能一之，而故習未盡變也。濂洛諸君子出，其所著作，表裏《六經》，言或似之。於是文極文之典奧，道極道之精微，一趨於至善而後止。其歿也，門人錄其語以相授受，其為書雖出一時之紀

〔註 135〕李修生主編：《全元文》卷一一〇四，第三十四冊，鳳凰出版社，2004 年，頁 661。

> 聞，然概之聖人脩辭立誠之旨，未盡合也。昧者準之以立言，世之文士共起而病之。然文士知病其為文，而未必知文外非別有道，道外非別有文也，二者胥失焉。宋末病滋甚，皇元混一天下三十餘年，虞雍公赫然以文鳴於朝著之間，天下之士翕然謂公之文當代之巨擘也，而不知公之立言，無一不本於道也。〔註 136〕

這段話中，歐陽玄提出了經、文分立的問題：經、文自漢魏六朝以來開始分立，經文分立的背後其實就是道學與文章的分立，唐代韓愈、宋代歐陽修都意識到了這一問題，因此均強調文章與道學合二為一，但這一積弊仍未根除。宋代理學興起，文統與道統之間產生了對立，各自發展，在當時大儒去世後，理學學者之中也各自分派，其說經之旨也各有不同。在這種文道對立情況之下，世人不知文、道其實為一，使得文章的弊病則更加凸顯。元代有如虞集之人，被尊為當代巨擘，其文之所以能夠鳴於朝著之間，就是因為其言本於道，歐陽玄對虞集「文道合一」的創作觀念表示了贊同，這就說明歐陽玄在論文的主張上與虞集相同，都強調文與道的統一，在《文正許先生神道碑》中又有所強調：「先生平時頗病文籍之繁，嘗曰：『聖人復出，必大芟而治之。』則周衰以來，文勝之弊，尤將有以正救於其間，是豈淺之為知者乎？」〔註 137〕歐陽玄所提到的「以正救文」其實就是「以道入文」，文有了充實之道，才有了骨肉與靈魂，而非泛空之言。

四、長於議論，多用典故

上一部份我們提到歐陽玄也主張「文道合一」這一觀點，他在《族兄南翁文集序》中提到：「夫文，上者載道，其次記事，其次達言，烏以尚人為哉？」〔註 138〕那麼「道」在歐陽玄的墓碑文中又有哪些具體體現呢？

在緒論中我們曾經試圖從文化觀念角度闡釋關於墓碑文起源的問題，墓碑文的產生與「三不朽」的觀念是密不可分的，「立德、立功、立言」的三不朽觀念一直影響著中國古代士人，而墓碑文就是在記錄、稱頌他們的「德、

〔註 136〕李修生主編：《全元文》卷一一〇四，第三十四冊，鳳凰出版社，2004 年，頁 654。

〔註 137〕李修生主編：《全元文》卷一一〇三，第三十四冊，鳳凰出版社，2004 年，頁 639。

〔註 138〕李修生主編：《全元文》卷一〇九二，第三十四冊，鳳凰出版社，2004 年，頁 455。

功、言」，以其德行教化世人，這就是墓碑文所要闡釋的、最基礎的「道」。《全元文》中所收錄的歐陽玄墓碑文雖然不多，但是從墓主身份來看，大多都是如錢基博在《中國文學史》中所稱的「名卿大僚、儒林丈人」，如許衡、趙孟頫、貫雲石、虞集、揭傒斯、程端學、董士珍、劉詵等。許衡是元代理學發展傳播的重要人物，又兼為國子祭酒，門下有如姚燧、耶律有尚之人，歐陽玄稱其承周公、孔、孟以來之道，為不世之臣；趙孟頫則是宗室後裔，書畫絕倫，文辭古雅；虞集則是文壇巨擘，歐陽玄稱宋末文弊滋甚，到了元代虞集上承韓、歐等人，為文本於道，使得當時風氣為之一變；再如董士珍、董士選，出身稾城董氏，其家族為元代建立立下汗馬功勞，本人皆是為官政績斐然，歐陽玄言其為「忠孝之門、肱股之材、將相之器」。

除了這些名卿顯宦之外，一些高節有德之士也是歐陽玄書寫的對象。比如《元故隱士更齋先生劉公墓碑銘有序》，墓主劉過與歐陽玄同鄉，曾學於歐陽守道，與劉辰翁等人為忘年之交，而終生不出仕。《元故隱士廬陵劉桂隱先生墓碑銘》，墓主劉詵，字桂翁，號桂隱，家中本為故宋大族，世居清江翟斜（今屬江蘇），家族中人不少以文學出名，號稱「江右三劉」，後遷居吉水（今江西吉安），自劉詵高祖起世代為宋官吏，曾祖劉子巘曾與楊萬里遊，祖父劉鈐曾受知文天祥。劉詵少時穎悟好學，受學於宋代遺老如劉辰翁等人，為人又有古君子之風，不與世俗同流，在當時以文聞名於世，與虞集、揭傒斯等為知交好友。此外，歐陽玄還有《元故旌表高年耆德山村先生歐陽公墓碑銘》〔註 139〕，文章提及至順元年（1330）十二月，文宗詔令年八十以上無失德者旌表高年耆德，墓主歐陽涇時年九十，正是得旌表之人。

在墓主的德行以外，歐陽玄藉由墓主生平、事蹟所闡發的議論之言也是他的「道」。多發議論是歐陽玄墓碑文一個非常突出的特點，他往往在敘述墓主事蹟、德行之後，由墓主自身的生平行跡引發一定的感慨，並藉由典故進行發揮。如《河東郡公何公神道碑》中，歐陽玄稱：「於《易》有之：『碩果不食，君子得輿。』剝、復之幾，生意欲絕不絕之際，以君子之道居之，其後無不昌熾者。」「碩果不食」一言出自「剝」卦，「君子得輿」後一句是「小人剝廬」，按歐陽玄在此處所解，生機將斷未斷之時，君子之道居上，則會走向昌熾。歐陽玄以此來比喻何氏一族，其家孝悌友愛，有君子之風，因此家族逐漸繁盛。

〔註 139〕李修生主編：《全元文》卷一一〇八，第三十四冊，鳳凰出版社，2004 年，頁 716。

再如《蒲城義門王氏先塋碑銘》一文，王氏一族始自五代末年，金元交替之際因戰亂分離，後復興起，家中七世同居，子弟有成，朝廷旌表其家孝義。蒲城位於今陝西漢中，因此歐陽玄聯繫到了周、秦之世，發出了感概：

> 嗚呼！自秦廢井地，開阡陌，宗子灋不得獨存，於是，唐虞比屋可封之俗，無復多見於當世。岐豐之民，幸有成周遺風，不為秦法廢壞其善性。〔註 140〕

「秦廢井地」是指井田制在秦代廢止，「宗子灋」則是指宗法制，歐陽玄的意思是，井田制的廢止使得宗法制失去了其所推行的基礎，因此宗法之制也逐漸分崩瓦解，三代之時「比屋可封」的淳樸民俗也不復存在，而岐豐之地則保有成周遺風，民風淳善，王氏一族就是其中一例，在經歷了五代、金末兩次戰亂後仍然能夠宗族和睦，敦親友善，歐陽玄雖然是讚美王氏一族，但他所言「井地」「宗子法」與民風之間的關係實則源出《孟子》，《孟子・梁惠王》中，齊宣王問政於孟子，孟子曾答文王以井田制治理岐地之事。

> 秦《無衣》之詩，說詩者以為雍州土厚水深，其民質直勇悍，周人用之，以興二南之化；秦人用之，以成強兵力農之業。愚則曰：此其本俗之好義，非特好勇而樂鬥也。為是詩者，設為之辭，以言同袍同裳於無事之時，未若偕作偕行於師興之日，斯足以為義也。其義施諸朋友且爾，況同氣乎？蓋能同患難，則可以同安樂，其王氏先世之謂歟？〔註 141〕

歐陽玄所提到的「說詩者」其實就是朱熹，說詩者的這段說法來自於《詩集傳》：「秦人之俗，大抵尚氣概，先勇力，忘生輕死，故其見於詩如此。然本其初而論之，岐、豐之地，文王用之以興二南之化，如彼其忠且厚也。秦人用之未幾，而一變其俗至於如此，則已悍然有招八州而朝同列之氣矣。何哉？雍州土厚水深，其民重厚質直，無鄭、衛驕墮浮靡之習。以善導之，則易以興起而篤於仁義；以猛驅之，則其強毅果敢之資，亦足以強兵力農而成富強之業，非山東諸國所及也。」〔註 142〕朱熹認為雍州之人質直，周、秦之人以「善」「猛」引導出的後果並不相同，但歐陽玄認為，秦人本質並非「質直好鬥」，

〔註 140〕李修生主編：《全元文》卷一一〇九，第三十四冊，鳳凰出版社，2004 年，頁 741。

〔註 141〕李修生主編：《全元文》卷一一〇九，第三十四冊，鳳凰出版社，2004 年，頁 741～742。

〔註 142〕《詩集傳》，〔宋〕朱熹注，王華寶整理，鳳凰出版社，2007 年。

而是「好義」，這是由王氏一族的經歷有感而發的。

再如《河東郡公傅公神道碑銘》中，他所提到的「存心澤物」之說：

> 嗚呼！士一命已上，存心澤物，必有所濟。河東公身參郡寄，不愧厥官，惠流於民，克享其報，方寸所克，教誨式穀，致位宰輔，蔚為名臣，國有裨益，家有光榮，豈偶然哉。〔註 143〕

這種「存心澤物」之說其實是來自程顥，程頤《明道先生行狀》中就提到程顥常有云：「一命之士，苟存心於愛物，於人必有所濟」，「存心澤物」說的大致含義是指士若懷有澤物之心並踐之於行，就必然會有所回報。歐陽玄以傅傑作為例證來說明這一觀點，傅傑在為官之時於百姓有所恩惠，因此之後才能夠位極人臣、光耀及家。

除了將經學思想滲透進入碑文之中，歐陽玄也常以史官身份發表論贊之言，如：

> 且董氏父子兄弟，前則正獻以忠獻為之兄，後則清獻以正獻為之父。求其立事建功，偉然有自見於父兄盛名之列，可謂難矣。然正獻之為正，清獻之為清，各守其志，終於競爽濟美，並稱于時，嗚呼休哉！（《董士珍神道碑》）〔註 144〕

董士珍出身藁城董氏，其家族自元代建立時便是戰功彪炳，戰事平息之後，家族子弟也多為治國之才，歐陽玄將董士珍與董文炳、董文忠相媲美，是為了稱揚其功德，但這也透露了他作為史官觀興衰的看法，正所謂君子之澤五世而斬，大凡世家貴族，其後世子孫罕有可列於先人盛名者，但董士珍能夠不墜父兄之志，說明董氏一族後繼有人。而「正」與「清」兩謚又略有不同，內外賓服曰正，避遠不義曰清，董文忠以「正」為謚，是因其對外能戰、對內能治，內外咸服；董士珍以「清」為謚，是因其進則治地有方，退能安然自樂，不為不義之事。父子二人能夠各守其志，而皆以「獻」為謚，則足以推明其賢德之所在。

在《文正許先生神道碑》的末尾歐陽玄也發有論斷：

> 又嘗切論之：先生天資高出，固得不傳之妙於聖賢之遺經。然

〔註 143〕李修生主編：《全元文》卷一一〇四，第三十四冊，鳳凰出版社，2004 年，頁 665。

〔註 144〕李修生主編：《全元文》卷一一〇五，第三十四冊，鳳凰出版社，2004 年，頁 676。

> 純篤似司馬君實，剛果似張子厚，光齊似周茂叔，英邁似邵堯夫，窮理致知、擇善固執似程叔子、朱元晦。至於體用兼該，表裏洞徹，超然自得於不動而敬、不言而信之域，又有濂洛數君子所未發者，宜夫抗萬鈞之勢而道不危，擅四海之名而行無毀。近代元豐之異論，熙寧之紛爭，先生處之，豈有是哉？〔註 145〕

這一段論贊之言，對許衡的學術、性格、為人等進行了誇讚：許衡天資聰慧，得聖賢之傳，為人純篤、剛果、光奇、英邁，而為學「窮理致知、擇善固執」，「體用兼該，表裏洞徹」，作者將許衡與司馬遷、張載、周敦頤、邵雍、朱子等相提並論，可見其對許衡學術地位的推崇，則是對其治學的總結。許衡雖「抗萬鈞之勢、擅四海之名」，但其言其行足以與之相匹配，倘使許衡處元豐、熙寧之時，必然能夠有所主張，歐陽玄對許衡的這一評價不可謂不高，甚至隱隱有超越宋儒之勢，這也說明他對其繼任「道統」的看重。歐陽玄在墓碑文中的「論」，其實是對墓主生平經歷、地位等有深刻認識後才發出的論嘆，他是將墓主置於歷史的背景之下，以史官的身份來感嘆墓主的一生。

此外，歐陽玄所提倡的「道」還體現在他墓碑文中所闡發的宗族思想。歐陽玄有三篇為歐陽姓墓主所作碑文，分別為《山村先生歐陽公墓碑銘》《居士歐陽南谷墓碑銘》與《歐陽奇翁先生墓誌銘》，這三位歐陽先生全部都出自防里（今屬江西）歐陽氏一族。在介紹生平時我們提到過，歐陽玄家中原籍廬陵（今江西吉安），與歐陽修同宗，高祖歐陽時於宋淳熙年間遷居湖南瀏陽，曾祖歐陽新再遷至長沙。雖然遷居湖南，但是歐陽玄一支與其餘幾支歐陽氏也並非毫無往來，按《山村先生歐陽公墓碑銘》中的記載，歐陽玄在至正元年（1341）告歸瀏陽後，曾經至防里訪族。防里歐陽氏也與歐陽修為同宗，自安福遷至防里，山村先生歐陽涇是為第十六代，與歐陽玄同輩，為其族兄，歐陽同寅（南谷）、歐陽文壽（奇翁）也與歐陽涇為同支。歐陽姓在《居士歐陽南谷墓碑銘》中追述了歐陽一族的起源與發展：歐陽氏本出自姒姓，封於越地，後為楚國所滅，封於烏程歐余山之陽，為歐陽亭侯，子孫遂以「歐陽」為氏，因此凡姓「歐陽」之人，無論南北皆為一族。後自涿州太守歐陽朱棣以下分為兩脈，一曰冀州渤海，二曰青州千乘，但青州千乘一支已絕，因此當時所存的歐陽氏皆為渤海一支之後。唐代有歐陽詢與其玄孫歐陽琮之下的長

〔註 145〕李修生主編：《全元文》卷一一〇三，第三十四冊，鳳凰出版社，2004 年，頁 641。

沙、廬陵兩支，歐陽琮一支第八世為吉州安福令歐陽萬，其子孫居安福、廬陵等地，防里歐陽氏即是安福一支所遷。歐陽玄的訪族以及記述族源行為的背後，是宗族觀念對其的深刻影響以及新宗族形態的體現。在先塋碑與新塋碑的部份，我們提到了宋元宗族的轉變與發展，幾支歐陽氏同出一源，雖然沒有像北方宗族一樣經歷戰亂分散的過程，也不需要進行宗族收聚，但是他們在元以前就已經分居各地，各為一支，彼此之間的往來看似也並不頻繁，歐陽玄的訪族行為，其目的一是為了尋訪族人，更重要的是為了加強宗族組織間的凝聚力，傳統宗族依靠共同的莊園經濟與世族出仕的政治條件依傍而居，他們的凝聚力是建立在經濟、政治基礎之上的，新宗族則不然，他們各為分支，也不同居一地，沒有經濟上的相互依賴，因此新宗族的凝聚力不僅在於血緣關係與家譜上的遷居記錄，更是在於宗族之間的凝聚所帶來的守望相助與仕宦進程中的互相提攜，宗族本身就是具有一定社會功用的組織，它能夠促進族人之間的經濟、仕途互助，拓展人際關係，這也是宗族制度之所以能夠延綿不斷的原因之一〔註 146〕。而在這樣的互惠互利行為之中，官吏的身份就愈加重要，成為宗族凝聚的核心，因為官吏兼具經濟能力與政治地位，倘若族中有子弟出仕，那麼他們就可以提供一定的幫助，歐陽玄就曾為其族中子弟打點關係，在《與張憲使書》中他提到族人歐陽原春由袁州路學薦為直學，按例要經過憲司試驗，歐陽玄去信與張憲使的目的就是為了請他在試驗之中加以援手。宗族的興盛要靠族中各人的努力，而族人之中一旦有為官、成名者，也會對宗族進行回饋，這一往來之間也正是宗族力量的最好體現。

五、參證史書，文辭豐蔚

前文在介紹歐陽玄時我們曾經提到過，他在為官的四十餘年間，纂修了四朝實錄、《經世大典》與宋、遼、金三代史書。《元史・歐陽玄傳》載有：「詔修遼、金、宋三史，召為總裁官，發凡舉例，俾論撰者有所據依。」〔註 147〕歐陽玄身為三史總裁官，發凡體例，這種史官的身份有時也會在歐陽玄的墓碑文中顯現出來，比如《河東郡公何公神道碑》中，他自稱為「太史氏歐陽玄」，這是在表明自己史官的身份。錢基博稱其「氣沛而文贍，事詳而辭核，

〔註 146〕馮爾康等編：《中國宗族史》，上海人民出版社，2009 年，頁 28。

〔註 147〕〔明〕宋濂等：《元史》卷一八二，中華書局編輯部點校，中華書局，1976 年，頁 4198。

亦足以參證《元史》，蒐補佚文」〔註 148〕，文贍、事詳語出自《後漢書・班彪列傳》，意指班固之文，錢基博用此來形容歐陽玄，可見其評價之高。從文章的內容來看，歐陽玄的墓碑文中確實有不少可以參證史書之事，梁豔《歐陽玄及其〈圭齋文集〉研究》中對於這一點也有所說明，如《元贈效忠宣力功臣太傅開府儀同三司上柱國追封趙國公謚忠靖馬合馬沙碑》就保存了關於元代建築史料：馬合馬沙之父也黑迭兒為西域人，是元代著名的建築家，至元三年（1266）定都燕京後也黑迭兒領兼宮殿，建築宮室，落成後又與張柔等人同行工部，修築宮城，馬合馬沙承襲父職，領茶迭兒局諸色人匠總管府達魯花赤，這對我們考察元代建築史以及元代匠人等方面都是重要的材料，因為也黑迭兒與馬合馬沙二人在《元史》之中是沒有任何材料記載的，歐陽玄的這篇碑文是我們了解二人最直觀、也是最重要的依據。再如其為程端學所撰《積齋程君墓誌銘》，關於程端學中進士的時間，《元史・儒學傳》中記載為至治元年（1321），但是歐陽玄《墓誌銘》則記為泰定元年（1324），與宋褧在《同年程時叔內翰還浙東》一詩中所載一致，這就糾正了《元史》編纂中的失實之處。

其關於桑哥的記載也是如此，繼阿合馬之後，桑哥以其理財之能另世祖賞識，然而桑哥也逐漸步阿合馬之後塵，獨攬大權，《董士珍神道碑》中就提到桑哥立尚書省時，為人苛暴，以錢穀之事求賞。《魏國趙文敏公神道碑》中也載有幾事：一是圻甸地震後，世祖命桑哥知事，而桑哥横徵暴斂，逼民為盜，趙孟頫密書與阿剌渾撒里，由其上書世祖說明原委，世祖從其奏，由趙孟頫起草詔書，桑哥大怒，趙孟頫與之辯，桑哥只得退卻，詔行後百姓額手稱慶。二是誅殺桑哥事，世祖與趙孟頫談起留夢炎與葉李之事，趙孟頫在進詩之後與奉御撒里言桑哥暴政，由撒里向世祖進言，其後又有其他臣子相助，桑哥終被誅殺。三是桑哥笞官一事，桑哥曾下令曙鐘鳴治事，遲者被笞，此二事在《元史》中也有所記載。

從語言風格來看，歐陽玄的墓碑文也以崇尚「雅正」為主，前文我們曾經提到過，歐陽玄主張師法歐陽修、蘇軾，提倡一種舒徐、和易的文風，但與前人不同的是。《四庫提要》中也對歐陽玄的文章風格做了簡要分析：「孔齊《至正直記》曰：『歐陽玄作文必詢其實事而書，未嘗代世俗誇誕。』時人謂文法不及虞集、揭傒斯、黃溍，而事實不妄，則過之。然宋濂稱其文『如雷電恍惚，

〔註 148〕錢基博：《中國文學史》，上海古籍出版社，2011 年，頁 745。

雨雹交下，可怖可愕，及乎雲散雨止，長空萬里，一碧如洗』，實亦未減于三人也。」〔註 149〕錢基博在《中國文學史》一書中稱歐陽玄「論文主於廉靜而深醇，抑亦異於北學……廉則不夸，靜則不躁，深則不膚，醇則不靡。」〔註 150〕

歐陽玄的墓碑文作品也確實體現出了這種評價，如在《安成劉聘君墓碑銘》一文中對於墓主劉聘君晚年生活的描寫：「晚況殊適，環堵蕭然，戶屨常滿。興至觴詠，賓主盡歡，高談善謔，傾倒四座。酒酣，取古人詩文，擊節而歌，聲汩金石，疏髯古貌，臞如列仙，睥睨世故，無足芥其胸次者。」〔註 151〕「環堵蕭然」語出自《陶潛傳》，是指其室中空空，家中貧困，但是劉聘君縱使家中物質貧乏，但依然能夠高朋滿座，與好友吟詠高談，飲酒唱和之時取古人詩文而歌，歐陽玄的這段話先抑而後揚，家中雖貧但仍有知己好友與其往來唱和，四字句的大量使用使得文章富有韻律感，又具有氣勢於其中。

再如其對董士珍於淮揚清理地方勢力的描述：「公至淮揚，削剜右豪，縄晢宿蠹，鹽筴大通。」〔註 152〕歐陽玄只用了四個短句、十六字就把董士珍在淮揚一地的政績寫得淋漓盡致，其妙處就在於他對詞語、尤其是動詞的運用，一連四個動詞「削」「剜」「縄」「晢」，寫明了他對當地豪右、頑固勢力雷厲風行、迅速果決的處理方式，在將這些蛀蟲清理之後，淮陽一地的鹽法得以順利實行。字句雖短，但是隱含的內容卻非常豐富，這樣的寫作方式對於作者本身的文辭積累是有極高要求的，而歐陽玄能做到這點，也就確實體現了其文辭豐蔚不繁的特點。

第五節　蘇天爵

蘇天爵（1294～1352），字伯修，號滋溪，真定（今河北正定）人。其父蘇志道曾任嶺北行中書省左右司郎中，和林大饑時有惠政，時人稱其為能吏。蘇天爵少時師從安熙，後入國子學，先後學於虞集、吳澄等人，於國子學生公試中名列第一，授從仕郎、大都路薊州判官。泰定元年（1324），

〔註 149〕〔清〕永瑢等：《四庫全書總目》卷一六七，中華書局，1965 年，頁 1443。

〔註 150〕錢基博：《中國文學史》，上海古籍出版社，2011 年，頁 745。

〔註 151〕李修生主編：《全元文》卷一一〇七，第二十八冊，鳳凰出版社，2004 年，頁 707。

〔註 152〕李修生主編：《全元文》卷一一〇五，第二十八冊，鳳凰出版社，2004 年，頁 675。

改翰林國史院典籍官，升應奉翰林文字。至順元年（1330），預修《武宗實錄》。二年（1331），升修撰，擢江南行臺監察御史。元統二年（1334），預修《文宗實錄》，遷翰林待制，尋除中書右司都事，兼經筵參贊官。後歷任禮部侍郎、淮東道肅政廉訪使、吏部尚書、集賢侍講學士兼國子祭酒等職。至正十二年（1352）因憂深病積卒於軍中，年五十九。有《國朝名臣事略》十五卷、《元文類》七十卷等作品存世。《元史．蘇天爵傳》對其曾有評價：「其為文，長於序事，平易溫厚，成一家言，而詩尤得古法，有詩稿七卷、文稿二十卷。」〔註 153〕

徐麗娟在《蘇天爵傳記研究》中將 20 世紀以來的蘇天爵研究進行了梳理，並將其分為三個時期，第一時期為 20 世紀 60～70 年代，**韓儒林《影印元刊本〈國朝名臣事略〉序》**〔註 154〕**、孫克寬《元儒蘇天爵學行述評》**〔註 155〕與**蕭啟慶《蘇天爵和他的〈元朝名臣事略〉》**〔註 156〕三篇文章是學界較早關於蘇天爵的研究作品，其主要關涉對象是蘇天爵的生平與其著作《國朝名臣事略》，為後人的研究奠定了基礎。第二時期是 20 世紀 80～90 年代，這一時期的蘇天爵研究大多從文獻本身出發，對於蘇天爵作品進行文獻角度的考證、校勘等，代表作如**姚景安《蘇天爵及其〈元朝名臣事略〉》**〔註 157〕一文對《元朝名臣事略》一書的版本以及流傳狀況進行了梳理，且對其的史料價值進行了具體分析與肯定。第三時期是 21 世紀之後，研究視角不斷拓寬，涉及到蘇天爵思想、為官、交遊等各個方面，並對其著作成就有了較為全面的論述。徐氏文章中所未提及的**周雪根《蘇天爵年譜》**〔註 158〕就是這一時期較為突出的成果之一，周氏在元代歷史背景之下，對蘇天爵一生行跡、交遊狀況進行了細緻的梳理，並對蘇天爵的作品進行了繫年考辨，這本《年譜》是我們研究蘇天爵墓碑文所用到的重要材料，但年譜中也有作品繫年錯誤的情況存在。而**徐麗娟《蘇天爵傳記研究》**〔註 159〕是將蘇天爵所有傳、狀、碑、誌

〔註 153〕〔明〕宋濂等：《元史》卷一八三，中華書局編輯部點校，中華書局，1976 年，頁 4226。

〔註 154〕〔元〕蘇天爵：《國朝名臣事略》，中華書局，1962 年。

〔註 155〕孫克寬：《元儒蘇天爵學行述評》，收錄於孫克寬：《元代漢文化之活動》，臺灣中華書局，1969 年，頁 382。

〔註 156〕蕭啟慶：《蘇天爵和他的〈元朝名臣事略〉》，《大陸雜誌》，1961 年 05 期。

〔註 157〕姚景安：《蘇天爵及其〈元朝名臣事略〉》，《文獻》，1989 年 03 期。

〔註 158〕周雪根：《蘇天爵年譜》，廣西師範大學碩士學位論文，2007 年。

〔註 159〕徐麗娟：《蘇天爵傳記研究》，浙江師範大學碩士學位論文，2015 年。

作品統歸為傳記一類，在傳主的選擇，傳記的思想價值、藝術特色以及創作成因等問題上做了較為細緻的探討。同年出版的**劉永海《蘇天爵研究》**〔註 160〕則是側重於從蘇天爵官宦以及史家的身份來分析其政治思想、史學思想與史學著作的編纂。

一、文獻留存，創作分期

從墓碑文獻留存來看，蘇天爵現存墓碑文 94 篇，其中包括墓誌（銘）26 篇，神道碑 25 篇，墓碑（銘）17 篇，墓碣（銘）13 篇，先塋碑 5 篇，墓表 5 篇，阡表 3 篇。筆者以周雪根《蘇天爵年譜》為基礎，對蘇天爵的墓碑文進行了繫年，附於文章之後。目前可知的蘇天爵最早的墓碑文作品為作於延祐五年（1318）的《元故建昌州判官蘇君墓碣銘》，最晚則為作於至正九年（1349）的《元故承務郎真定等路諸色人匠府總管關君墓碑銘》等四篇作品，也就是說，蘇天爵的墓碑文創作，大約自延祐六年（1319）開始，到至正九年（1349）為止，持續三十年的時間。但蘇天爵其實去世於至正十二年（1352），然而根據現存的材料來看，從至正十年到至正十二年之間，蘇天爵是否有墓碑文作品，目前尚不清楚。

參考蘇天爵的生平行跡，我們以元統元年為界，可以將蘇天爵的墓碑文創作分為前後兩個時期：

前期是從仁宗延祐元年（1314）到文宗至順三年（1332）。從蘇天爵的生平來看，他最晚於延祐元年進入國子學，此後受到了虞集、馬祖常、袁桷、吳澄等人的教導，並與歐陽玄、黃溍、許有壬等人相交，這對他的學術與文學思想產生了較大影響。延祐四年（1317），蘇天爵以國子公試首位而被授從仕郎，大都路薊州判官，正式進入仕途。延祐七年（1320），其父母相繼去世，蘇天爵丁憂在家。泰定元年（1324），因袁桷薦入翰林國史院，後入奎章閣。這一時期蘇天爵的墓碑文作品並不多，目前能夠明確認定作於此時期的作品共有 9 篇，且大多是墓碣銘、墓誌銘、阡表之類，這與文獻的留存、文集編纂有一定關係，也是因為蘇天爵入國子學，授官後不久其父母又相繼去世，在家丁憂，因此少有寫作。這一時期的代表作當屬為袁桷所作的《袁文清公墓誌銘》。

後期是自元統元年（1333）至至正十二年（1352）。這一時期，吳澄、宋

〔註 160〕劉永海：《蘇天爵研究》，人民出版社，2015 年。

本、虞集、孛朮魯翀、馬祖常等人相繼去世，蘇天爵「身任一代文獻之寄」，從數量上來看，明確作於這一時期的墓碑文共有 53 篇，比起前期來說有了非常大的增長，其中神道碑就有 13 篇，可見蘇天爵在當時文壇地位的上升。後期之中，後至元五年（1339）、至正四年（1344）、至正六年（1346）三個年份中作品最多，尤其是至正六年中，有五篇是封贈之作，其中兩篇還是奉敕所撰，但目前並未有材料記載這一年是否有大規模的封贈活動，文章中也沒有明確提出，因此暫時不能確定造成這一現象的原因。後期是蘇天爵墓碑文創作的高峰期，代表作品有《元故集賢學士國子祭酒太子右諭德蕭貞敏公墓誌銘》《元故翰林直學士贈國子祭酒范陽郡侯謚文清宋公墓誌銘》《故少中大夫同僉樞密院事郭敬簡侯神道碑銘》等。

二、突顯德行，手法多樣

墓主的刻畫是墓碑文寫作的中心，與姚燧、虞集一樣，蘇天爵筆下的墓主是多樣化的，既有高官顯貴，也有飽學之士，還有孝節之人，在為他們寫作墓碑文的時候，蘇天爵往往能夠把握人物的特點，並以此為核心進行展開，所選擇的事蹟是能夠凸顯出人物特點的，並通過多種描寫方式對事件進行講述。徐麗娟在《蘇天爵傳記研究》中就以李守中與吳元珪兩人為例，二人都是元初著名的廉吏，蘇天爵在兩篇文章中都提到了朱清、張瑄行賄之事，並以此來說明墓主之廉潔。筆者也以袁桷等人為例，對此進行說明。

袁桷是元代有名的文學家，先後師從戴表元、王應麟，與蘇天爵素來有所交往，泰定元年（1324），蘇天爵因袁桷之薦而入翰林國史院，之後袁桷辭歸，泰定四年（1327）去世，蘇天爵為其作《袁文清公墓誌銘》〔註 161〕，文章從其名諱、家世、仕宦寫起，後記錄了進士議以論禮制之爭、知貢舉務求實學、修三史進呈史料、為人喜好薦才士等事，其中對於論禮制與三史修撰之事敘述詳盡，既顯現出了袁桷才學出眾、大公無私的形象，也為後人了解元代禮制以及三史修撰過程、材料來源提供了重要線索。

再如為蕭㪺所作的《元故集賢學士國子祭酒太子右諭德蕭貞敏公墓誌銘》，文章開篇就提出，蕭㪺與同恕為世人所仰重，是因為他們的行誼、學術與名節，所以在文章當中蘇天爵就從這三點展開，從生平經歷來看，蕭㪺年

〔註 161〕李修生主編：《全元文》卷一二六七，第四十冊，鳳凰出版社，2004 年，頁 387。

輕時不堪忍受西域郡卒的惡言相向，因此辭官歸家，隱居終南山下，三十餘年專心研習理學，因學術出眾而聲名在外，朝廷的數次徵召都為其所拒，直到至大年間才肯入京任職國子祭酒，但因所言之策不為當政者所採納，不久後即辭官歸鄉，此後朝廷再徵，不起。從學術成就來看，蘇天爵詳細說明了蕭𣂏對關中理學、字學的發展以及禮制恢復所做出的貢獻與成就，包括對廟祭、祠祭、喪禮等制度的推明，對於字學在關中地區的推廣，以及理學的傳播等內容。另外，蕭𣂏還強調國家要安撫、教養百姓，並將這種德善之道教與弟子，這三部份內容分別表現了蕭𣂏的氣節、學術與行誼，與文章開篇相互照應，也體現了蕭𣂏「貞敏」這一謚號的內在含義，因此蘇天爵在序文末尾對幾番徵召不赴之事也發有感嘆，他認為元廷與蕭𣂏之間的互動實乃後世之楷模，蕭𣂏一生有德有行有才，這樣的人正是朝廷所需求的，對朝廷來說多次徵召加恩是對人才的勉勵，而對君子來說則是進退之間的道義所在，蘇天爵由蕭𣂏生平寫起，最後上升到了朝廷與人才之間的關係之上，可謂思慮之深。

同樣的還有為馬祖常所作的《馬文貞公墓誌銘》〔註 162〕，全文以馬祖常御史的身份為核心，通過數件事表現了馬祖常嫉惡如仇、正直廉潔的性格特點：一是帖木迭兒專擅弄權，馬祖常上奏彈劾，又參奏其心腹下屬不法之事，皆罷之；二是進言用人之道，薦蕭拜住等人；三是進言定刑制，後知貢舉、參訂典議。這三件事皆是圍繞其御史身份而展開的，突出地表現了其作為御史正直敢言、嫉惡如仇的人物特質，並在與帖木迭兒的數次交鋒中，通過帖木迭兒的奸惡反襯出馬祖常的忠廉形象。

除了以事蹟刻畫人物以外，蘇天爵在塑造人物形象時，還採用了動靜結合的方式，即以富有個性化的、符合人物身份與性格的語言來描寫墓主（《蘇天爵傳記研究》），如《大元贈奉訓大夫博興知州程府君墓碑銘》，性格耿介的程璧不願與世俗同流，遂有感嘆：「吾何為違甘旨之養，屈志以從事于斯乎？」因此程璧辭官後奉母歸鄉，以求盡孝。

三、傳承理學，排斥佛老

關於蘇天爵的交遊以及學術思想，學界目前研究成果頗豐，如劉永海《蘇天爵研究》〔註 163〕較為全面的介紹了蘇天爵的交遊狀況，包括其恩師、同鄉、

〔註 162〕李修生主編：《全元文》卷一二六七，第四十冊，鳳凰出版社，2004 年，頁 391。
〔註 163〕劉永海：《蘇天爵研究》，人民出版社，2015 年。

後學等，屈寧《蘇天爵與元代史學》〔註 164〕則側重於其史學思想的形成與特點，而孫克寬《元儒蘇天爵學行評述》〔註 165〕則是將其學術分為義理之學、文獻之學與文章之學三方面，此後的研究也大致沿襲這三個領域而不斷深入。在討論蘇天爵的學術思想時，我們首先要了解蘇天爵的家世與為學狀況：

蘇天爵為真定人，蘇家在元代一直是當地大族，自曾祖父蘇誠遷至真定後，即注重蒐集保存各類典籍文獻，到了蘇誠之子蘇榮祖時，家中藏書已經相當可觀，並以「滋溪堂」為藏書之處命名，蘇天爵也以此為號。到了蘇志道一輩，由於其為官有政績，祖上兩代得到了推恩封贈，且蘇志道外放各地為官時也曾在當地購買書籍，豐富的藏書以及家中的良好風氣為蘇天爵打下了堅實的基礎，他少時即喜讀詩書，之後又拜入安熙門下從習理學。蘇天爵十八歲時安熙去世，後進入國子學，因其文而得到馬祖常賞識，除馬祖常外，吳澄、袁桷、虞集等人對蘇天爵也多加讚賞。

蘇天爵的交遊之廣，也可以從其家族成員的墓碑文中有所推知，其祖父蘇榮祖的墓碑文是由鄧文原所撰的《蘇府君墓碑》〔註 166〕，其父蘇志道的墓碑是由虞集所撰的《嶺北行省左右司郎中蘇公墓碑》〔註 167〕，神道碑則是由許有壬所撰的《追封真定郡侯蘇公神道碑銘並序》〔註 168〕，蘇氏一族的先塋碑是由虞集所撰的《蘇氏先塋碑》〔註 169〕，其外祖父的墓碑文是由馬祖常所撰的《征行百戶劉君墓碣銘》〔註 170〕，其岳父的墓碑文是由宋本所撰的《真定張君墓表》〔註 171〕，在這些撰者中，鄧文原與虞集是蘇天爵在國子學時的

〔註 164〕屈寧：《蘇天爵與元代史學》，《史學集刊》，2011 年第 3 期。

〔註 165〕孫克寬：《元儒蘇天爵學行評述》，收錄於孫克寬：《元代漢文化之活動》，臺灣中華書局，1969 年，頁 382。

〔註 166〕李修生主編：《全元文》卷六五〇，第二十一冊，鳳凰出版社，2001 年，頁 153。

〔註 167〕李修生主編：《全元文》卷八八二，第二十七冊，鳳凰出版社，2004 年，頁 379。

〔註 168〕李修生主編：《全元文》卷一一九五，第二十七冊，鳳凰出版社，2004 年，頁 335。

〔註 169〕李修生主編：《全元文》卷八八四，第二十七冊，鳳凰出版社，2004 年，頁 400。

〔註 170〕李修生主編：《全元文》卷一〇四二，第三十二冊，鳳凰出版社，2004 年，頁 520。

〔註 171〕李修生主編：《全元文》卷一〇五五，第三十三冊，鳳凰出版社，2004 年，頁 235。

老師，且虞集與蘇天爵之父蘇志道也有所往來。馬祖常除了為蘇天爵外祖父撰銘以外，在為《滋溪文稿》作跋時還稱「而吾伯修方讀經稽古，文皆有法度，當負斯文之任於十年後也。」〔註 172〕可見馬祖常對蘇天爵期許之高。

在蘇天爵所師承、交遊的這些人之中，安熙為劉因弟子，是北方理學傳承的重要人物之一，在為劉因所作的《靜修先生劉公墓表》中有：「天爵伏念自聖賢之學不傳，禮義廉恥之風日泯，至宋伊、洛大儒克紹其緒。然而廢棄于紹聖，禁錮于崇寧，而中原已為金人有矣。方是時，士之慕功名者溺於富貴之欲，工文藝者汨於聲律之陋，其能明乎聖賢之學，嚴乎出處之義，蓋不多見也。我國家治平方臻，貞元會合，哲人斯生，有若靜修先生者出焉。氣清而志豪，才高而識正，道義孚於鄉邦，風采聞于朝野。其學本諸周、程，而於邵子觀物之書，深有契焉。」〔註 173〕從這段材料來看，蘇天爵認為當時的社會風氣日下，是由於「聖賢之學」不傳，是二程的伊洛之學傳承了聖賢之道，但北宋哲宗、徽宗兩代理學不興，「廢棄於紹聖，禁錮於崇寧」是指伊洛學術的重要人物程頤在紹聖年間曾因黨爭被貶，徽宗崇寧年間甚至追毀其著作之事。此後北宋滅亡，北方為金人所佔，金代所盛行的是「功名富貴之欲」，因此金人為文更重文辭聲律，而不明聖賢之理。而元代北方理學則有如劉因之人，學本周、程，又兼採邵雍。可以看出，蘇天爵推崇程朱理學，且強調理學的教化作用，他對金人重聲律辭采的風氣進行了批判，同時也對劉因的學术有所褒揚。劉因認為史家之官也須得明義理之說且重視教化，蘇天爵對此也表示贊同：「嗚呼，天之生賢也，豈無意乎？自義理之學不競，名節隳頹，凡在有官，見利則勤。有國家者，欲圖安寧長久之計，必崇禮義廉恥之風，敷求碩儒，闡明正學，彰示好惡之公，作新觀聽之幾，使人人知有禮義廉恥之實，不為奔競僥倖之習，則風俗淳而善類興，朝廷正而天下治。」〔註 174〕在蘇天爵看來，明理與社會風氣之間是相互關聯的，一個國家想要長治久安就必須要推崇「禮義廉恥」的道德風氣，而這種風氣正是自理學中來。如何推廣這種風氣？就要靠「碩儒」通過闡明學術、彰示好惡等方式，使得人人明禮義

〔註 172〕李修生主編：《全元文》卷一〇三五，第三十二冊，鳳凰出版社，2004 年，頁 418。

〔註 173〕李修生主編：《全元文》卷一二六五，第四十冊，鳳凰出版社，2004 年，頁 347。

〔註 174〕李修生主編：《全元文》卷一二六五，第四十冊，鳳凰出版社，2004 年，頁 349。

廉恥之事，這樣民間風俗才會淳善，朝廷清正，天下長治久安。蘇天爵闡述了理學與教化風氣之間的關係，並且在他的作品中加以實踐。在蘇天爵的墓碑文中就有不少宣揚「禮義廉恥之風」「忠孝節義之道」的教化內容，這說明一是蘇天爵也繼承了劉因的這種教化思想，二是其對於碑文的教化功用有所認可。而在安熙《行狀》中，蘇天爵也稱其傳承程朱之學。此外，蘇天爵在國子學時師從的齊履謙也是元代有名的理學家，他在星曆一道上頗有建樹，且為學博洽，上自六經諸史禮樂之制，下自天文律曆陰陽之說，無不貫通，蘇天爵在為其所撰的《齊文懿公神道碑銘》中就提到了齊履謙改良刻漏、掌曆官之事。

袁桷是戴表元、王應麟之徒，也是元代浙東學術的代表人物之一。浙東之學強調經世致用，蘇天爵對此也有所體味，因此在為袁桷所撰寫的《袁文清公墓誌銘》中蘇天爵還借袁桷之學引出了浙東之學的特點，認為「昔宋南遷，浙東之學以多識為主，貫穿經史，考覈百家，自天官、律曆、井田、王制、兵法、民政，該通委曲，必欲措諸實用，不為空言。」浙東之學的本質在於博洽而多識，貫穿經史百家，無論是天文曆法還是經濟兵事，抑或民政制度，多要融會貫通，為學廣播，此外，「實用」也是浙東學術的重要特點，不為空言說明其為學為言要言之有物，經世致用。此外，袁桷在辭歸之前曾薦蘇天爵入國史院，在此之後，蘇天爵八進史館，其《國朝名臣事略》與《元文類》等書的編纂也都得益於在史館任職的經歷，可以說，袁桷在蘇天爵的學術思想、文學思想以及史學思想的形成過程中扮演了非常重要的角色。在蘇天爵的墓碑文之中我們常常可以見到他對於元代監察制度以及其他政策的描述，可見他對元代各項制度的了解之深，這也體現了浙東之學「貫穿百家、經世致用」特點對其的影響。

從蘇天爵本身的學術思想來看，他受到北方理學與浙東學術的影響，強調義理之學而反對繁瑣的章句之學，主張學經務明理，而不沉溺於章句，在為傅若金所作的《元故廣州路儒學教授傅君墓誌銘》中就提到：「我述銘章，納于君墓，後生學《詩》，勿溺章句。」〔註 175〕其餘《元故國子司業硯公墓碑》《房山賈君墓碣銘》《安先生墓誌銘》《趙忠敏公神道碑銘》幾篇文章中也都提到了類似主張，認為學經應求其義理、不繳繞於章句。

〔註 175〕李修生主編：《全元文》卷一二六九，第四十冊，鳳凰出版社，2004 年，頁 415。

此外，蘇天爵作為理學家，也存在著一種「衛道」的思想，對於佛老之道皆有所排斥。元代在統治者的扶持之下，佛、道兩教盛行，許多官宦文人都與兩道僧徒有所交往，但是從蘇天爵留下的墓碑文作品來看，他的文集中一篇道行碑、塔銘作品都沒有，僅有的與佛、道相關的作品是寺院買田記一類，這在元代墓碑文作家中是一種比較罕見的狀況。我們在前兩節中提到過，姚燧也反對佛教，但他聲名在外，因此也不得不創作了一些寺碑，而虞集則是與兩道之人皆有所交好，但蘇天爵卻一篇都無，這在元代確實少見。

這種情況的出現首先與蘇天爵本身的學術思想有關，他幼習理學，對於神怪之事是頗為厭惡的，在為許衡弟子呂端善所作《呂文穆公神道碑銘》中，他就對呂端善不迷信巫覡、喪葬以禮之事進行了高度讚揚：「巫覡怪神一無所信，將終，遺命勿用二氏。公之治喪，稽司馬氏書儀、朱子家禮，及楊文康公已行故實，使古人送終之正，復見于世，故關中喪葬多合乎禮者，由公等一二儒家為之倡也。」〔註176〕元人喪葬基本沿用了《朱子家禮》，但由於佛、道兩教的發展，其喪葬方式也不免受到了宗教的影響，例如做法事、齋醮等，這對傳統的儒家禮制也是一種衝擊，但呂端善對此表示反對，他在臨終之前特意交代後人，治喪不用佛、道之類，這在一定程度上也說明當時的宗教喪葬方式或許是較為風行的，而呂端善作為許衡弟子與理學家是表示不讚同的。材料中提到的楊文康公即是楊恭懿，我們在姚燧部份曾經提到過此人，他是元代有名的理學家、史學家，關於其治喪之事，姚燧所作碑文中沒有提及，蕭𣂏所作墓誌銘目前僅有節文，因此也不可見，但以楊氏理學家的身份來看，想必也是遵循儒家古禮。呂端善與楊恭懿的喪禮，使得「古人送終之正，復見于世」，這說明在當時這種古禮治喪的方式已經是較為罕見的，不然蘇天爵也不至有「復見于世」之言。而由此二人始，這種對於儒家禮制的遵循與提倡也逐漸影響到了整個關中地區，一是說明了呂、楊二人在當地的影響力之大，二是證明了前文蘇天爵所強調的理學與風氣教化的關係，正是因為有呂、楊這樣的「碩儒」提倡，才有了風氣的改變。

此外，蘇天爵對於佛、道兩教的排斥大概也與其在元代的發展有關。元代統治者採取了寬容的宗教政策，大力扶持宗教發展，在經濟、稅收等方面都給與了政策上的優惠與支持，但在此背景之下，也出現了僧道徒良莠不齊、

〔註176〕李修生主編：《全元文》卷一二六一，第四十冊，鳳凰出版社，2004年，頁264。

與民爭利等問題，蘇天爵在墓碑文中也有所記載：

> 開先寺僧與南康郡縣爭田，府檄治之。公詣田所，召佃人、鄰人，各言曲直。田有小溪介之，訟之所由興也。公命吏具文書，以田在溪北者歸之學，溪南者歸之寺，遂不復爭。（蘇天爵《大元贈中順大夫兵部侍郎靳公神道碑銘》）〔註 177〕

> 五臺敕建佛宮，西僧入京師者，道出其邑，供億浩穰，民不堪命。公言于朝，請裁省其冗濫，仍令分行旁縣，少舒民力，從之。（蘇天爵《元故朝列大夫開州尹董公神道碑》）〔註 178〕

> 十七年春，都昌民杜萬一挾左道媚人，表僭名號，搆亂一方。公偕方安撫，生擒萬一，磔龍興市。（蘇天爵《元故武義府郎漳州新軍萬戶府副萬戶趙公神道碑》）〔註 179〕

從以上這幾則材料來看，當時的僧道徒與官府、民眾之間的衝突是比較嚴重的：第一則材料中提到了「歸之學」，說明寺僧是在與郡縣學校爭田；第二則材料中，西方僧人入京，花銷甚大，對百姓的生活造成了非常嚴重的經濟負擔，加深了社會矛盾的激化。從此二則材料來看，僧道徒存在與民爭利的情況，這種行為與蘇天爵本身所強調的「民本」思想也是相悖的，他對此表示排斥是很正常的，在《文貞高公神道碑銘》中，蘇天爵也提到了元代僧徒管理上的鬆散問題，有些豪民富戶，以家為廟，舉家度僧尼，就可以打著宗教的名義行不法之事，賄賂官員，而寺廟道宮勾結官府，大肆圈地括田，由於允許寺廟道觀僱用佃農，因此很多百姓田宅被奪，子女淪為奴役。此外，佛、道之教有時也會被用來作為民間起義的幌子，第三則材料中所描述的就是發生在世祖至元年間的杜萬一反元之事，此事在《元史》中也有記載，杜萬一為都昌人（今屬江西九江），文中所說的「挾左道媚人」即是指杜氏打著白蓮教的旗號來行反元之事，此亂大約在至元十四年（1277）開始，負責征討杜萬一的是當時的江西省參知政事賈居貞（《元史》卷一五三有傳），蘇天爵筆下的墓主趙伯成在當時任建寧路達魯花赤兼萬戶，也參與了此次平剿之事。

〔註 177〕李修生主編：《全元文》卷一二六一，第四十冊，鳳凰出版社，2004 年，頁 267。

〔註 178〕李修生主編：《全元文》卷一二六四，第四十冊，鳳凰出版社，2004 年，頁 315。

〔註 179〕李修生主編：《全元文》卷一二六四，第四十冊，鳳凰出版社，2004 年，頁 320。

在此情況之下，蘇天爵自然對生活奢靡、與民爭利的佛、道教沒有好感。

四、文筆簡潔，風格持重

虞集曾稱贊蘇天爵「伯修之文，簡潔嚴重，如其為人」，簡潔即文筆省淨，不冗漫牽連，而嚴重則是風格嚴謹持重，文字平易，不書華美繁縟語言，就蘇天爵本身的創作來看，確實體現了虞集所稱的「簡潔嚴重」的特點。

在探討姚、虞二人的墓碑文之時，我們都涉及到了關於篇幅的問題，姚燧、虞集在作墓碑文時，往往出於保存史料的目的而導致文章篇幅較長，虞集甚至因此得到了「冗漫」的評價，蘇天爵在保存史料的立場上與二人相同，但是在實際創作中，蘇天爵的墓碑文作品一般篇幅中等，少有長篇之作，造成這一現象的原因主要有兩點：

一是與墓主身份有關，這一點從作品小類中也有所反映，姚燧現存 94 篇墓碑文，其中有 58 篇神道碑，墓主大多是如阿里海牙、博羅歡之人，這些墓主多追隨世祖平定天下、功勳赫赫，其本身多有可書之事；虞集現存墓碑文 158 篇，神道碑有 32 篇，墓主包括姚天福、張珪之類的名臣，也有如朵兒只、賀勝被昭雪之忠臣；蘇天爵現存 94 篇墓碑文，其中有 25 篇神道碑。從神道碑數量來看，姚燧可謂一騎絕塵，而蘇天爵雖然與虞集在神道碑創作數量上相差並不大，但是從墓主的身份來說，顯而易見其重要性要低於虞集筆下的墓主，蘇天爵所寫神道碑之墓主，一共只有 9 人被選入《元史》列傳之中，因此在墓主身份上，蘇天爵筆下的墓主確實與姚、虞二人筆下之人不可相比，「可書之事」也就相對薄弱一些。

二是蘇天爵本身在篇幅上有所節制。前文我們曾經列舉過袁桷、劉因之例，袁桷在元代學術、文學、史學等領域皆頗有貢獻，劉因則是北方理學的重要傳承之人，但是在為此二人撰寫墓碑文時，蘇天爵是有所剪裁的，他將袁桷修史、上議定禮等事詳寫，而其他部份略寫，因此能夠將文章篇幅有所控制。當然，這並不代表姚燧與虞集在創作墓碑文時沒有恰當剪裁、謹慎選取，但蘇天爵或許是意識到了前人在創作中所存在的問題，因而在敘事的時候儘量簡練，如虞集花費大量筆墨寫張珪平賊之事一樣的例子在蘇天爵的文章中是很難見到的。如《兵部侍郎靳公神道碑銘》中，墓主靳孟亨也有一段平賊的經歷：「邕賊猖獗，帥府出兵討之，公往諭其酋曰：『汝據險為寇，今兵且至，念汝無知，故欲活汝。汝能悔過，其家可保，否則無遺噍類矣。』賊感其言，相率請降，帥府以其功聞。」這一段與韓愈的《曹成王碑》倒是有些異曲同工之妙。同樣是平賊，蘇天爵只描述了靳孟亨與賊首交談的數言，通過墓主的語言來推進了事情發展的進程，最後記錄了此事的結果，描述雖然簡練，但卻突出了墓主才智與膽識。

蘇天爵在《書羅學升文稿後》中也曾經提及過對於繁縟華美之文的不喜：

> 世以偶儷之詞，汗漫之文，組織以為工，繁縟以為美，既徼倖于中選，又苟且以終身，殊失設科求才之意矣。〔註 180〕

《書羅學升文稿後》是在泰定四年（1327）蘇天爵掌廷策試卷之後所作，他在文章中對於世間以駢偶繁縟、堆砌辭藻的文學審美表示了明確反對，在蘇天爵看來，設科求才不是以駢儷繁縟之文與華美之辭的世俗審美為標準，而是以文章致用、作者識見作為標準，國家開科取士不是為了取流俗之士，而要選取真正有才幹之人。由此也可以看出，蘇天爵在為文角度更強調文章的經世致用與文以載道，而非文辭的華美。他在自己的作品之中也對此有所實踐，墓碑文雖然是以頌揚墓主德行為主，但是蘇天爵在文中也並不使用華麗的辭藻來對墓主進行誇耀，而是採取平實的語言來抒發對墓主的尊崇之情，以此表現墓主的品行：

> 嗚呼，士之於世也，願謹者人多以為迂，倜儻者人即以為狂，底勵名節者反以為矜，通達時變者或以為譎，甚矣，為士之難也。公學識卓異，不隨流俗，俯仰論議，設施多有可述，而淺見狹聞者或未能盡識也。然士之特立獨行，豈以求合時好為賢乎！臨川吳文正公嘗曰：「孛术魯公學博而正，獨立無朋。」聞者以為知言。（蘇天爵《文靖孛朮魯公神道碑銘》）〔註 181〕

這一則材料來自蘇天爵為孛朮魯翀所作的神道碑中，是蘇天爵在書寫孛朮魯翀生平之後所發出的感慨，孛朮魯翀曾從學於蕭𣂏、姚燧，為學博正，為人則特立獨行。蘇天爵先是感嘆士之難為，世人視願謹則為迂，倜儻則以為狂，底勵名節則為矜，通達時變則為譎，世人多以自身淺陋去揣度士，以為合乎時好即為「賢」，因此對於「士」的了解往往只停留在表面之上。孛朮魯翀學

〔註 180〕李修生主編：《全元文》卷一二五五，第四十冊，鳳凰出版社，2004 年，頁 121。

〔註 181〕李修生主編：《全元文》卷一二六二，第四十冊，鳳凰出版社，2004 年，頁 279。

識過人而又不隨波逐流，因此他人不識，但這是因為他人的淺陋，而非孛朮魯翀之過，最後蘇天爵又以吳澄對孛朮魯翀的評價作為結尾，「獨立無朋」是言其不依附、不結黨，這也是在突出孛朮魯翀的特立獨行、與眾不同。這段話既表現出了孛朮魯翀的品行高潔，也顯示出了蘇天爵對其的推崇、讚賞，還表現出了他對當時流俗風氣的不滿。

此外，在《題孟天暐擬古文後》一文中，蘇天爵也提出了自己對於文學創作的看法：

> 夫文章務趨一時所尚固不可也，然欲求合於古，又豈易言哉。故韓子曰，為文宜師古聖賢人，師其意，不師其辭。歐陽公亦曰，為文勿用造語，模擬前人，取其自然爾。三代以下，文之古者，莫韓、歐若也，而其言如此，當與天暐評之。（蘇天爵《題孟天暐擬古文後》）〔註 182〕

蘇天爵在此文中強調，為文不可趨於一時風尚，而應求合於古，如何做到「合古」？韓愈給出的答案是，師法古聖賢之意，而非其文辭，歐陽修認為為文之言則應當崇尚自然，而非造作之語。從這段文字來看，蘇天爵也提倡為文師法古人，尤以韓愈、歐陽修為宗，且師法的過程中，學習的是古人在文中所蘊含的「意味」，而非其文辭，作文之語應出自自然之言，平實紆徐。

四庫館臣在《元文類》提要部份曾提及蘇天爵為文，稱其「所作《滋溪文集》詞章典雅，亦足追跡前修」〔註 183〕，在《滋溪文稿》提要中也稱：「天爵乃詞華淹雅，根柢深厚，蔚然稱元代作者。其波瀾意度，往往出入於歐、蘇，突過其師遠甚。至其序事之作，詳明典核，尤有法度。」〔註 184〕四庫館臣對於蘇天爵的評價不可謂不高。蘇天爵在墓碑文創作中，往往敘事簡練清晰，而內容求實，有所根據。敘事簡練清晰，我們在上文已經以《兵部侍郎靳公神道碑銘》中的一段作為例證進行了說明，而最能體現「內容求實，有所根據」這一特點的莫過於其對修纂史書以及監察史料的記載，這是由於蘇天爵本身曾在史館以及監察系統中任職較久，對當時之事有所了解，因此根據自己所知之事進行記述，而非隨意誇大、虛飾，如《袁文清公墓誌銘》中：

〔註 182〕李修生主編：《全元文》卷一二五五，第四十冊，鳳凰出版社，2004 年，頁 116。

〔註 183〕〔清〕永瑢等：《四庫全書總目》卷一八八，中華書局，1965 年，頁 1709。

〔註 184〕〔清〕永瑢等：《四庫全書總目》卷一六七，中華書局，1965 年，頁 1447。

公歿二十餘年，今天子特敕大臣董撰三史，先朝故老存者無幾，衆獨于公追思不忘。會遣使者分行郡國，網羅遺文故事，而江南舊家尚多畏忌，秘其所藏，不敢送官。公之孫同知諸暨州事曮，乃以家書數千卷來上，三史書成，蓋有所助。〔註 185〕

這條材料除了讚揚袁氏對於三史修纂所作的貢獻以外，也保存了關於修史的相關材料：從文中來看，當時為了修纂三史，朝廷曾經派遣使者前往各地蒐羅史料，但是因為有所畏忌，許多江南故家多有隱瞞，而袁桷之孫則提供了數千卷家書以作參考。蘇天爵雖然沒能參與修纂三史，但是他所記錄的內容對於後人考辨史書材料來源提供了幫助。

五、重視史料，補闕史書

在前文簡述蘇天爵生平時，我們提到過，他曾經在較長的一段時間內擔任過史官，並參與《實錄》的預修工作，因此他對史書修纂是有自己的看法的，屈寧《蘇天爵與元代史學》、劉永海《蘇天爵研究》中對此都有所介紹，蘇天爵自己在文章中也常常發有類似的議論：

當中統初，朝廷肇置史館，承旨王文康公鶚請修國史及遼、金史。其言曰：「既亡人之國，不可亡其史。」未幾宋氏亦滅。是時諸老皆在，而三史卒不克脩，是亦天也。至正癸未，大臣始奏論輯其事，於是使者分行四方，網羅舊聞。（蘇天爵《曹先生文稿序》）〔註 186〕

從這則材料來看，「亡國不亡史」這種觀念在當時是非常盛行的，《宋》、《遼》、《金》三史的修纂早在世祖時期就已經被提出，但是直到數十年後的至正年間才正式啟動修纂，但當時遺老不存，使者須前往各地蒐羅舊聞，而蘇天爵雖然未能參與三史修纂，卻對負責此事的總裁官之一歐陽玄提出了數條建議。蘇天爵對這種「亡國不亡史」的觀念也有所贊同，並自覺地肩負起史家之責，這在他的墓碑文中也有所體現：他往往會根據墓主的生平和自己的經歷，來選擇記錄與之相關的史料。四庫館臣曾稱讚其「集中碑版幾至百有餘篇，於元代制度人物，史傳闕略者多可藉以考見。《元史》本傳稱其『身任一代文獻

〔註 185〕 李修生主編：《全元文》卷一二六七，第四十冊，鳳凰出版社，2004 年，頁 389。

〔註 186〕 李修生主編：《全元文》卷一二五三，第四十冊，鳳凰出版社，2004 年，頁 72。

之寄』，亦非溢美。」〔註 187〕從這段話中我們可以看出，四庫館臣認為其碑版文字對於元代的制度、人物記述尤多，可以補充史傳之闕。根據我們對墓主的統計來看，其 94 篇墓碑文中，除去 5 篇為家族所作的先塋碑，一共有 89 位墓主，其中九位在史書中有傳，另外 80 位是出於各種原因未能入選史傳之中的，蘇天爵對這些墓主及其生平的書寫，恰好能夠補充史書中所未收之內容。筆者將蘇天爵墓碑文中的內容進行了大致的梳理，其所載文獻之價值主要體現在以下幾方面：

首先是元代制度相關史料。蘇天爵在墓碑文中對於元代各種典章制度記錄尤多，這大約與其為官經歷有關，蘇天爵曾經任御史等職務，對於國家的監察等制度非常了解，因此在他的墓碑文中常常會出現相關記載。徐麗娟在《蘇天爵傳記研究》中對此也有分析，蘇天爵筆下有近三分之一左右的墓主曾經出任過與監察相關的職位，如《任君墓誌銘》的墓主任格曾任職於河南憲司、南臺監察御史，因此文章中就記錄了其在廣州按問省臣盜海舶之事，再比如宋本與宋褧兩兄弟，二人都曾擔任過監察御史一職，蘇天爵在為他們撰寫墓碑文時，記錄了宋本上書諫言各地冤假錯案之事以及宋褧上書言平災之事。

再如元代駝馬飼養制度。馬對於尊崇武功的蒙古統治者來說，是非常重要的一種工具，元代的馬主要有兩種用途，一是軍隊使用，二是驛站用馬，《元史》中關於馬政相關的機構、飼養制度等有所記錄，今人也有利用相關史料對元代馬政進行考證的相關考釋的作品〔註 188〕，但具體實施情況則記載不多。蘇天爵的墓碑文中記載了四條與馬政相關的材料，我們分別來看：

> 大駕歲幸上都，公卿宿衛之士扈從而還，悉出駝馬分飼山東、河朔，以少者留京師，度支即以芻料給之。比歲或憚地遠，恃貴幸，多不肯行，于是京師供給愈煩，財用或不足矣。公不恤怨，盡度郡縣遠近、年穀豐歉，皆命驅駝馬出之，而國用亦少紓焉。（蘇天爵《元故廣寧路總管致仕禮部尚書李公墓碑銘》）〔註 189〕

〔註 187〕〔清〕永瑢等：《四庫全書總目》卷一六七，中華書局，1965 年，頁 1447。

〔註 188〕關於元代馬政相關的內容，詳可參見波．少布：《元朝的馬政制度》（《黑龍江民族叢刊》，1995 年 03 期），王磊、張法瑞：《略論元代的馬政》（《古今農業》，2011 年 01 期）以及洪書雲：《元代養馬業初探》（《鄭州大學學報》，1986 年 01 期）。

〔註 189〕李修生主編：《全元文》卷一二六〇，第四十冊，鳳凰出版社，2004 年，頁 241。

這段材料涉及到了元代馬匹飼養的制度問題，材料中提到飼養駝馬的公卿宿衛在隨扈上都還京之後，要將駝馬分飼山東、河朔，且京師駝馬的數量應該是小於在外分飼的駝馬數量，這與元代的「兩都巡幸制度」是相關的：按制，在夏秋季節時由於上都地區水草繁茂，因此飼馬之衛士在隨皇帝出行的同時要將駝馬等牲畜趕往上都飼養，此舉也有為隨扈的王公貴族提供食物原料之用。而在返京之後，也就是冬季到來之前，再將這些牲畜趕回京師等地的公私馬場，使其可以安全過冬。在此過程中，度支監、上林署等機構要負責這些駝馬所需的草料等物〔註 190〕。但是根據蘇天爵的材料來看，很多「公卿宿衛」自恃矜貴而不願遠行，大量滯留，本來京師駝馬數量就應小於在外分飼者，大量的駝馬滯留就導致了京師度支機構在飼料供應上非常緊張，時常有財政不足的情況出現，這說明雖然元代在馬匹飼養上有比較明確的制度，但是在實際執行過程中恐怕也是大打折扣的，這一問題丁超在其《元代大都地區的農牧矛盾與兩都巡幸制度》〔註 191〕中也有提及。飼料供應的多少，也會間接影響駝馬飼養的數量，《元史．武宗本紀》中記載至大元年有中書省臣上書，稱因連年收成不佳而減少駝馬飼養數量：「大都去歲飼馬九萬四千匹，今請減為五萬匹，外路飼馬十一萬九千餘匹，今請減為六萬匹，自十月十五日為始。」〔註 192〕至大元年各地先後有地震、洪水以及饑荒，之後又引發疫情，從馬匹削減的數字來看，恐怕當年情況確實嚴重。但此年過後，駝馬飼養的數量似乎又逐漸上升起來，《元史．文宗本紀》記載至順二年九月中書省臣上書：「今歲當飼馬駝十四萬八千四百匹，京城飼六萬匹，餘令外郡分飼，每匹給芻粟價鈔四錠。」〔註 193〕

這篇《李公墓碑銘》在文中並沒有給出此事發生時的明確時間點，但墓主李羽是在大德中入仕，至正四年而卒，考其生平，此事當發生在成宗到泰定帝之間。再來看文中所提到的「度支」，即指度支監，是元代朝廷中專門負責駝馬飼料供給之人，墓主李羽曾任度支監丞，則此事應當發生在其任職時期。按

〔註 190〕根據《元史》記載，度支監總駝馬飼料之事，上林署、苜蓿園負責種植苜蓿等，以供駝馬餵養。

〔註 191〕丁超：《元代大都地區的農牧矛盾與兩都巡幸制度》，《清華大學學報》（哲學社會科學版），2011 年第 2 期。

〔註 192〕〔明〕宋濂等撰：《元史》卷二二，中華書局編輯部點校，中華書局，1976 年，頁 503。

〔註 193〕〔明〕宋濂等撰：《元史》卷三五，中華書局編輯部點校，中華書局，1976 年，頁 790。

《元史》記載，元代負責馬匹飼料的機構最初是孛可孫，至元十三年（1276）撤除，由宣徽院兼任，宣徽院下屬的豐閏署主管此事，到了至大二年（1309）改為獨立的度支院，至大四年（1311）才改為度支監，而至大四年的正月武宗即身體不適，未有駕臨上都之記載，因此我們可以將此事發生的時間範圍進一步縮小，即仁宗延祐元年（1314）至順帝至正四年（1344）之間。

餘下三條關於馬政的材料也與馬匹分飼有關：

> 初，朝廷歲命衛士以駝馬分飼民家，及聞民多被擾，始命郡縣築駝圈作馬廄，官吏董之，庶幾編民不至受害。公時在沛，買地三十畝，作馬廄數十楹，又建風雨雷壇，以謹時祀，又濬棘塚、處塚、清水、甘沙四渠，以通漕運，工築雖勤，公親視之，財省而民不知勞。（蘇天爵《元故奉議大夫河南行省員外郎致仕贈嘉議大夫真定路總管和公墓碑銘》）〔註 194〕

> 朝廷和買於民而直不時給，歲終又以衛士馬分飼民間，公以縣劇民困為言，並得蠲免。（蘇天爵《趙惠肅侯神道碑銘》）〔註 195〕

> 敕衛士飼駝馬者，聽借民穴舍以居。公曰：「衛士飼駝馬已有定居，今不遵舊制，徒使細民橫被驚擾。且祖常官列三品，尚無穴舍，況細民乎？」奏復其舊。（蘇天爵《馬文貞公墓誌銘》）〔註 196〕

前兩則材料都是關於駝馬分飼的問題，第一則材料大約發生在成宗大德年間，第二則材料發生的時間大約在至治元年（1321）到天曆元年（1328）之間。根據波・少布《元朝的馬政制度》來看，元代對於馬的放牧主要是「公私兼營，分群而牧」，除卻官方的十四道官馬場以外，還有不計其數的私人馬場。按照元代馬政制度，飼養馬匹的衛士大多在各地養馬，並有其特殊稱呼，如「哈赤哈剌赤」等，也有千戶、百戶等名目，且這一官職一般是父子相襲，他們的職責就如同前文所提到的那樣，一般在夏、冬逐水草而居，到了九、十月要回到馬場接受太僕寺的檢察〔註 197〕。但根據材料來看，朝廷也曾數次試圖將駝馬

〔註 194〕李修生主編：《全元文》卷一二六五，第四十冊，鳳凰出版社，2004 年，頁 338。

〔註 195〕李修生主編：《全元文》卷一二六三，第四十冊，鳳凰出版社，2004 年，頁 304。

〔註 196〕李修生主編：《全元文》卷一二六八，第四十冊，鳳凰出版社，2004 年，頁 394。

〔註 197〕謝成俠：《中國養馬史》，科學出版社，1959 年。

分飼民家，從文中看，官方似乎並沒有提供草料或是給予一定的銀錢補償，結合前文《李公墓碑銘》來看，這一舉措的主要目的或許是為了減輕官方機構或官馬場的草料供給負擔，將其轉嫁於民，所以其本質上也是一種變相的賦稅。這種做法對民間百姓造成了極大的經濟壓力，尤其是在官方本身就有「和買」於民但並沒有按時付錢的情況下，和買就是以低於市價的價格來向百姓進行購買的行為，本質上是一種變相的賦役，很多時候甚至被直接等同於搜刮，在此情況下，還要讓百姓負擔飼養駝馬的經濟需求，這相當於平白增加兩種賦稅，造成擾民的後果是很正常的。文中提到由郡縣總領養馬，由當地官吏進行管理之事，官府正式建立官廄制度大約是在泰定年間才最終被確立下來的，《元史》泰定帝二年有：「敕宿衛駝馬散牧民間者，歸官廄飼之。」〔註 198〕這一制度在一定程度上緩解了百姓的經濟壓力，此後也被沿襲下來。

第三則材料大約發生在文宗至順元年（1330）十月左右，官方再下敕令將衛士與駝馬居於百姓之家，但百姓不堪其苦，因此作罷。按理說泰定年間已有舊制，為何文宗還要下此命令呢？我們在《文宗本紀》中發現了這樣一條材料：「（至順元年十月）以度支芻豆經用不足，凡諸王、駙馬來朝並節其給，宿衛官已有廩祿者及內侍宮人歲給芻豆，皆權止之。」〔註 199〕因為草料不足，因此供諸王、駙馬來朝時所帶馬匹的飼料皆有所縮減，而宿衛官及內侍所需也暫停供應，在這種情況下，再次將飼養駝馬所需轉嫁至百姓身上，是極有可能之事。

從這幾則材料來看，元代在駝馬飼養與草料供給上常常會有供需矛盾出現，而作為統治者在遇到此類問題時，往往採用將負擔轉移到百姓身上的方式，通過對百姓的剝削來解決財政需求的不足，這也導致了相關制度的不斷搖擺，實行不夠徹底，為百姓帶來了沉重的經濟負擔，在一定程度上加深了社會矛盾。

從前文的僧徒爭利，再到現在的飼馬害民，從蘇天爵的墓碑文中我們也可以看出元代社會之中存在的種種矛盾與問題，而這正是作為史官的蘇天爵其記錄內容的價值所在。

〔註 198〕〔明〕宋濂主編：《元史》卷二十九，中華書局編輯部點校，中華書局，1976年，頁 655。

〔註 199〕〔明〕宋濂主編：《元史》卷三二，中華書局編輯部點校，中華書局，1976年，頁 716。

除了馬政以外，蘇天爵對於元代戍邊的相關制度也有關注，其《故少中大夫同僉樞密院事郭敬簡侯神道碑銘並序》〔註 200〕一文之中保存了很多關於元代戍邊之事的材料：大德六年（1302），海都犯汴京，宣慰司焚糧倉後載金帛徙南方，郭明德任宣慰副使，在隆冬時節不畏凜寒，撫綏完復。後又陳備邊之事，蘇天爵將郭明德所言安邊境之策全部記錄在文中，總結來看即是屯田積穀，強者戍邊、弱者稼穡，以江淮鹽引補和林錢財之不足，別立轉道，士卒習練等等，又修繕城郭，引水灌溉，分軍屯守等。後郭明德因疾歸中書省，又上陳數條言軍政之事。可以說，郭明德此人有將帥之才，安邊之能，對於戍邊軍備之事有其獨到見解，惜於《元史》無傳，全賴蘇天爵此文以載之。

其次是河北史料。徐麗娟在《蘇天爵傳記研究》一文的附錄中曾將蘇天爵筆下墓主的籍貫進行了梳理，筆者在此基礎上進行了統計，在蘇天爵的 94 篇墓碑文中，有 45 位墓主是河北籍。墓碑文的創作總是會不免帶有一定的地域性，墓主的籍貫往往會與作者本身的籍貫、長期居住之地重合較多，如襄陽之於姚燧，臨川之於虞集，這是因為墓碑文一般都是死者家屬向親朋好友或者當世名家所請，而當世名家中又尤以當地、同籍之大儒為主。但是如蘇天爵一般，有近半數的墓主都來自河北籍的情況在元代並不多見，不過，正因為蘇天爵筆下如此眾多的河北籍墓主，才使得其墓碑文中保存了大量的河北史料，這些史料主要表現在以下幾方面：

一是河北理學。河北是元代北方理學的重鎮之一，硯堅、劉因都是河北籍人，也都是元初有名的理學家，他們的墓碑文亦皆由蘇天爵所作（《元故國子司業硯公墓碑》、《靜修先生劉公墓表》），硯堅曾與江漢先生趙復一同北上，之後定居真定，開館授徒，劉因即是其弟子之一，而劉因的弟子烏沖之碑也是由蘇天爵所作，此外，蘇天爵還為其恩師安熙撰寫行狀，安熙也是劉因的弟子之一。在為硯堅、劉因、烏沖師徒三代撰寫的墓碑文中，蘇天爵追溯了北方理學自北宋以來，尤其是在金末元初的發展傳承，使後人能夠明了理學在北方地區的傳承，也提到了這一學派在學術上的特點，即以程、朱之學為本，又兼採邵子等人的學說，還保存了此三人生平材料，後世黃宗羲編寫《宋元學案》時也有所採錄。

二是河北世族。藁城董氏在元代是非常有名的世家大族，在河北當地也

〔註 200〕李修生主編：《全元文》卷一二六三，第四十冊，鳳凰出版社，2004 年，頁 299。

頗有影響力。蘇天爵筆下有三位墓主出自藁城董氏一族，分別是董源（《元故少中大夫江北淮東道提刑按察使董公神道碑銘》）、董士良（《元故朝列大夫開州府尹董公神道碑銘》）、董守簡（《冀國董忠肅公神道碑》），其中董士良為董文忠之子，董守簡為董士良弟董士珍之子，因此二人是伯侄關係。董士良宿衛出身，此後輾轉曲陽、滕州等地為官，頗有政績，亦深受百姓愛戴；與董士良相同，董守簡也是宿衛出身，仁宗居潛邸之時即頗為賞識其才幹，此後董士良入集賢，又外放為官，政績斐然；董源雖然也是系出藁城董氏，但是與董士良並非同支，金亡時其父母去世後依附董文炳，從王若虛學，與王磐、李冶、姚樞等人皆有來往，後歸入史天澤麾下，從其南征北戰，功勳卓越。董氏一族在元代傳承了至少七世，因此在當地族人眾多，蘇天爵的墓碑文對於釐清董氏家族譜系以及其後人在元代的發展等內容具有較高價值。

三是河北名人。除了理學大家、世家子弟以外，蘇天爵的筆下還有元代河北有名的藝術家，《故集賢大學士光祿大夫李文簡公神道碑》的墓主李衎就是元代著名的畫家，在元代繪畫史上佔有一席之地。李衎善於畫竹，尤其是古竹、木石，與趙孟頫、高克恭並稱元畫竹三大家，其所著《竹譜》今存於世，對於畫竹的技巧等內容有詳細描述，是中國美術史上的重要作品之一。蘇天爵在墓碑文中除了稱讚李衎畫技以外，對於其生平經歷、家世、仕宦等內容也記述詳盡，對我們了解李衎生平提供了重要依據。

六、《元文類》與元代墓碑文

《元文類》是蘇天爵所編的元代重要的詩文總集，其成書於元統二年（1334），書中收錄了元代賦、詩、銘、碑等四十三類文體作品，影響深遠，清代四庫館臣在提要之中將其與姚鉉《唐文粹》、呂祖謙《宋文鑒》並提，近現代以來的許多文學研究家對《元文類》的存文之用也多有讚揚，但同時也對其重倫理教化等局限性進行了批判〔註 201〕。不過，《元文類》仍然是今人了解元代文學，尤其是延祐以前文學創作面貌的重要依據，也是研究蘇天爵本人文學思想的重要材料，因此近年以來關於《元文類》的研究論著也在不斷增加，如周雪根《〈國朝文類〉研究芻議》〔註 202〕與陳漢文《蘇天爵的〈元

〔註 201〕如馬積高、黃鈞：《中國古代文學史》，人民文學出版社，2009 年。

〔註 202〕周雪根：《〈國朝文類〉研究芻議》，《江西師範大學學報（哲學社會科學版）》，2009 年第 4 期。

文類〉與元代中後期的大都文壇》〔註 203〕，前者主要論述了《元文類》有補政治教化與存史的編纂意圖和選文標準，以及其對於元代文學、史學的貢獻，後者則從蘇天爵身處的政治背景入手，著重探討了《元文類》中詩選的政治寓意。范先立《蘇天爵〈元文類〉研究》〔註 204〕在梳理《元文類》版本以及編纂體例的基礎之上，對於《元文類》的文學理念，其與南北學術轉向和元代中後期史學之間的關係進行了較為細緻的分析。

《元文類》中共收錄墓碑文作品十八卷 125 篇，其中墓誌一卷，墓碣一卷，墓表一卷，墓誌銘三卷，神道碑十二卷，從篇數來看，墓誌 10 篇，墓碣 12 篇，墓表 12 篇，墓誌銘 21 篇，神道碑 70 篇，整體看來數量可謂非常豐富，對《元文類》中所收錄的墓碑文進行梳理，有利於我們了解元人對於墓碑文的一些看法：

從小類來講，依據收錄的數目能夠看出蘇天爵對於神道碑一類明顯是更加重視的，這是因為神道碑的墓主一般來說均是三品及以上官員，大多為國之重器，對於他們生平的書寫有利於我們了解當時的政治、社會、軍事等各方面的情況。此外，神道碑是為高級官吏所作，收錄最多，或許也從側面反映出了墓碑文這一文體的主要使用者仍然是官吏。其次，我們在第一章曾經提到過關於墓碑文文體分類流變的問題，從《元文類》來看，為已逝之人所撰的墓碑文，蘇天爵只提到了墓誌、墓誌銘、墓碣、墓表、神道碑，但是從蘇天爵自己以及元代其他作者的實際創作狀況來看，是遠遠多於這五類的。以蘇天爵為例，前文我們統計了他的墓碑文創作狀況，其中就有先塋碑 5 篇，阡表 3 篇，阡表被蘇天爵歸入墓表一類，此處我們不詳細探討，而先塋碑在當時應該是一種較為普及的墓碑文小類，蘇天爵之父蘇榮祖就曾經命其奉狀與虞集，請虞集為蘇氏先祖作先塋碑，即《蘇氏先塋碑》〔註 205〕一文，而蘇天爵自己也有五篇先塋碑類作品存世，但是在《元文類》中卻只收錄了一篇姚燧《河內李氏先德碣》，這也是值得我們留意的現象。

從編纂目的來看，陳旅在《國朝文類序》一文中對此有所提及：「然所取者必其有繫於政治，有補於世教，或取其雅製之足以範俗，或取其論述之足

〔註 203〕陳漢文：《蘇天爵的〈元文類〉與元代中後期的大都文壇》，《人文中國學報》，2015 年 00 期。

〔註 204〕范先立：《蘇天爵〈元文類〉研究》，河南大學碩士學位論文，2018 年。

〔註 205〕李修生主編：《全元文》卷八八四，第二七冊，鳳凰出版社，2004 年，頁 400。

以輔翼史氏，凡非此者，雖好弗取也。」〔註206〕由此可見，蘇天爵所選文章，要麼與政治相關、有益於教化世人，要麼是文章本身為雅製之作，可堪為範例，要麼是文章內容有補於史闕，這一編纂目的在很多研究《元文類》的作品之中都被學者們著意強調，這與蘇天爵本身所提倡的致用之學有很大關係，因此他的文章選取標準並不僅僅在於文學層面，而是結合了政治、理學、道德等數方面，其對墓碑文這種實用性文體的大量擇選也是以此為原則的。

編纂目的直接影響到的是《元文類》的作者選取、墓主選取以及選文標準。從作者角度來看，墓碑文一類蘇天爵採錄姚燧作品為最多，共36篇，其次有虞集作品14篇，再如馬祖常、元明善、孛朮魯翀作品較多，元好問5篇，歐陽玄僅有2篇，黃溍、許有壬並無入選。這幾人之中，除了虞集、歐陽玄以外，其餘全部都是北方作家，由此也可以看出蘇天爵在南北文風上的偏好。姚燧居最多，一方面是因為其所撰寫墓碑文墓主大多是開國功臣，功勳赫赫，再加之姚燧作品篇幅較長，事件描述細緻，對於史家來說是非常好的文獻材料；另一方面，姚燧師法韓愈，力圖扭轉元宋末文章弊病，蘇天爵或許也對此表示肯定，因此姚燧居首位，自有其含義所在。而蘇天爵所選文的作者，如元好問、姚燧、虞集、歐陽玄、袁桷、馬祖常、元明善、孛朮魯翀，幾乎全部擔任過史官之職，有些參與修撰實錄，有些則為宋、遼、金三史編修官，其所撰寫的墓碑文墓主也多為開國功臣、高官名儒，而這種史官經歷對作者創作墓碑文必然有所影響，以墓碑文保存大量文獻，補證史書之闕就是其中之一。王理在序言中稱，整理一代文獻「是則史官之職也夫，必有取於是也夫。自孔子刪定六藝，《書》與《春秋》守在儒者。自史官不世其業，而一代之載往往散於人間。士之生有幸不幸，其學有傳不傳，日遷月化，簡札堙沒，是可歎也。伯脩三為史氏而官守格限，遂以私力為之」〔註207〕也體現了這一點。值得注意的是，元好問的作品也被蘇天爵選入了《元文類》之中，關於元好問是否可被歸入元代的問題，一直是學界爭論的焦點之一，但從墓碑文創作本身來看，元好問的作品既有作於金代，也有作於金亡以後，墓主中既有金人也有元人，且其「以碑存史」的觀念也在一定程度上影響到了元代墓碑文的創作，蘇天爵將元好問收錄進入，未嘗沒有這一考慮。

〔註206〕李修生主編：《全元文》卷一一六九，第三七冊，鳳凰出版社，2004年，頁248。

〔註207〕李修生主編：《全元文》卷一六四六，第五四冊，鳳凰出版社，2004年，頁6。

從墓主身份以及選文標準來說，王理《國朝文類序》中有：「其為人也，沒而不存矣，志其大者、遠者，將相大臣有彝鼎之銘，大夫、士、庶人及婦人女子亦得以沒而不朽者，因其可褒而褒焉，以為戒勸焉，墓志碑碣表傳第十五。」〔註208〕墓碑文向來是為德、功、言出眾者而作，以求其言、行之不朽，而在蘇天爵看來除了將相大臣之外，如庶人、女子也有不朽者，可資傳頌，因此他擴大了墓主身份的範圍，選取了如《聶孝女墓銘》《孝子田君墓表》這類書寫孝、節之人的墓碑文，這也與前面提到的「有益教化」這一標準相符合。而《元文類》中的選人標準也與史傳選錄人物的標準有些類似，以元代所編的《宋史》為例，其列傳所選取的類別包括后妃、宗室、公主、功臣、道學、儒林、文苑、忠義、孝義、隱逸、列女、方技、外戚、宦者、佞幸、奸臣、世家、外國、蠻夷，其中「后妃、宗室、公主」一般少有碑刻流傳，「外戚、宦者、佞幸、奸臣」四類很明顯是不可作碑之人，「外國、蠻夷」兩類人物，由於元代自身的特殊性，也留存了較多的少數民族墓主的碑刻，《元文類》中也選錄了不少；「功臣、道學、儒林、文苑、忠義、孝義、隱逸、列女、方技」這幾類基本涵蓋了大部份的墓碑文墓主，其中「功臣」一類是史書作傳的重點，《元文類》中收取神道碑最多或許也是源於此。比較特殊的是世家一類，世家在墓碑文中的對應小類應該是先塋碑，但是蘇天爵只取一篇，原因不明，正如范先立稱蘇天爵是以「史家的認知和視野來整理國朝名士之文」〔註209〕，我們可以看出蘇天爵在墓主人物的選擇上其實受到了史書編纂的影響較深。

此外，閆盟在《論蘇天爵的文學思想》中也提出，蘇天爵所收錄的碑文，其墓主大多是漢人、南人，這在一定程度上反映了其對漢地文化以及文人群體的延續與繼承〔註210〕。根據筆者的統計，這125篇墓碑文中只有8個少數民族墓主，分別為耶律貞、耶律履、耶律楚材、阿里海牙、博羅歡、徹爾、隆古岱〔註211〕、廉希憲。其中為耶律貞所作的《故金漆水郡侯耶律公墓誌銘》，我們在此前已經多次提到過，蘇天爵一是對元好問「以碑存史」的觀念表示贊同，二是或許由於耶律貞乃殉國而死，符合蘇天爵選文標準中的「可褒之

〔註208〕李修生主編：《全元文》卷一六四五，第五四冊，鳳凰出版社，2004年，頁6。

〔註209〕范先立：《蘇天爵〈元文類〉研究》，河南大學碩士學位論文，2018年。

〔註210〕閆盟：《論蘇天爵的文學思想》，河北大學碩士學位論文，2014年。

〔註211〕按：蘇天爵《元文類》中收錄《輿元行省夾谷公神道碑》，即姚燧所撰《輿元行省瓜爾佳公神道碑》，夾谷氏，一譯作瓜爾佳氏。

人」，所以被收錄進來。耶律楚材對大蒙古國建樹頗多，而阿里海牙、博羅歡、徹爾、隆古岱都是跟隨世祖忽必烈南征北戰建功立業之人，廉希憲為相清明而政績頗豐，因此被收入。

從具體的篇目來看，蘇天爵確實堅持著「可補史書、有益教化」的原則，如元好問入選的五篇墓碑文分別為《故金漆水郡侯耶律公墓志銘》《雷希顏墓誌銘》《孫伯英墓誌銘》《聶孝女墓誌銘》《故金尚書右丞耶律公神道碑》。《故金漆水郡侯耶律公墓志銘》我們在前文提到過，《雷希顏墓誌銘》《孫伯英墓誌銘》二文，皆是採用了史家附傳筆法而作，尤其前文，可堪稱為元好問墓碑文代表作。《聶孝女墓誌銘》則表現了聶舜英的孝與節，有裨世教。《故金尚書右丞耶律公神道碑》是為耶律楚材之父耶律履所作，保存有大量史料。再如姚燧入選的三十六篇碑文，其墓主既有姚樞、阿里海牙、博羅歡、徹里、史格這樣的天子近臣、南征大將，也有國子司業滕安上一類的理學家，還有楊恭懿這樣的史學家，在他們的墓碑文中，既有對墓主本身功績的褒揚與讚美，也有對元代建立、蒙古軍南征、理學發展等內容的書寫，這些篇目的史料價值，我們在前文中已經具體介紹過，此處不再贅述，但蘇天爵對於篇目的選取，確實貫徹了其「可補史書、有益教化」的原則。

除此之外，《元文類》中雖然收錄了數篇為佛道宮室廟宇所作的碑文，但是為僧道徒所作的塔銘和道行碑一篇都沒有，這大概與蘇天爵本身的價值取向有很大關係，前面我們提到過，他對佛、老兩道皆是採取排斥的態度，因此蘇天爵自身就並未創作此類作品。而蘇天爵在結構上的安排也有所用心，細看每一小類之下基本是以時間順序來布置墓碑文，從追隨太祖的耶律楚材家族開始，至世祖麾下的郝經、史氏、姚樞、董氏一門，皆為開國功臣或元代早期高官。從作者的行文風格來看，蘇天爵所選取的墓碑文作者既有如姚燧一般學韓愈之雄奇，也有如虞集、歐陽玄宗宋人之雅正，他們的共同特點是其作品中幾乎罕有華美繁縟詞句，文字內容皆以「實」為主，而文章篇幅則由短至長皆有所取。

四庫館臣在《提要》中曾對《元文類》一書大加讚賞：「故是編去取精嚴，具有體要。自元興以逮中葉，英華採擷略備于斯，論者謂與姚鉉《唐文粹》、呂祖謙《宋文鑑》鼎立而三。然鉉選唐文因宋白《文苑英華》，祖謙選北宋文因江鈿《文海》，稍稍以諸集附益之耳，天爵是編無所憑藉，而蔚然媲美，其用力可云勤摯。旅序篇稱天爵此書所以纂輯之意，庶幾同志之士，相與博采而嗣錄之，而終元之世，未有人續其書者，可以見其難能矣。」〔註212〕錢基博也在其《中國文學史》中稱：「天爵妙解文章，工於鑑別，其去取又極精審；故與宋姚鉉《唐文鑒》、呂祖謙《宋文鑒》，鼎力而三。」〔註213〕可見後世對於《元文類》的高度評價。

第六節　危素

危素（1303～1372），字太僕，號雲林，金溪（今屬江西）人，唐撫州刺史危全諷之後裔。精通《五經》，遊於吳澄、范梈、虞集門下。至正二年（1342），用薦授經筵檢討，參與修纂宋、遼、金三史。後由國子助教遷翰林編修，歷任太常博士、監察御史、工部侍郎，轉大司農丞、禮部尚書等職。元亡後，危素曾欲投報恩寺井中而死，為友人所阻，洪武二年（1369）授翰林侍講學士，不久被劾罷。後起復，然御史王著等論危素乃亡國之臣，不宜列侍從，因此謫居和州，守余闕廟，兩年後卒。

危素在元代曾官至從一品，但元亡之後卻轉身入仕明朝，雖然有「護史」的理由，但認為其晚節不保的後人不在少數。事實上，在前朝滅亡之後入仕新朝並不是什麼罕見的現象，即便是蒙古人所建立的元代，在金與南宋亡國之後，仍有大批士子爭相出仕，有時人曾對此現象表示不滿，但出仕新朝仍然是大勢所趨。到了元亡後情況也是如此，入仕明朝之人並不少，如宋濂、王禕等等，然而後人對危素與他人的評價卻是天壤之別。《明史》中對其一生的總結較為公允，四庫館臣也稱其「晚節不終，為世僇笑，其人本不足稱，而文章則歐、虞、黃、柳之後，屹為大宗。懋竑《跋》稱其文『演迤澄泓，視之若平易，而實不可幾及，非熙甫莫知其深』。其珍重鈔傳，蓋非漫然矣。」〔註214〕（《〈說學齋稿〉提要》）對危素的文學表示了肯定，但明太祖朱元璋令危素為元代死節之臣余闕作碑，後又使其守余闕廟，這種來自君主的羞辱無疑令危素成為了後人譏諷的對象，尤其在一些後世的野史、筆記、小說之中，危素的形象大多為負面，如《儒林外史》中就以危素來反襯王冕的高節品行，吳敬梓筆下的危素，既非清廉官吏，也不是高風亮節的學者，而幾乎是以一

〔註212〕〔清〕永瑢等：《四庫全書總目》卷一八八，中華書局，1965年，頁1709。
〔註213〕錢基博：《中國文學史》，上海古籍出版社，2011年，頁712。
〔註214〕〔清〕永瑢等：《四庫全書總目》卷一六九，中華書局，1965年，頁1466。

個完全負面的形象出現在讀者眼中，雖然吳敬梓此文乃是採用了眾多稗官野史之說創作而成，但以此為切入點也不難看出，許多後人眼中的危素就是這樣一位追名逐利，毫無節義可言的貳臣，而這種認知也在很大程度上也影響了人們對於危素的研究。

根據王若明《危素研究》〔註 215〕一文的總結，學界對於危素的研究目前大約集中在以下幾方面：一是學術思想研究，徐遠和《理學與元代社會》〔註 216〕是最早肯定危素在理學發展史中地位的作品之一，他將危素視為元末陸學的重要代表，並從其學術源流的角度來分析了危素尊陸的特點，徐遠和在書中還對於危素的哲學思想、文學思想、政治思想以及史學觀念進行了分析。之後的研究大多也以徐說為基礎，比較有代表性的當屬張東海《元代江西陸學教育哲學思想研究》〔註 217〕，他認為危素既反對朱學的「支離繁瑣」，又糾正了陸學的「簡易空疏」，對王陽明「克治實功」的理論也有所啟發，因此危素在宋元明三代的理學傳承之中是具有承上啟下之功的。二是文學研究，目前較為通行的各類文學史作品中對於危素的提及並不多，但宋佩韋《明文學史》〔註 218〕以及楊鐮《元詩史》〔註 219〕中都對於其在元末明初文壇、詩壇的地位加以肯定，近年來也有不少學者對危素的文學思想加以關注，如溫世亮《危素文學思想與創作實踐平議》〔註 220〕就認為危素是元代後期文道合一觀念的重要代表人物，其「文章有功於世」的文學思想也對明清文學產生了一定影響。三是關於危素本人的心態研究，這與危素本身的特殊經歷有一定關係，幺書儀在《元代文人心態》〔註 221〕中談及危素時，認為他一生奔走仕宦之途，幾近走火入魔，可憎可鄙。此外，學界在危素的交遊、書法等方面也有一定的研究成果。王若明《危素研究》是學界目前關於危素最為系統而深入的研究著述之一，作者對於危素的家世、生平、心態、交遊、著作做了全面的考述，並對其思想以及文學創作進行了研究，最值得注意的是作者對於

〔註 215〕王若明：《危素研究》，北京師範大學博士學位論文，2019 年。
〔註 216〕徐遠和：《理學與元代社會》，人民出版社，1992 年。
〔註 217〕張東海：《元代江西陸學教育哲學思想研究》，江西師範大學碩士學位論文，2002 年。
〔註 218〕宋佩韋：《明文學史》，上海書店，1996 年。
〔註 219〕楊鐮：《元詩史》，人民文學出版社，2003 年。
〔註 220〕溫世亮：《危素文學思想與創作實踐平議》，《山西師大學報》（社會科學版），2015 年 01 期。
〔註 221〕幺書儀：《元代文人心態》，文化藝術出版社，1993 年。

危素在後人接受層面的關涉，這對釐清危素在文學發展史上所佔據的地位以及所起到的作用有很大幫助。

一、創作分期，易代心態

《全元文》收危素墓碑作品共 53 篇，其中包括墓誌（銘）27 篇，神道碑 7 篇，墓碣銘 7 篇，墓碑 4 篇，塔銘 3 篇，壽藏碑 2 篇，墓表 2 篇，墓門銘 1 篇。從文體角度來看，危素的墓碑文小類多樣，包括神道碑、墓碑、壽藏碑、墓碣銘、墓表、墓誌（銘）、墓銘、塔銘、墓門銘，其中較為特殊的就是「墓門銘」與「壽藏碑」兩類，墓門銘是比較罕見的一類墓碑作品，以「墓門銘」為題目的作品，《全元文》中僅見危素這一篇《部氏墓門銘》〔註 222〕，但是墓門刻銘這種行為應當最晚在唐代就已經出現了，《全唐文》中收錄有權德輿的《長安主簿李君墓誌銘》，其中就有言「銘於墓門」〔註 223〕，這句話同樣出現在權德輿的《鄧國夫人谷氏墓誌銘》〔註 224〕一文中，但是以「墓門銘」為題目的作品目前在唐、宋兩代都沒有，這說明危素在墓碑文的文體題名上也有所貢獻。此外，壽藏碑這種碑文小類在危素以前也似乎並不存在。壽藏即指墳墓，《後漢書》卷六十四《趙岐傳》中記載趙岐「年九十餘，建安六年卒，先自為壽藏」〔註 225〕，《舊唐書》卷一九〇《文苑傳》中也記載司空圖「乃預為壽藏終制」。從這兩條材料來看，「壽藏」是指墓主在生前就預先為自己準備好的墳墓，與一般的子孫所修墳墓有所區別，壽藏記應當就是為壽藏所作之記，由於現存材料有限，壽藏記的起源與發展目前已經不可考，但是前文我們提到了黃仲元作有《壽藏自誌》，就說明最晚在宋末元初已經有以「壽藏」為名的碑文產生。危素現存的兩篇壽藏碑分別作於至正四年（《真人黃君壽藏碑》）與至正十二年（《司天監事王公壽藏碑》）。從這三篇作品來看，壽藏碑的使用對象似乎多為入佛道之人，從禮制角度來看，碑銘一般是墓主去世後由其子孫向他人所請或者自己所撰，但是有些方外人士自小就入道，並無直系子孫，或許與族中後人往來也較少，除了弟子以外大約也罕有人能為其請

〔註 222〕李修生主編：《全元文》卷一四八一，第四十八冊，鳳凰出版社，2004 年，頁 537。

〔註 223〕〔清〕董誥等編：《全唐文》卷五百四，中華書局，1983 年。

〔註 224〕〔清〕董誥等編：《全唐文》卷五百四，中華書局，1983 年。

〔註 225〕〔南朝宋〕范曄：《後漢書》卷六四，〔唐〕李賢等主，中華書局編輯部點校，中華書局，1965 年，頁 2124。

銘，因此在生前就為自己選定墓址、請人作碑，而不必假以他人之手，壽藏碑的寫作目的大約就與此相關。壽藏碑這一文體在明、清代也有所延續，且逐漸普及，有趣的是，從目前的材料來看，明代其中一類喜作壽藏碑的墓主群體其實是宦官，如作於成化年間的《崔保壽藏碑》等。倘使從作碑的動機來看，宦官其實同入道之人在某些方面也有相似之處，他們也罕有後人，因此在無子孫請銘的情況下，反倒不如自己生前將身後之事提前預備下。

根據王若明《危素研究》中的《危素年譜》，筆者將危素的墓碑文進行了繫年，附於文後。在危素目前可以明確寫作時間的墓碑文中，最早的一篇為《禪居寺芳禪師塔銘》，作於後至元二年（1336）危素三十四歲時，最晚一篇為《炬禪師塔銘》（今佚），作於洪武五年（1372）的正月十日，十三天後留與後人無數爭議的危素離開了人世。以元亡（1368）為界，我們可以將危素的墓碑文創作分為前後兩期：

前期是自後至元二年（1336）至至正二十七年（1367），危素一生中的大部份墓碑文都是在此期間創作，其中至正元年（1341）到至正十四年（1354）是創作高峰時期，這時的危素甫至京師即受到各方禮遇，又以薦入為經筵檢討，並參與修纂三史，文壇、政壇上的聲名鵲起使得向危素請銘之人愈多，因此作品也更多，且危素在這一時期創作了不少敕賜之作，如為黃溍、程鉅夫、孔思晦、耶律希亮所創作的神道碑等，足可以看出他在至正一朝的尊崇地位，這一時期危素的代表作也較多，如《文獻黃公神道碑》《文憲程公神道碑銘》等等。

後期是洪武元年（1368）至洪武五年（1372）。作於這一時期的墓碑作品目前只有四篇，分別為《元故徵君杜公伯原父墓碑》《侍讀學士尚師簡神道碑》《故封奉政大夫禮部郎中驍騎尉高邑縣子奉先墓誌銘》《炬法師塔銘》，其中《炬法師塔銘》已經不存，因此實際上只有三篇。這一時期的危素經歷了人生中最大的轉變，投井未遂，轉身入仕新朝，朱元璋雖然起初將危素高高捧起，但很快又將其拋入谷中，從這三篇墓碑文的字裡行間，我們也可以略略窺得危素當時的心緒。在作於洪武四年（1371）的《高邑縣子奉先墓誌銘》中，危素寫下了這樣幾句銘文：「潁亳一旦干戈興，王師南伐期掃平……大兵突至難為成，因從主者歸金陵。」〔註 226〕此文為危素於金陵之時所作，前一

〔註 226〕李修生主編：《全元文》卷一四八一，第四十八冊，鳳凰出版社，2004 年，頁 534。

句的「王師南伐」指的是脫脫率兵鎮壓紅巾軍之事，「大兵突至」則指明軍滅元，王師有天子之軍的含義，在洪武年間所作的碑文，危素仍以「王師」稱呼元軍，卻以「大兵」指代明軍，偏向之意非常明顯，對曾經擔任史官、參與修纂史書的危素來說，「王師」「大兵」兩種稱謂的差異他不會不懂，但他依然選擇這樣使用，這就說明他心中所歸天子仍然是元帝而非明太祖，正如王若明《危素研究》中所稱，危素雖然在入明之後接受了明朝官職，但是對於明政權，他在內心深處仍然是不認同的。而在《元故徵君杜公伯原父墓碑》中，危素也在銘文之中有所發揮：「邵子之幸，生於太平。公沒未久，兵戈遽興。永懷洞天，雲月清白。」〔註 227〕邵子，即邵雍，杜本對邵雍的學術非常推崇，危素感嘆的則是邵雍當時所處的時期乃是天下承平之時，而杜本去世於至正十年，在他死後不久，兵災興起，邵雍也好，杜本也罷，二人都是沒有經歷過兵戈亂象的，這在危素看來，是邵雍與杜本的幸運，反觀危素自身，經歷了戰爭之亂、朝代更替與人情冷暖，因此在他看來，能生活在太平盛世或者死於戰亂發生之前都算得幸事，因為他們並不用在新舊兩朝之間進行抉擇，而「永懷洞天，雲月清白」雖然在明面上意指曾杜本所居之地，但這何嘗又不是危素自己想要的「洞天福地」呢？更何況「清白」二字，入仕新朝、飽受罵名的危素恐怕終生再也與此無關，從這幾句中所抒發的感情來看，危素對於入仕明朝恐怕已經是深有悔意了。一方面是對舊主的眷戀與對新朝的不加認同，另一方面又對自己的行為產生了無限悔意，正是危素在易代之後的心態寫照。

二、合理選材，精心佈局

在刻畫人物時，與前輩相同，危素往往也能夠把握墓主的身份與性格特質，並圍繞這一身份、性格特點，合理選取、佈局材料，通過不同的寫作手法，使墓主的形象更加生動真實。

如其為孔思晦所作《文肅孔思晦神道碑》，孔思晦是孔子五十四世孫，襲封衍聖公，危素便以其襲爵之事以及「衍聖公」這一特殊身份作為原點，著重刻畫了孔思晦在「孝」與「禮」兩方面對於儒家傳統觀念、禮制的遵守，並通過具體事蹟來說明了這一特點：一是因奉養母親而辭謝耶律有尚之辟，母

〔註 227〕李修生主編：《全元文》卷一四七八，第四十八冊，鳳凰出版社，2004 年，頁 456。

親臥病時，衣不解帶隨身侍奉，居喪盡禮，服喪三年；二是儉約自將，教養地方；三是修復尼山孔廟、恢復祭田、主持祭祀；四是重修家譜，釐清家族世系。除卻血緣上的嫡長身份以外，孔思晦的「賢行」是危素刻畫他的重點，在孔思晦的身上，我們看到了傳統儒家觀念「孝」與「禮」，尤其是宗法制度的體現。宗法制度是孔子思想中非常重要的一部份，他是宗法制度的堅決擁護者，因此後世的儒家學者對此也大多都採取了維護態度，危素本人的思想觀念中也具有較為濃厚的宗族色彩，他對於宗族建設，尤其是修纂家譜、建立祠堂等行為也非常關注〔註 228〕，因此危素在文章中幾次提到了孔思晦對宗法制度的堅持與實踐，其一是為了展現孔思晦「尊禮」的人物特點，其二也是借孔思晦的行為來對宗法制度進行宣揚。

在危素的筆下，孔思晦身為孔氏家族嫡長，不單身份貴重，且素有賢行：他侍奉親人至孝，甚至不願出仕；為官不尚名利，而重教養學子；嚴循禮法，重視祭祀，和睦親族。衍聖公所代表的並不僅僅是一個世襲的爵位，而是官方對於孔子以及儒家文化的尊崇，尤其是在元代的特殊政治背景之下，衍聖公的存在更凸顯了帝王對於儒術的尊崇之意，衍聖公的一舉一動更是為天下士人之表率，衍聖公是聖人的後裔，那麼其學、其德當然也要與聖人相近才是。事實上，孔思晦之所以能夠襲爵成為衍聖公，原因主要有兩點，一是他本身學行過人，得到了孔氏一族族人的認可，二是當時仁宗秉政，尊崇儒道，且李孟、元明善等人皆對其有所襄助。從血統上來說，孔思晦其實並不是第一代衍聖公孔宗愿的嫡長一脈，而是其三子孔若愚之後，所謂的「嫡長」是相對於孔治之流而言的〔註 229〕。正因如此，危素才在墓碑文中著重強調了孔思晦的「賢行」，以此來表示孔思晦的德行是足以匹配衍聖公這一名號的。

此外，危素還使用了傳奇筆法來描寫孔思晦的死亡：「異香滿室，群鶴百餘翔於上，又見神光自東南隕於舍北云。」〔註 230〕孔思晦的死亡伴隨著異香、群鶴與神光，之所以採用這樣的方法來描述，也是為了突出孔思晦本人的不同尋常，衍聖公乃是聖人之後，自與天道有所感應，因此在去世之際有異象顯現。

〔註 228〕王若明：《危素研究》，北京師範大學博士學位論文，2019 年。

〔註 229〕關於衍聖公爵位在元代的承襲狀況，詳可參見趙文坦：《蒙元時期衍聖公襲封考》，《孔子研究》，2012 年 02 期。

〔註 230〕李修生主編：《全元文》卷一四七八，第四十八冊，鳳凰出版社，2004 年，頁 449。

在為佛教禪師作塔銘時，危素往往重視對於禪師「悟道」過程的書寫，如《無極禪師塔銘》中，危素就為讀者講述了一個感人至深的尋母故事。無極禪師俗家為趙氏宗室，在他出生後不久元軍南伐，母親帶著他四處躲藏，但其母後為元軍所擄，父親在尋妻路上去世，禪師被好心人收養。十三歲時，他在觀音像前發誓尋母，歷經十年之苦，最終在樂昌找到了自己的母親。其母早已再嫁顯貴之家，母子相認之後，禪師負母歸鄉，十步一停，為五叩拜，途經廣德、杭州，最後於弁山慈照庵落腳，其母去世後，禪師終有所悟，之後在萬山修築禪院修行。危素筆下的無極禪師其實有兩重身份，一是禪師，二是人子，危素在進行人物刻畫時，將這兩重身份相結合，作為孝子的無極禪師身世淒慘，但他意志堅定，在佛前許願，這是其信念的開始；之後的十年時間既是他的尋母、歸鄉之路，也是一種「苦修」的過程，而作為禪師的無極，在其母親去世這一機緣之下，最終又得以頓悟，開悟之後無極禪師又繼續修行。在無極禪師的身上，我們既可以看到普通人的「孝」，又可以了解其修行得道的過程，這種以因緣求法、勤修不輟、得機緣而悟的過程也正是禪宗所強調的「悟道」。

再如為黃溍所作《文獻黃公神道碑》〔註 231〕，從結構上來看，此文大約可以被分為三個部份，危素先從黃溍的死事開始倒敘寫起，由黃溍的去世引發了危素追憶往昔二人的交遊，由此引出了作銘的原因，環環相扣，黃溍曾有言：「我死，子其銘吾墓。」危素應諾，才有了這篇《黃公神道碑》。銘墓對於古人來說是非常重要的，碑銘是對自己一生言行功德的總結，也是名聲、德行不朽、傳之後世的重要依據，能夠被墓主囑託作銘之人，必然是與其關係密切之人，黃溍與危素視彼此為「知己」，知曉危素知其甚深，因此敢以銘相託。接下來危素追述了黃溍的家族世系，其中特別提到了黃溍的九世祖黃琳，稱他「力學尚氣節」，黃琳曾在秦檜秉國時獨自於太平樓上題詠「劚劍欲斬佞臣頭」之句，到元時仍為人所稱頌。黃溍年少時則無意仕進，好從隱者遊，為牟巘等人推重，兩試皆中但不願為官，又退隱家中。在這一部份中，危素對黃溍不志官場的氣節進行了讚揚，並且點出黃溍的氣節是來自於其家族血脈之間，前有黃琳不畏奸臣，而今有其後人黃溍承家族風骨，不墜先人之志，這也是對黃溍乃至整個黃氏一族的讚美。

〔註 231〕李修生主編：《全元文》卷一四七七，第四十八冊，鳳凰出版社，2004 年，頁 436。

第二部份危素敘述了黃溍的仕宦經歷。在敘述仕宦經歷之前，他先給出了黃溍出仕的理由——延祐年間復開科舉，縣吏強起就試，換句話說，黃溍出仕乃是被迫，非其本身所願，這就與上文黃溍不願出仕的高尚氣節相互吻合。但即便是被強迫參與科舉，黃溍仍以《太極賦》一舉成名、驚豔四座，這又說明了他本身才識過人。成為官吏之後，黃溍為官公正、清廉，危素援引了幾件具體事例作為說明，一是處置暴吏，平反冤獄；二是詔改鹽法後規措有法，無令官吏貪贓；三是將造船所餘還於百姓，又處置偽鈔、偽造文書等事。通過對這三件事的具體描述，危素向我們展現了黃溍為官清廉、斷獄果決而公正的形象。第三部份的重點則是在於對黃溍學術、文學成就以及為人操守的稱頌，危素記載了黃溍參與纂修三史之事，並對其為學、為文的特點進行了評價，最後又讚美黃溍的孝悌友愛、不好名利、不事矯飾、待人以誠的品行與性格。

從這三部份來看，危素其實是大致按照德、功、言的順序來對黃溍的一生進行了記錄，這三點內容恰好對應了墓碑文所宣揚的「三不朽」的價值觀念，元人對於「三不朽」的觀念也有所繼承，雖然三不朽的內涵與早期相比有所變化，但是對於德行、功勳、言行的讚美依然是墓碑文創作內容的主流，對於普通人來說，三不朽之中只要能夠做到其中一點就足以令其流芳百世，而危素筆下的黃溍不但有清高德行，也有為官清廉公允之功，更有修史作文這樣的立言功績，以一己之力而能夠在德、功、言三方面皆有建樹，這正是黃溍的與眾不同之處。

與孔思晦一樣，危素在刻畫黃溍時也使用了傳奇筆法，他稱黃溍為母親妊娠二十四月而生，出生時其母又夢見有大星入懷，這種「妊娠二十四月而生」的說法與古時候的某些傳說有關，傳聞黃帝之母附寶就是在懷胎二十四月之後才生下了黃帝，危素以此來寫黃溍，自然不是要將黃溍與黃帝相提並論，而是為了凸顯出其不同常人之處，為後文的敘述打下鋪墊而已，至於黃母是否真的懷胎二十四月，恐怕牽強附會的可能性更大一些。

這種傳奇筆法和靈異感應事件的描寫在危素的墓碑文中應用得比較多，如《桂先生碑》中，墓主桂義方之母妊娠之時，就夢見李淳風寄宿家中；桂義方的家族有入道傳統，其族人桂公武下葬後，家人在半夜聽到異動，第二天晨起時去墓旁查看，才發現棺中已空；其兄桂與信也是於終南山學道，坐化之後三日容色不變。這類寫作手法的應用更凸顯了墓主作為入道之人的神秘感。

三、以碑復禮，重史尚實

如果從學術角度來看，危素其實在宋、元、明之間的理學傳承中也應佔有一席之地，徐遠和在《理學與元代社會》中稱他為「元季陸學踵武者」，張東海則認為危素和會朱陸，下啟陽明心學。如果從學術淵源來說，危素的學術來源是較為複雜的，他曾學於吳澄、陳苑、李存、祝蕃、虞集、柳貫等等，融匯各家，《宋元學案》中也將其歸為蕃遠、草廬、俟庵門人，師山講友，另外危素還入靜明、寶峰學案，因此後世在探討危素思想時，大多都是以其主要的思想傾向為主，目前學界較為公認的說法是他和會朱陸、更多傾向陸學。但危素也反對盲目的門戶之見，在他看來，無論是朱學還是陸學，其治學立說的目的都是為了「明道樹教」，因此更不必水火不容、彼此敵視。此外，對於一些朱學末流支離、繁瑣而僵化的問題，危素也對此表示了批判。吳澄曾經以朱、陸二學之中的致用思想來矯正朱學的某些弊端，危素也接受、繼承了吳澄的這一觀點，治學講求致用〔註 232〕。

這種經世致用的學術思想很明顯也影響到了危素的文學思想，他在文學創作中也強調文的「致用」，文如何能夠致用？那就與文中所蘊含的「道」有關了。自唐宋以來，文與道的關係一直是文人們所重視探討的問題，韓愈、歐陽修與蘇軾等人都秉持文與道的一致性，但理學的出現使得文與道之間產生了對立，而二者的分立又造成了文章創作中的一些弊病，到了元代學者們開始反思金、宋兩代文章的不足之處，雖然反思的內容、角度各不相同，最後卻得出了趨向一致的結論，即文道相合、文理相融〔註 233〕。在這種風氣之下，危素對於文道關係的認知自然也受到了影響，在《與蘇參議書》一文中他曾經寫道：

> 蓋聞文為載道之器尚矣，道弗明何有於文哉。氣有升降，時有汙隆，而文隨之。六經之文，其理明，其言約，其事覈，弗可及矣。自是離文與道而為二，斯道亞微，文遂為儒者之末藝。雖其才之桀然若司馬遷、揚雄、班固，後世猶有議之者。陵夷至於隋唐，其弊極矣，昌黎韓子起而振之。至於宋，敝又極矣，廬陵歐陽子起而振之。歐陽子以為韓之功不在禹下，後之論者曰：歐陽子之功不在韓子之下。金

〔註 232〕關於危素的理學思想，詳見王若明：《危素研究》，北京師範大學博士學位論文，2019 年。

〔註 233〕查洪德：《文道離合與元代文學思潮》，《晉陽學刊》，2000 年第 5 期。

之亡，其文麤而肆；宋之亡，其文卑而冗；考其時概可知矣。皇元一四海，宗工鉅儒，磊落相望。閣下出於成均，踐揚清華，名在天下，則振之之力，有不在閣下者乎！（危素《與蘇參議書》）〔註 234〕

在這段文字中，危素非常鮮明地提出了當時人們對於「文以載道」這一觀念的推崇，他認為，欲作文章要先明道，文隨氣行，文隨時變，六經之文在於其先有所明之理，而以簡約之言、詳實之事作成，值得後人師法。但是六經之後，文與道分離，到了唐代，積弊甚重，韓愈、歐陽修重振文道，金末之文麤而肆，麤，即粗，疏也，肆者，陳也，宋末之文卑而冗，卑，庳也，冗，散也，危素既反對金末粗疏、放肆鋪陳之文，也反對宋末士格卑弱而冗長之文字，他所提倡的「文」，當是文筆簡約而道理自明，且內容覈實的文章。

文以載道，「道」的具體內涵為何，危素在其文章之中也給了我們解答：

古之人為言辭少文致，又時語不類，故為訓詁等文，似難為解，大約使通上下之情而已，非故為其辭異於時也。然其宣布號令，君臣之等，天倫之重，性情之懿，義理所在，炳如日星，含蓄萬變，無所不備。後之人雖劇於文辭，欲著論其說者不爾過，故其傳久不衰，而人宗師之……又其人間有為史官，秉筆為典策，載國家事盛衰傳後世者，其敘彝典，明善惡，果外於天人性命、仁義道德之說耶？（危素《白雲藁序》）〔註 235〕

文章之有功於世尚矣，烏可以為儒者之末技而輕之哉！自宓犧氏之先，吾不知其幾世幾年，其間雖人事簡質，風氣未開，然載籍無所稽，而鴻荒莫可詰。由後世觀之，無乃失之於野，而非先王御天下之意也。彼三墳、五典、八索、九丘，今不可得而見之矣。《詩》、《書》、《春秋》，具載四代之事，帝王之功業於是乎可考其大凡。於後歷世有史，其文人有別集，固汗牛馬而充棟宇，遊於書林藝圃，沛乎有餘哉。（危素《送鎦志伊採大元文乘序》）〔註 236〕

在危素看來，訓詁一類作品，看似難以理解，但是深究其內容則包含廣泛，

〔註 234〕李修生主編：《全元文》卷一四六八，第四十八冊，鳳凰出版社，2004 年，頁 148。

〔註 235〕李修生主編：《全元文》卷一四七一，第四十八冊，鳳凰出版社，2004 年，頁 252。

〔註 236〕李修生主編：《全元文》卷一四六九，第四十八冊，鳳凰出版社，2004 年，頁 169。

號令禮制，天倫性情，皆是義理，無所不備而經久不衰，這是文章之道；史官之筆，載國家興衰，使後人明善惡，這與天人性命、仁義道德之說並無差別，也是文章之道。危素將儒者與文學相聯繫，而儒者之文也當與史書一般有考鑑功業、明得失的實際用途，這樣才能有補與世，正如溫世亮在《危素文學思想與創作實踐平議》中所言，危素將文人也劃入了儒者的範圍之內，認為二者皆應擔負起「美刺時政、記錄歷史」的使命〔註 237〕。

因此，危素所言的「道」其實是一種較為寬泛的概念，既包括了各種性命道德、仁義禮制之說，也包含了對於史事制度的相關記載，在危素的文學創作之中，「道」的廣泛含義也有所展現，書寫現實就是危素詩文的一大特色，他常常在詩文作品中言及各種政治策略、科舉制度、風俗教化等問題，或抒發感慨，或發表見解，這是來自於危素內心對於政治、社會的關涉〔註 238〕。墓碑文雖然是以書寫墓主生平德行功績為主的文體，也同樣可以「載道」，墓碑文的道除了作者藉由墓主的生平德行、功績對於世人的教化與勸諫以外，還體現在兩方面：一是作者借墓碑文之題所想要發揮的內容，在危素的墓碑文中，這種發揮主要體現在對於禮制，尤其是喪禮的重視；二是文中對於史事的記載。

（一）以碑復禮

危素重禮之事，在前文我們就略有提及，他在為孔思晦所撰寫的神道碑中曾經多次寫到孔思晦尊奉禮制、維護宗法制度之事；在《宜興儲先生墓誌銘》中也提到墓主儲能謙在親人去世後哀毀盡禮，葬祭皆依《朱子家禮》之事。危素之所以特別在墓碑文中強調禮制問題，是出於對現實狀況的考慮。傳統的儒家禮制是與西周以來的宗法制度相關的，維持禮制的主要力量正是以世襲為主的貴族，但是唐末五代以來的變革使得貴族制度不復存在，因此到了宋代實行禮制的社會基礎發生了變化，在新的環境中想要向庶民階層推廣禮制，就必須要對傳統的禮制進行改造，使其適應時代發展的需求，這正是宋儒所致力之事〔註 239〕。元代為蒙古人統治政權，在喪葬嫁娶等方面多依從本俗，對民間也有一定影響，也為宋儒所推行的禮制帶來了巨大的衝擊，

〔註 237〕溫世亮：《危素文學思想與創作實踐平議》，《山西師大學報》（社會科學版），2015 年第 1 期。

〔註 238〕溫世亮：《危素文學思想與創作實踐平議》，《山西師大學報》（社會科學版），2015 年第 1 期。

〔註 239〕周與：《宋明儒者的禮教思想及其禮治實踐：以宗族思想為中心》，《安徽史學》，2018 年第 6 期。

尤其是危素所處的元明之際，沉浸日久，而染俗日重〔註 240〕，因此對於禮制恢復的強調更甚從前，危素自己也通過種種實踐來為此而努力。至正九年（1349）祭祀三皇時，危素為定撰樂章，十一年，危素任太常博士，為三皇祭祀定著儀文，又作《祭禮》一卷，頒行郡縣。危素還奏請順帝親祭南郊，另筑北郊祭地等，此外，他對於宗族建設也非常重視〔註 241〕。

在《元故都昌陳先生墓誌銘》中，危素談到了他對「禮」的看法：「先生之制禮，將以扶持人心，紀綱世教，為天下後世慮遠矣。周之所以興，漢之所以亡，視禮何如耳。生乎千載之下，遺經之未泯，僅十一於千百，何其不幸歟！學術既裂，以苟簡為俗，自非篤信好古之士，豈復講求於此者。」〔註 242〕禮對於危素來說，不僅僅是明面上的儀式，而是一種關係到匡扶人心、教化風俗、延及後世的重要制度，在他看來，周興是因為重視禮制，而漢亡則是因為禮制衰微，自聖人作禮樂之制以來，後世禮學分裂不似從前，到了元代僅存千百之十一，而世人皆以「苟簡」為俗，可見危素對於禮制漸泯的不滿。因此在具體的墓碑文創作之中，危素藉由其筆下的墓主，通過墓主對於遵行禮制之事頗為重視的態度來對禮制的復興進行宣揚，如《舒君師文墓碣銘》中，墓主舒棫在春秋祭祀之時往往恭恪執禮，子女冠笄時也必遵循儀式而行，《縣尹彭君墓誌銘》中墓主彭君也是喪葬皆以禮而行；除官吏、處士之外，對於女性乃至方外之人，危素也都強調其遵禮行為，如《元故薛君思永配倪夫人墓銘》中就寫有倪夫人「歲時祭祀，必躬親俎豆，無違於禮」〔註 243〕，而《普濟禪師光公塔銘》中，禪師光公少時在父母相繼去世之後也「哀慟服禮如成人」〔註 244〕。墓碑文是喪禮之中的重要環節，而喪禮又是禮制之中的重要一部份，因此墓碑文本身也與禮制息息相關；此外，沒有哪種文體能像墓碑文一樣人人皆需，而又刻諸石上使往來者皆能得見，所以在墓碑文中宣

〔註 240〕吳恩榮：《元代禮失百年與明初禮制變革》，《北京社會科學》，2016 年第 8 期。

〔註 241〕關於危素在禮制與宗族建設的實踐，詳可參見王若明：《危素研究》（北京師範大學博士學位論文 2019 年）與吳愫劼：《元明易代之際悲劇人物危素研究》（西北師範大學碩士學位論文，2013 年）。

〔註 242〕李修生主編：《全元文》卷一四八〇，第四十八冊，鳳凰出版社，2004 年，頁 513。

〔註 243〕李修生主編：《全元文》卷一四八〇，第四十八冊，鳳凰出版社，2004 年，頁 523。

〔註 244〕李修生主編：《全元文》卷一四八〇，第四十八冊，鳳凰出版社，2004 年，頁 524。

揚禮制是再好不過的選擇，這也是危素「明體適用」文學觀念的體現。

（二）重史尚實

《明史》之中記錄了危素投井未死一事：「素甫至而師入，乃趨所居報恩寺，入井。寺僧大梓力挽起之，曰：『國史非公莫知。公死，是死國史也。』素遂止。兵迫史庫，往告鎮撫吳勉輩出之，《元實錄》得無失。」〔註 245〕當然，後世學者多以此事來諷刺危素，不管這為國史偷生之事是否為真，但危素在客觀上確實對於保存《元實錄》起到了推動作用。任職史官的經歷使得危素對於史料的保存非常看重，在《故宋秘書監毛公墓表》中，危素就曾表示過對故宋舊事散逸的惋惜：「嗚呼！二王播遷於山窮海盡之域，宋之遺緒絕矣。當是時，其臣子從死者不可勝數，史家深哀其姓名之不傳。若公之死，猶有為之斂且葬，而其子婿又能歸其骨於三紀之後，則亦異乎泯沒無聞者。」〔註 246〕而危素不僅對於史料的保存與修史之事極為重視，在修史過程中也非常注重史料的真實性，《明史．危素傳》稱其「纂后妃等傳，事逸無據，素買餳餅饋宦寺，叩之得實，乃筆諸書，卒為全史。」〔註 247〕因此危素的墓碑文在內容上也有重史尚實的特點，由此也保存了不少元代相關的史料：

一是世祖爭位事。《忠嘉耶律公神道碑》〔註 248〕是作者為耶律希亮所作，耶律希亮為耶律鑄長子，憲宗命耶律鑄鉤考錢糧，而耶律鑄以希亮等諸子需受業於儒而攜其入燕。丙辰年（1256），憲宗召耶律鑄還和林議事，而希亮獨自留燕五年，後至六盤山，耶律鑄從南征。第二年憲宗薨逝，世祖忽必烈與阿里不哥爭奪汗位之戰正式拉開序幕，耶律希亮運輜重回山西，而阿里不哥與北方諸王遣使召。當時憲宗在蜀地，駐軍主將為渾都海，世祖即位後，召渾都海朝覲，渾都海不從，而耶律鑄拋棄希亮母子，只身投奔忽必烈處。渾都海知曉此事後遣百人精銳追趕而未及，因此派人監視耶律希亮等人，逼迫其從行，從靈夏渡河過應吉里城到西涼甘州。後兩軍交戰，阿藍答兒、渾都

〔註 245〕〔清〕張廷玉等：《明史》卷二八五，中華書局編輯部點校，中華書局，1974 年，頁 7315。

〔註 246〕李修生主編：《全元文》卷一四八〇，第四十八冊，鳳凰出版社，2004 年，頁 498。

〔註 247〕〔清〕張廷玉等：《明史》卷二八五，中華書局編輯部點校，中華書局，1974 年，頁 7315。

〔註 248〕李修生主編：《全元文》卷一四七七，第四十八冊，鳳凰出版社，2004 年，頁 425。

海皆死於戰爭，殘兵敗走北方，哈剌不華為主將，耶律希亮藏身沙陀之中，卻不慎暴露行蹤，有家中老婢告密，為軍所獲，然哈剌不華與耶律鑄為姻親，又曾在哈剌不華生病時有所關照，因此釋放希亮。希亮與兄弟一同抵達沙州北川，在雪中負重徒步而行，數次瀕臨死亡，至伊州過天川，窘迫困苦，又曾因病臥於民家。中統二年（1261），至葉密里城。大名王與宗王阿魯忽欲歸附世祖，希亮從之。中間又被阿里不哥軍隊所驅趕，西行至徹徹里澤剌之山，后妃輜重與其母、兄弟皆在此，單騎從行二百餘里。哈剌不華率兵追至，希亮又追隨二王，遷至不剌城西，哈剌不華中箭而死，盡殲其軍。至可失哈里城，阿里不哥兵馬又至，希亮出征，後世祖遣不華出至二王之處，耶律鑄言於世祖，稱其妻子皆留北邊。八月，耶律希亮終於得見世祖於上都，陳邊事及羈旅困苦。《元史·耶律希亮傳》基本是依據危素此文而寫成，危素對於耶律鑄棄家而歸世祖之事也進行了如實記錄，並沒有因其為父而為其避諱，正說明其「尚實」的特點。

二是江南訪賢事。元代平宋之後，南人地位較低且仕進較難，程鉅夫於至元十九年上書世祖，陳取會江南仕籍、通南北之選、給江南官吏俸祿等五事，皆為世祖所採納。二十三年，又連上幾疏諫言興建國學並於江南訪求遺逸一事，危素將程鉅夫幾封奏疏中的相關內容全部記入碑文之中，在疏中程鉅夫明確提出了要將南北人才視同一體而不應有所偏向的問題，這是針對當時元廷在江南的統治弊病所發的，其所言皆切中時弊，且程鉅夫一再強調了求賢的重要性，滿足了世祖當時求賢若渴的需求，因此此年四月，程鉅夫下江南，初召三十人，其中有二十餘人應詔，其中不僅有世祖密諭必致的趙孟藡與葉李，還包含趙孟頫、張伯淳、凌時中等，這二十餘人北上之後「立登清要之職」。從後人的角度來看，江南訪賢在元代歷史上是一件具有轉折意義的大事，其出發點雖然是為了籠絡民心、穩定政局，但是大批南士的北上也使得當時南北文風融合，並最終出現了仁宗時期的「儒治」局面〔註249〕。

三是桑哥秉政事。《古速魯公墓誌銘》〔註250〕是為達里麻吉而的而作，桑哥微時曾依附達里麻吉而的之父脫烈，世祖重用桑哥後，桑哥因嫉妒脫烈

〔註249〕關於江南訪賢事，可參見王樹林：《程鉅夫江南求賢所薦文人考》，《信陽師範學院學報（哲學社會科學版）》，1996年4月。

〔註250〕李修生主編：《全元文》卷一四八〇，第四十八冊，鳳凰出版社，2004年，頁498。

才能而將其構陷下獄，家中貲財被沒，其時達里麻吉而的年僅十八，受到牽連而入刑部，達里麻吉而的脫罪後奔赴闔中，桑哥仍欲害之，後桑哥因罪下獄，御史大夫以達里麻吉而的入見，世祖方知其父冤情。《文憲程公神道碑銘》中也記錄了與桑哥相關之事，至元二十六年程鉅夫復入朝，向世祖上奏罷相桑哥，因其以尚書省大興鉤考、損害民生，導致了當時嚴重的民變，桑哥大怒，將其拘留京師不加派遣，並先後六次欲殺害程鉅夫未遂。江南民變之事，我們在第三章曾經有所談及，與其前人阿合馬一樣，桑哥在尚書省掌政時，也與手下一同藉由鉤考之名，大肆漁獵百姓，使得當時民不聊生，民變也在此背景之下愈發嚴重，但是程鉅夫的上疏並沒有令世祖對桑哥進行處置，反而招致了桑哥的報復，也可見當時忽必烈對於桑哥的重用程度。

四是太后干政事。至順三年（1332）文宗去世時曾有遺命，令明宗長子，即後來的元順帝妥懽帖睦爾即位，但當時的權臣燕帖木兒自作主張，改立了明宗次子為帝，即元寧宗，然而寧宗當月即去世，燕帖木兒欲立文宗與卜答失里皇后次子為帝，但為卜答失里所拒，最終仍是由妥懽帖睦爾即位，但由於燕帖木兒私心，順帝直到第二年六月才得以登基，此間皆由卜答失里以皇太后名義臨朝稱制。卜答失里出身弘吉剌部，是魯王與魯國大長公主之女，身份貴重，後嫁與文宗為妃，文宗即位將其立為皇后，曾與宦官拜住謀殺明宗皇后、順帝嫡母八不沙，最終在順帝一朝因與伯顏合謀廢黜順帝而被褫奪尊號，最後死於東安州（《元史・卜答失里傳》）。作於洪武年間的《侍讀學士尚師簡神道碑》中就記錄了卜答失里太后構政時的一件事：

> 時皇太后搆政，分臺上都。監察御史劾議事官某，被劾者日讚禁中，皇太后怒甚。御史大夫脫不臺呂公至私第，曰：「國母將寘言官極刑，若為我書辭職之文。」公曰：「世祖皇帝立御史臺，首以公之祖居臺端。追崇先德，故以命公。今臺綱一旦廢墜，為公酣酗失政，乃欲辭職，可乎？」大夫不然，曰：「計將安出？」公請翼日集臺中，揚言曰：「御史臺，準繩之司，紀綱之地。紀綱正則朝廷肅，朝廷肅則天下治矣。有命必當伏闕力爭，否則姦人乘隙，公論自是掃地矣！」皆從其議。大夫曰：「非都事，不出此佳言！」於是聚臺中者三日，內外肅然，憸邪屏跡。〔註 251〕

〔註 251〕李修生主編：《全元文》卷一四七八，第四十八冊，鳳凰出版社，2004 年，頁 443。

御史臺乃是朝廷中重要的監察機關，其所設立的最終目的乃是為了肅正朝廷綱紀，但只因彈劾議事官一事，卜答失里竟要將言官處以極刑，幸得尚師簡等人之計，集解眾人以抗爭，最後才得以平息。元代末期皇位更迭頻繁，其背後又是後宮與權臣的勾結操縱，從危素的記載來看，卜答失里秉政時，任人唯親而不以法制為準，這無疑也加速了元末政治的腐化，走向滅亡也不過是早晚之事。

四、語言樸實，文筆簡潔

上一部份我們談到了危素的治學特點與文學思想，他強調文與道的結合統一，主張為文要經世致用、文以載道，在這種「實用」觀念的影響下，危素對於文章的語言風格也有自己的看法：

> 余嘗怪為古文者多用險語，以文義句讀異於時為工，非有合於古道者也。古之人為言辭少文致，又時語不類，故為訓詁等文，似難為解，大約使通上下之情而已，非故為其辭異於時也……下逮漢唐，以至今日，文之升降率與時等文古今誠不同，不外是理。理明辭達，今與古不異也。予為是說甚久，每欲從事二者之學，離其異而大同之，獨恨無才氣，不克自勵。(危素《白雲藁序》)〔註252〕

在危素看來，以奇險之語刻意為古文的行為是不符合「古道」的，何為古道？古道就是作文之道。倘使從「道」的角度來說，古今之文雖有不同，但是為文之理其實是相通的，以文明理的內涵與標準也是不變的，文章就應當直書性情或是蘊含義理，而非只在文辭一道下功夫，空疏夸美、虛飾文辭與奇險之語都是不可取的。有了充實文章的「道」，就會達到理明的層次，再上一層就是通過「辭達」來闡述理，所謂的辭達，即不為奇險、不刻意求新，而是語言樸實自然，文筆簡練省淨。

這種對於文章語言風格的認知也體現在危素的墓碑創作之中。危素的墓碑文以書寫墓主的生平事蹟為主，雖然目的仍是表現墓主的德行，但卻少有誇大溢美之辭，寫法上既不以駢儷繁縟為美，也不倡導詭譎奇險之語，語言平實儉樸，議論則緣於人、事而發。從篇幅來看，大部份墓碑文都在千字左右，甚至有些只有數百字，這在元代墓碑文中已經算得上是相當簡練了，之

〔註252〕李修生主編：《全元文》卷一四七一，第四十八冊，鳳凰出版社，2004年，頁252。

所以能夠做到文章簡練，是由於危素在敘事上能夠做到簡而有法，詳略得當。例如在《文憲程公神道碑》中，對於江南求賢一事，危素就花費了大量的篇幅和筆墨來進行記錄，甚至將程鉅夫的奏疏內容也錄入其中，但是對於其他事蹟則作簡要敘述，既突出了重點，也避免了文章冗長的弊病。再如《玄儒吳先生碑》，文章在描寫吳南壽與人唱和之時稱「庭有古梅一株，乃日與劉公誦詩讀書其下，倡和之作多傳於時」〔註 253〕，文字雖簡單，但是卻給了讀者以想像空間，家中庭院，古梅之下，與好友誦讀詩書，唱和往來，這種悠然自得的生活令人欣羡。

又如前文我們提到過的《文獻黃公神道碑》，危素以具體事例來說明黃溍為官果決公允：

> 有後母與僧通而酖殺其夫者，反誣夫前妻子所為。獄將成，公變衣冠陰察之，具知其姦僞，卒直其冤，遠近以為神明。巡兵捕盜販者急，遂沈鹽於河，帥衆以拒，巡兵怒，為取它私販事以實之。民有在盜籍者，謀乃劫殺，未行，邑大姓執之，以圖中賞格，初無獲財之左驗。事皆久不決。公為之疏剔，以其獄上，各論如本條，免死者三十餘人。（危素《文獻黃公神道碑》）〔註 254〕

在這段文字中，危素以非常簡約的文字記錄了三個案件，一是私通殺夫，二是巡兵補盜，三是補盜中賞，這三個案件其實每一件都可以展開來詳寫，但是危素並沒有選擇這樣敘述，而是簡要概括，通過這樣簡練的說明來凸顯黃溍斷案的果決公允，乾脆俐落，既節約了篇幅，也與人物刻畫相互照應。

危素的墓碑文雖然現存不多，但在其「致用」的學術思想影響下，他以樸實、簡潔之筆，刻畫了各不相同的墓主形象，為我們保存了許多元代的珍貴史料，而他在元明之際的遭遇，也為我們研究入明士人的心態提供了重要的依據。

〔註 253〕李修生主編：《全元文》卷一四七八，第四十八冊，鳳凰出版社，2004 年，頁 456。

〔註 254〕李修生主編：《全元文》卷一四七八，第四十八冊，鳳凰出版社，2004 年，頁 438。

結　語

從起源與發展的進程來看，墓碑文興起於先秦，在漢、唐兩代分別達到了兩個高峰期，第一個高峰期確立了墓碑文寫作的等級制度與逐節敷寫的規範，第二個高峰期使得墓碑文擺脫了一味頌美的狀態與華麗的駢體辭藻，成為一種兼具文獻價值與文學價值的散文文體，後世的研究者對於漢、唐兩代碑文的成就大都加以肯定。但是對於唐宋以後的碑文發展，學界看法不一，有學者認為元代處於墓碑文發展的「衰落期」〔註1〕，但是在筆者看來，與其說是「衰落期」，不如說是「穩定期」更為恰當一些，事實上，元代墓碑文在整個墓碑文發展史中處於一種「承上啟下」的地位。

首先，墓碑文是一種實用性文體，一類實用文體的衰落只能意味著它漸漸不再為人們所使用，但是事實上元、明、清三代墓碑文的創作仍然較多，按照我們的統計來看，僅元代一朝目前就有留存近三千篇左右的墓碑文，因此並不存在墓碑文逐漸不被使用的情況，「衰落」這種說法似乎欠妥。其次，從墓碑文的整體發展歷程來看，元代確實很難再出現如唐、宋兩代一樣巨大的革新與突破，包括其文章的基本要素、寫作手法、文章結構等大多都是繼承了前人的革新成果，但元人將前人的創新加以吸收、打磨，使之成為墓碑文創作的一種新規範，因此元代墓碑文實際上是進入了一個非常穩定的創作時期，同時由於特殊社會政治、經濟以及文化背景的影響，元代墓碑文也自有其獨具特色之處：

從文體來看，金元時期特殊的社會歷史背景使得先塋碑與新塋碑在元代

〔註1〕詳見劉絢蓓：《中國古代碑誌文研究》，華東師範大學碩士學位論文，2009年。

得到了發展，雖然兩種文體在較短的時間內出現、衰落，但這正是元代特殊的社會形態在墓碑文中所反映出的新變，兩種碑文的背後其實是宋元理學家所提出的新宗族從理論到實踐的具體反映，也是喪葬禮制得到復興的證明，先塋、新塋兩種碑刻並沒有伴隨元代的滅亡而就此消失，反而為明、清兩代所繼承，成為了後人明清宗族的重要史料。此外，《金石例》的出現標誌著碑文的創作已經有了專門的研究著作，碑碣的使用制度也再次得到了強調，寫作範式的總結是元人對於前人碑文寫作的歸納與學習，這在理論角度可以說是重要的進步，《金石例》雖然沒能在元代產生較大影響，但是明清兩代的金石研究之作無不公推此書為開研究先河之作，這也說明了《金石例》對於後世的深遠影響。

從墓碑文所記載的內容來看，無論是江南民變，還是處士生活，都反映了元代特殊背景所造就的社會生活，而有元一代的特殊性也為墓碑文帶來了前所未有的變化：大量少數民族墓主的出現以及對其家族世系、生平的記錄為我們提供了研究民族史以及民族融合的依據，寬鬆而富有包容性的宗教政策使得墓碑文中出現了大量官方與宗教交往的記錄，我們也從中窺得了宗教經濟在元代的發達程度，可以說，墓碑文中所展現的正是整個元代社會的縮影，而對於社會生活的記錄也賦予了碑文極高的文獻價值和時代特色。

作為散文體裁中的一種，墓碑文同時受到了當時各種文學風氣的影響。復古之風的興起與文以載道觀念的增強使得人們愈發強調文章的實用性，與「道德」「禮制」相關的碑文也成為了人們「載道」的重要途徑。自金末而傳下的「以碑存史」觀念，經過翰林國史院與奎章閣兩大文人群體的傳承與發揚，成為了碑文寫作的新原則，碑文也正式被承認為是史料的重要載體。元代的墓碑文既與以往相同，重視墓主本身形象的刻畫，但同時也非常看重墓碑文在史料保存上的功用，作家們往往會花費大量筆墨來描述政治事件、戰爭進程、制度改革等等內容，這也造就了元代墓碑文極高的文獻價值，我們可以從中找到大量記錄當時政治、經濟、軍事以及文化等各方面的材料，對於今人了解當時的社會政治等提供了有力的依據，這樣的寫作方式與認知觀念同樣影響了明人的碑文創作，這樣的寫作方式與認知觀念同樣影響了明人的碑文創作，明代唐宋派對於碑、史關係的觀點也很明顯受到了元人的影響〔註 2〕。

〔註 2〕劉朝華：《唐宋派的碑誌文理論研究》，遼寧大學碩士學位論文，2018 年。

此外，以事寫人的方式被元代作家與不同的篇章結構、描寫手法相結合，運用得非常成熟，敘述視角的增加使得墓碑文中常常出現抒情與議論的內容，理學的廣泛傳播使得元代墓碑文的教化作用得以凸顯，傳統的「忠孝節義」道德觀念在墓碑文中被一再強調，儒、釋、道相互融合的生死觀也在墓碑文中有所體現。

當然除了以上這些特點與成就以外，元代墓碑文也存在一定的局限：

一是曲筆迴護的現象依然存在。曲筆迴護這一現象的出現與墓碑文的功用相關，早期的銘文就是以記功德為己任，秦代的刻石也是為了銘表事跡功德，後世的墓碑文是為了記敘墓主功德而作，自然會以墓主生平的德行為主，再加上「死者為大」的傳統觀念，既是以死者為尊，那麼隱去一些死者生前不能表現其「德行」的事情，似乎成為了作者們之間的默契，這就是墓碑文寫作中「稱美而不稱惡」的原則，在這一原則的影響之下，諛墓，或者說是曲筆迴護的現象在古代墓碑文創作中可謂屢見不鮮，自蔡邕開始，人們就已經意識到了這一問題，後人對此也有所認識：

> 爰及近古，其言多偽。至於碑頌所勒，茅士定名，虛引他邦，冒為己邑。（劉知幾《史通．邑里》）〔註 3〕

到了唐宋，韓愈、歐陽修引入史傳創作手法，強調實錄精神，但是韓愈本人的墓碑文中也仍然存在諛墓情況，後人對此褒貶不一。元人雖然繼承了史傳的創作手法，墓碑文也尚「實」，但曲筆迴護的現象依然是無法避免的，即便有些作品雖然沒有一味歌功頌德，但是關於墓主本身或是涉及到帝王的某些事蹟依然會被隱去不談或是曲筆書寫。

如陳波在《〈元史〉訂補二題——兼及元人碑傳的諛墓與曲筆》〔註 4〕一文中就通過梳理董士選、石抹繼祖二人的碑傳以及《元史》中的相關記載來說明元人曲筆迴護的行為確實存在，董士選之碑誌成於吳澄與虞集之手，而石抹繼祖之碑則是由黃溍所書，這三位在元代均可稱之為碑文章大家，尤其是虞集，但是實際上其碑文對於墓主也多溢美之辭，而對其過失之處則視而不見。

造成這種曲筆現象的原因，一是墓主與作者之間有時為好友，友人去世

〔註 3〕〔唐〕劉知幾：《史通》卷五，《四部叢刊初編》本。

〔註 4〕陳波：《〈元史〉訂補二題——兼及元人碑傳的諛墓與曲筆》，《元史及民族與邊疆研究集刊》，2014 年 01 期。

為其作銘，自然希望能夠使其值得褒揚之處千古流芳；二是對於應請銘而作的作者來說，請銘人往往是通過各種關係或者奉上大筆錢財，以求家中長輩得到名人好評；三是有些涉及到帝王之事，不方便宣之於口，如《楊襄愍公神道碑》中有：「太后為之驚悔，而天子久亦覺其所譖毀皆先帝舊臣，滋不悅，未及有所論治而病死」一句，從上下文來看，這裡的天子所指的就是元英宗，但是從史實來看，英宗並非是病死，而是在「南坡之變」中為人所殺，或許是因為弒君一事不方便記載於此，所以虞集採用了病死的說法。

如此來看，其實曲筆迴護這一現象是很難避免的，墓主去世之後，孝子賢孫自希望其能流芳百世，永垂不朽，而作銘人礙於交情與財物，一般只擇取對於刻畫墓主正面形象有利的事件，至於一些不甚光彩之事，多半略去或是簡單一句概括，如果不是細緻梳理，有時也很難發現。元人對此也是多有批評：

> 為人子孫者，孰不欲其親之不朽哉？此銘誌所以作也。惟其一于不朽，故褒其美不本于理，侈其名弗顧其寔。為文辭者從而摭奇以動俗，伸此而詘彼，于是銘始不實於傳乎！（王沂《揮涕集序》）〔註5〕

這種曲筆迴護甚至是諛墓的現象使得墓碑文的文獻價值受到了一定的影響，後人在使用過程中有時也需要注意辨析。

元代墓碑文另一受人詬病之處在於其篇幅過長。林紓在《春覺齋論文》中就批判元人「竊以漢文肅，唐文贍，元文蔓，而昌黎碑記文字，又當別論，不能就唐文中繩尺求之……大抵碑版文字，造語必純古，結響必堅騫，賦色必雅樸。往往宜長句者必節為斷句，不多用虛字，則句句落紙，始見凝重。《平淮西碑》及《南海廟碑》，試取讀之，曾用十餘字為一句否？元人碑版文字最多，幾於敘入官中文字，則真不知古人裁製謹慎處。」

元代墓碑文從篇幅來講確實要遠多於前人之作，有些甚至倍之，如姚燧的《中書左丞姚文獻公神道碑》，全篇有六千餘字，這在整個墓碑文發展史上都是較為少見的長篇作品，元以前的墓碑文，唐代大約在一、兩千字之間，宋代稍多，但是如元代這般長篇大論者，在此之前實屬罕見。之所以會出現這樣的現象，大約和元人對於墓碑文的認識有關，元好問提出的「以碑存史」對元人產生了影響，在元代文人看來，墓碑文除了作為為已逝之人稱頌美德

〔註5〕李修生主編：《全元文》卷一八二二，第六十冊，鳳凰出版社，2004年，頁50。

之外，還有一個非常重要的作用就是保存史料，以供他日修史之用，因此在墓碑文中記錄越詳細，他日可供使用的材料也就越多，這也造成了其篇幅冗長的特點。

總體來說，墓碑文在元代進入了穩定期：從內容上來看，元人既重視對於墓主形象的塑造，同時也重視對於相關史料的保存。在塑造形象方面，元人繼承了唐宋以來的優良傳統，以散體為創作主流，注重對墓主形象的刻畫，以事寫人，並輔以多種描寫手法；在保存史料角度，除了書寫墓主的世系、生平以外，對於墓主事蹟與相關史料的記錄成為了墓碑文的重點。此外，元代墓碑文也不可避免地受到了元代散文復古風潮的影響，從風格上來看，前期南北兩地各有宗法，至中期開始，承自宋人的雅正風格成為了主流。元代墓碑文雖然在成就上並未能超越唐、宋兩代，但是其所反映的時代風貌、所獨有的鮮明特點仍使得元代墓碑文有其獨特價值所在。而元代在整個墓碑文發展史上其實起到了承上啟下之用，一方面，他們繼承了唐、宋、遼、金以來對於碑文的革新成果，並對其加以總結、概括，另一方面，元人將這些革新成果與時代風氣相結合，衍生出了新的發展，元明之際的文人如危素、宋濂、王禕等等，又以元人之筆來影響明人創作，起到了前後銜接的重要作用，明代的碑文，無論是在文體題名、創作風格或者文章功用角度，都很明顯受到了元人的影響。

參考文獻

一、基礎文獻

（一）經部

1. 〔春秋〕左丘明：《春秋左傳正義》，清嘉慶刊《十三經註疏》本，中華書局，2009 年。
2. 〔春秋〕孔子：《論語》，〔魏〕何晏集解，〔宋〕邢昺疏，清阮元校刻《十三經註疏》本，中華書局，2009 年。
3. 〔戰國〕孟子：《孟子註疏》，〔清〕阮元校刻《十三經註疏》本，中華書局，2009 年。
4. 〔漢〕許慎：《說文解字》卷九，〔宋〕徐鉉等校訂，《四部叢刊初編》本。
5. 〔漢〕鄭玄注、〔唐〕賈公彥疏：《周禮註疏》，〔清〕阮元校刻，中華書局，2009 年。
6. 〔宋〕朱熹：《家禮》，王燕均、王光照校點，《朱子全書》本，上海古籍出版社，2002 年。
7. 〔宋〕朱熹注：《詩集傳》，王華寶整理，鳳凰出版社，2007 年。
8. 〔清〕郝懿行：《鄭氏禮記箋》，齊魯書社，2010 年。
9. 〔清〕孫詒讓：《周禮正義》，中華書局，2013 年。
10. 〔清〕孫希旦：《禮記集解》，沈嘯寰、王星賢點校，中華書局，1989 年。
11. 〔清〕焦循：《孟子正義》，沈文倬點校，中華書局，1987 年。

（二）史部

1. 〔春秋〕左丘明：《國語集解》，中華書局，2002 年。

2. 〔漢〕司馬遷：《史記》，〔宋〕裴駰集解，〔唐〕司馬貞索隱，〔唐〕張守節正義，中華書局編輯部點校，中華書局，1982 年。
3. 〔漢〕班固：《漢書》，〔唐〕顏師古注，中華書局編輯部點校，中華書局，1962 年。
4. 〔北魏〕酈道元：《水經注》，陳橋驛校證，中華書局，2007 年。
5. 〔南朝宋〕范曄：《後漢書》，〔唐〕李賢等注，中華書局編輯部點校，中華書局，1965 年。
6. 〔梁〕沈約：《宋書》，中華書局，1974 年。
7. 〔唐〕魏徵、令狐德棻：《隋書》，中華書局編輯部點校，中華書局，1973 年。
8. 〔唐〕李百藥：《北齊書》，中華書局編輯部點校，中華書局，1972 年。
9. 〔唐〕劉知幾：《史通》，《四部叢刊初編》本。
10. 〔唐〕張蘊：《高士傳》，《龍溪精舍叢書》本。
11. 〔後晉〕劉昫等：《舊唐書》，中華書局編輯部點校，中華書局，1975 年。
12. 〔元〕脫脫：《金史》，中華書局編輯部點校，中華書局，1975 年。
13. 〔元〕脫脫：《宋史》，中華書局編輯部點校，中華書局，1985 年。
14. 〔元〕無名氏：《元典章》，陳高華等點校，中華書局、天津古籍出版社，2011 年。
15. 〔元〕蘇天爵輯撰：《元朝名臣事略》，中華書局，1996 年。
16. 〔明〕宋濂：《元史》，中華書局編輯部點校，中華書局，1976 年。
17. 〔明〕陳邦瞻：《元史紀事本末》，王樹民點校，中華書局，2015 年。
18. 〔清〕張廷玉等：《明史》，中華書局編輯部點校，中華書局，1974 年。
19. 〔清〕永瑢等：《四庫全書總目》，中華書局，1965 年。
20. 〔民國〕耿之光、王桂照修，王重民纂：《無極縣誌》，《中國方志叢書》影印本，成文出版社，1976 年。
21. 〔民國〕王金岳等修纂：《昌樂縣續誌》，成文出版社，民國二十三年。

（三）子部

1. 〔唐〕封演：《封氏聞見記》，趙貞信校注，中華書局，2005 年。
2. 〔宋〕普濟：《五燈會元》，蘇淵雷點校，《中國佛教典籍選刊》，中華書局，1984 年。

3. 〔清〕王先謙：《荀子集解》，沈嘯寰、王星賢點校，中華書局，1988 年。

（四）集部

1. 〔晉〕摯虞：《文章流別論》，《歷代文話續編》，余祖坤編，鳳凰出版社，2013 年。
2. 〔梁〕劉勰：《文心雕龍》，陸侃如、牟世金譯註，齊魯書社，2009 年。
3. 〔梁〕蕭統編：《文選》，〔唐〕李善校注，上海古籍出版社，1986 年。
4. 〔唐〕歐陽詢等：《藝文類聚》，《影印文淵閣四庫全書》本。
5. 〔唐〕韓愈：《韓愈文集彙校箋註》，劉真倫、岳珍校注，中華書局，2010 年。
6. 〔宋〕李昉等編：《文苑英華》，中華書局，1982 年。
7. 〔宋〕姚鉉：《唐文粹》，吉林人民出版社，1998 年。
8. 〔宋〕曾鞏：《曾鞏集》，陳杏珍、晁繼周點校，中華書局，1995 年。
9. 〔宋〕呂祖謙：《宋文鑒》，吉林人民出版社，1998 年。
10. 〔宋〕鄭思肖：《心史》，《鄭思肖集》，上海古籍出版社，1991 年。
11. 〔元〕姚燧：《姚燧集》，查洪德編輯點校，人民文學出版社，2011 年。
12. 〔元〕歐陽玄：《歐陽玄集》，魏崇武、劉建立點校，《元代別集叢刊》，吉林文史出版社，2009 年。
13. 〔元〕潘昂霄：《金石例》，淮建利點校《金石三例》本，中州古籍出版社，2015 年。
14. 〔元〕蘇天爵：《元文類》，吉林人民出版社，1998 年。
15. 〔明〕吳訥、徐師曾：《文章辨體序說　文體明辨序說》，于北山、羅根澤校點，人民文學出版社，1998 年。
16. 〔明〕王行：《墓銘舉例》，淮建利點校《金石三例》本，中州古籍出版社，2015 年。
17. 〔清〕薛熙：《明文在》，吉林人民出版社，1998 年。
18. 〔清〕顧炎武：《金石文字記》，《影印文淵閣四庫全書》本。
19. 〔清〕黃宗羲：《金石要例》，淮建利點校《金石三例》本，中州古籍出版社，2015 年。
20. 〔清〕阮元、畢沅：《山左金石志》，《石刻史料新編》第十九冊，新文豐出版公司，1977 年。

21. 〔清〕梁玉繩：《志銘廣例》，槐廬叢書初編本。
22. 〔清〕姚鼐：《古文辭類纂》，吉林人民出版社，1998 年。
23. 〔清〕葉昌熾：《語石》，韓銳校注，今日中國出版社，1995 年。
24. 〔清〕董誥等編：《全唐文》，中華書局，1992 年。
25. 〔清〕嚴可均輯：《全上古三代秦漢三國六朝文》，中華書局，1958 年。
26. 〔清〕黃本驥：《黃本驥集》，嶽麓書社，2009 年。
27. 陳垣編纂：《道家金石略》，陳智超、曾慶瑛校補，文物出版社，1988 年。
28. 北京圖書館金石組：《北京圖書館藏中國歷代石刻拓本彙編》，中州古籍出版社，1989 年。
29. 楊世鈺主編：《大理叢書．金石篇》，中國社會科學出版社，1993 年。
30. 閻鳳梧主編：《全遼金文》，山西古籍出版社，2002 年。
31. 國家圖書館善本金石組編：《遼金元石刻文獻全編》，北京圖書館出版社，2003 年。
32. 李修生主編：《全元文》，鳳凰出版社，2004 年。
33. 王宗昱：《金元全真教石刻新編》，北京大學出版社，2005 年。
34. 曾棗莊，劉琳主編：《全宋文》，上海辭書出版社，2006 年。
35. 劉澤民、李玉明主編：《三晉石刻大全　陽泉市盂縣卷》，三晉出版社，2010 年。
36. 鄭嘉勵、梁曉華：《麗水宋元墓誌集錄》，浙江古籍出版社，2013 年。

二、研究專著

1. 鄭振鐸：《插圖本中國文學史》，人民文學出版社，1957 年。
2. 游國恩等主編：《中國文學史》，人民文學出版社，1964 年。
3. 劉大傑：《中國文學發展史》，上海古籍出版社，1982 年。
4. 陳垣：《南宋初河北新道教考》，中華書局，1989 年。
5. 褚斌傑：《中國古代文體概論》，北京大學出版社，1990 年。
6. 鄧紹基：《元代文學史》，人民文學出版社，1991 年。
7. 韓兆琦：《中國傳記文學史》，河北教育出版社，1992 年。
8. 徐遠和：《理學與元代社會》，人民出版社，1992 年。
9. 謝無量：《中國大文學史》，臺灣中華書局，1993 年。

10. 蘇魯格、宋長紅：《中國元代宗教史》，人民出版社，1994 年。
11. 安徽省地方志編纂委員會：《安徽省志·軍事志》，安徽人民出版社，1995 年。
12. 浦安迪：《中國敘事學》，陳玨整理，北京大學出版社，1996 年。
13. 李道英：《八大家古文選注集評》，廣西師範大學出版社，1996 年。
14. 宋佩韋：《明文學史》，上海書店，1996 年。
15. 譚其驤主編：《中國歷史地圖集》第七冊，中國地圖出版社，1996 年。
16. 卿希泰主編：《中國道教史》第 3 卷，四川人民出版社，1996 年。
17. 譚其驤主編：《中國歷史地圖集》，中國地圖出版社，1996 年。
18. 羅賢佑：《元代民族史》，四川民族出版社，1996 年。
19. 郎溪縣地方志編纂委員會：《郎溪縣志》，方志出版社，1998 年。
20. 楊劍宇編著：《中國歷代宰相錄》，上海文化出版社，1999 年。
21. 陳蘭村主編：《中國傳記文學發展史》，語文出版社，1999 年。
22. 羅斯寧、彭玉平：《宋遼金元文學史》，中山大學出版社，1999 年。
23. 郭預衡主編：《中國古代文學史長編》，首都師範大學出版社，2000 年。
24. 吳松弟：《中國人口史》，復旦大學出版社，2000 年。
25. 蕭啟慶：《論元代蒙古人之漢化》，《20 世紀中華學術經典文庫》中國古代史卷，蘭州大學出版社，2000 年。
26. 金宜久主編：《伊斯蘭教小詞典》，上海辭書出版社，2001 年。
27. 查洪德、李軍著：《元代文學文獻學》，中國社會科學出版社，2002 年。
28. 陳戍國：《中國禮制史·元明清卷》，湖南教育出版社，2002 年。
29. 趙超：《古代墓誌通論》，紫禁城出版社，2003 年。
30. 楊鐮：《元詩史》，人民文學出版社，2003 年。
31. 陳戰國、強昱：《超越生死——中國傳統文化中的生死智慧》，河南大學出版社，2004 年。
32. 郭英德：《中國古代文體學論稿》，北京大學出版社，2005 年。
33. 桂棲鵬：《浙江通史》元代卷，浙江人民出版社，2005 年。
34. 孟昭華、王涵：《中國民政通史》，中國社會出版社，2006 年。
35. 章培恒、駱玉明：《中國文學史新著》，復旦大學出版社，2007 年。
36. 史金波：《西夏社會》下，上海人民出版社，2007 年。

37. 王其禕、周曉薇編：《隋代墓誌銘匯考》，線裝書局，2007 年。
38. 牛汝極：《十字蓮花—中國元代敘利亞文景教碑銘文獻研究》，上海古籍出版社，2008 年。
39. 姬沈育：《一代文宗虞集》，中國社會出版社，2008 年。
40. 陳高華等：《元代文化史》，廣東教育出版社，2009 年。
41. 于景祥、李貴銀編著：《中國歷代碑誌文話》，遼海出版社，2009 年。
42. 張國旺：《元代榷鹽與社會》，天津古籍出版社，2009 年。
43. 譚曉玲：《衝突與期許——元代女性社會角色與倫理觀念的思考》，南開大學出版社，2009 年。
44. 馮爾康：《中國宗族史》，上海人民出版社，2009 年。
45. 馬積高、黃鈞主編：《中國古代文學史》，人民文學出版社，2009 年。
46. 毛遠明：《碑刻文獻學通論》，中華書局，2010 年。
47. 陳谷嘉：《元代理學倫理思想研究》，湖南大學出版社，2010 年。
48. 賴永海主編：《中國佛教通史》，江蘇人民出版社，2010 年。
49. 羅鷺：《虞集年譜》，鳳凰出版社，2010 年。
50. 錢基博：《中國文學史》，上海古籍出版社，2011 年。
51. 胡曉明：《中國文論的文体論》，華東師範大學出版社，2011 年。
52. 曾棗庄：《中國古代文体分類學》，上海人民出版社，2012 年。
53. 徐吉軍：《中國喪葬史》，武漢大學出版社，2012 年。
54. 程越：《金元時期全真道宮觀研究》，齊魯書社，2012 年。
55. 葛兆光：《中國思想史》，復旦大學出版社，2013 年。
56. 吴承學：《中國古代文体形態研究》，北京大學出版社，2013 年。
57. 白壽彝、陳得芝主編：《中國通史》第八卷，上海人民出版社，2013 年。
58. 浦江清：《浦江清中國文學史講義》，吉林人民出版社，2013 年。
59. 幺書儀：《元代文人心態》，人民文學出版社，2013 年。
60. 雲峰：《民族文化交融與元代詩歌研究》，內蒙古大學出版社，2013 年。
61. 李真瑜、田南池、房春草：《中國散文通史．宋金元卷》，安徽教育出版社，2013 年。
62. 邱江寧：《奎章閣文人群體與元代中期文學研究》，人民出版社，2013 年。
63. 喬衛平：《中國教育通史》宋遼金元卷下，北京師範大學出版社，2013 年。

64. 程千帆、吳志達：《元代文學史》，武漢大學出版社，2013 年。
65. 余來明：《元代科舉與文學》，武漢大學出版社，2013 年。
66. 秦泉主編：《中國茶經大典》，汕頭大學出版社，2014 年。
67. 白壽彝總主編，陳得芝主編：《中國通史》，上海人民出版社，2015 年。
68. 黃人：《中國文學史》，蘇州大學出版社，2015 年。
69. 張延昭：《元代儒學教化研究》，中國社會科學出版社，2015 年。
70. 劉永海：《蘇天爵研究》，人民出版社，2015 年。
71. 吳梅：《遼金元文學史》，《民國專題史叢書》，河南人民出版社，2016 年。
72. 屈廣燕：《文化傳輸與海上交往——元明清時期浙江與朝鮮半島的歷史聯繫》，海洋出版社，2017 年。
73. 張希清等主編：《中國科舉制度通史．遼金元卷》，上海人民出版社，2017 年。
74. 趙超：《中國古代石刻概論》，中華書局，2019 年。

三、期刊論文

1. 黃文弼：《亦都護高昌王世勳碑復原並校記》，《文物》，1964 年 02 期。
2. 孫克寬：《元儒蘇天爵學行述評》，《元代漢文化之活動》，臺灣中華書局，1969 年。
3. 袁國藩：《元代真大道教考》，《宋遼金元史研究論集》（《大陸雜誌史學叢書》第四輯第四冊），大陸雜誌社，1975 年。
4. 黃寬重：《宋元襄樊之戰》，（《大陸雜誌史學叢書》第四輯第四冊），大陸雜誌社，1975 年。
5. 周清澍：《汪古部事輯》，《中國蒙古史史學會會議論文集》，1979 年。
6. 葉新民：《元代的欽察、康里、阿速、唐兀衛軍》，內蒙古社會科學，1983 年 06 期。
7. 范寧：《淺談元代散文》，《光明日報》，1984 年 11 月 27 日。
8. 〔日〕萩原淳平：《木華黎國王的探馬赤軍》，《世界民族》，1985 年 02 期。
9. 莊春波：《論李璮》，《東嶽論叢》，1985 年第 6 期。
10. 洪書雲：《元代養馬業初探》，《鄭州大學學報》，1986 年 01 期。

11. 張洪印：《河北易縣發現元代張弘範墓誌》，《文物》，1986 年 02 期。
12. 蘇北海：《元代克烈部考》，《新疆師範大學學報》，1987 年 01 期。
13. 姜緯堂：《北京牛街禮拜寺阿拉伯文墓碑來歷質疑》，《文物》，1987 年 11 期。
14. 楊志玖：《古速魯氏非回回辨》，《寧夏社會科學》，1988 年 03 期。
15. 劉盛林：《牛街禮拜寺的篩海墳及阿文墓碑無可置疑—與姜緯堂同志商榷》，《文物》，1988 年 10 期。
16. 王宗維：《高昌回鶻亦都護家族及其遷居永昌始末》，《新疆社會科學》，1989 年第 2 期。
17. 張鐵山：《我國收藏刊佈的回鶻文文獻及其研究》，《新疆社會科學》，1989 年 04 期。
18. 楊正清：《論元初浙東楊鎮龍起義》，《史學月刊》，1989 年第 6 期。
19. 章明壽：《古代碑誌文的延續與發展》，《淮陰師專學報》，1990 年第 2 期。
20. 張夢新：《元代散文簡論》，《杭州大學學報》，1990 年 04 期。
21. 楊懷中：《元代東來的回回世家》，《回族研究》，1991 年第 1 期。
22. 李紹平：《宋遼金三史的實際主編歐陽玄》，《湖南師範大學社會科學學報》，1991 年 01 期。
23. 楊懷中：《元代東來的回回世家（續）》，《回族研究》，1991 年第 2 期。
24. 李志剛，徐正英：《歐陽修碑銘文基本特徵簡論》，《殷都學刊》，1991 年第 3 期。
25. 王鍔：《〈寰宇訪碑錄〉及其補作》，《圖書與情報》，1992 年第 1 期。
26. 〔日〕池內功：《元代的蒙漢通婚及其背景》，《世界民族》，1992 年 03 期。
27. 陳曉芬：《論歐陽修碑誌文的文學意義》，《楚雄師專學報》，1992 年第 2 期。
28. 何兆吉：《雍古馬氏家族源流考略》，《西北第二民族學院學報（哲學社會科學版）》，1993 年第 2 期。
29. 張雲：《答失蠻其人及其經略吐蕃考實》，《中國邊疆史地研究》，1993 年第 4 期。
30. 劉夢初：《歐陽玄和他的詩文理論》，《求索》，1994 年 06 期。

31. 波・少布：《元朝的馬政制度》，《黑龍江民族叢刊》，1995 年 03 期。
32. 王樹林：《程鉅夫江南求賢所薦文人考》，《信陽師範學院學報（哲學社會科學版）》，1996 年 4 月。
33. 陳得芝：《論宋元之際江南士人的思想和政治動向》，《南京大學學報（哲學・人文・社會科學）》，1997 年第 2 期。
34. 江湄：《歐陽玄與元代史學》，《北京師範大學學報（社會科學版）》，1997 年第 3 期。
35. 程章燦：《墓誌銘的結構與名目——以唐代墓誌銘為例》，《古籍整理研究學刊》，1997 年 06 期。
36. 王大方：《元代竹溫臺碑初考》，《文物》，1997 年 06 期。
37. 黃寬重：《宋史研究的重要史料——以大陸地區出土宋人墓誌資料為例》，《新史學》，1998 年第 2 期。
38. 衷爾鉅：《理學「衣缽海外傳」的歐陽玄》，《孔子研究》，1998 年 04 期。
39. 朱雲鵬：《宋代宮觀的田產及其經營》，《中國經濟史研究》，1999 年第 1 期。
40. 陳乃雄、楊傑：《烏日根塔拉遼墓出土的契丹小字墓誌銘考釋》，《西北民族研究》，1999 年第 2 期。
41. 查洪德：《談談元代散文的評價》，《古典文學知識》，1999 年第 2 期。
42. 呂海春：《長眠者的自畫像——中國古代自撰類墓誌銘的歷史變遷及其文化意義》，《中國典籍與文化》，1999 年 03 期。
43. 查洪德：《虞集的學術淵源與文學主張》，《殷都學刊》，1999 年 04 期。
44. 查洪德：《虞集的詩文成就》，《殷都學刊》，2000 年 01 期。
45. 姚乃文：《論元好問的散文成就》，《晉陽學刊》，2000 年第 3 期。
46. 查洪德：《元代學術流變與詩文流派》（《殷都學刊》，2000 年第 3 期。
47. 查洪德：《文道離合與元代文學思潮》，《晉陽學刊》，2000 年第 5 期。
48. 程越：《金元時期全真道的宮觀經濟》，《民族史研究》，2001 年 01 期。
49. 額爾德木圖：《論元代蒙古族喪葬風俗》，《內蒙古民族大學學報（社會科學版）》，2001 年第 1 期。
50. 李治安：《元世祖朝鉤考錢穀述論》，《歷史教學》2001 年 02 期。
51. 李強：《漫談宋代文人的碑誌創作觀》，《語文知識》，2002 年第 2 期。

52. 張慧禾：《儒家孝文化：碑誌文體的文化意蘊》，2003 年第 4 期。
53. 陳鴻鈞：《廣州出土一方元代蕃客墓碑——兼述廣州阿拉伯文石刻》，《羊城今古》，2003 年第 4 期。
54. 肖瑞峰、楊潔琛：《論「大手筆」張說的散文》，《清華大學學報》，2003 年 06 期。
55. 劉曉：《耶律鑄夫婦墓誌札記》，《暨南史學》，2004 年 00 期。
56. 路曉軍：《中國傳統文化的生死觀》，《求索》，2004 年 06 期。
57. 魏崇武：《20 世紀的理學與元代文學之關係研究評述》(《東方論壇》，2004 年第 4 期。
58. 羅賢佑：《許衡、阿合馬與元初漢法、回回法之爭》，《民族研究》，2005 年 05 期。
59. 程彤：《杭州鳳凰寺波斯文阿拉伯文碑銘—兼談元代穆斯林在杭州的足跡》，《上海文博論叢》，2006 年 01 期。
60. 于賡哲：《割股奉親緣起的社會背景考察——以唐代為中心》，《史學月刊》，2006 年 02 期。
61. 王永：《史家意識與遺民情懷——元好問碑誌文新論》，《民族文學研究》，2006 年 02 期。
62. 孟繁清：《關於鐵木迭兒的幾個問題》，《中國史研究》，2006 年 04 期。
63. 嚴春華：《論中唐碑誌文之題》，《唐都學刊》，2006 年 11 月，第 22 卷第 6 期。
64. 鄭炳林，張全民，穆小軍：《唐李恪墓誌銘考釋與有關問題研究》，《敦煌學輯刊》，2007 年 03 期。
65. 王久宇，王鍇：《阿城金代貴族墓碑的發現和考證》，《北方文物》，2007 年 04 期。
66. 喬芳：《元好問碑誌文分類研究》，《江蘇大學學報》，2007 年 7 月，第 9 卷第 4 期。
67. 李鳴飛：《試論元武宗朝尚書省改革的措施及其影響》，《中國民族邊疆研究》2008 年 00 期。
68. 邱佳慧：《從「請銘」與「撰銘」探究宋代社會的倫常關係》，《東華人文學報》，2008 年第 12 期。

69. 吉文斌：《歐、王碑誌文比較論》，《重慶三峽學院學報》，2008 年第 1 期，第 24 卷。
70. 韓傳強：《生存與超越——論〈金剛經〉之終極關懷》，《佛學研究》，2008 年 02 期。
71. 陸芸：《元代伊斯蘭教在中國東南沿海的傳播與發展》，《西北民族大學學報（哲學社會科學版）》，2008 年第 6 期。
72. 許婷婷：《溧水元代容國公容國夫人墓碑摭談》，《南京藝術學院學報（美術與設計版）》2008 年 06 期。
73. 李貴銀：《庾信碑誌文淺議》，《遼寧大學學報》，2008 年 9 月，第 36 卷第 5 期。
74. 陳麗娟：《元稹碑誌文研究》，《現代語文》，2008 年 10 期。
75. 孟繁清：《蘇天爵墓址考》，《中國史研究》，2009 年 01 期。
76. 邱江寧：《奎章閣文人與元代文壇》，《文學評論》，2009 年 01 期。
77. 徐海容：《秦漢碑誌文體研究》，《唐都學刊》，2009 年第 2 期。
78. 張沛之：《元代康里阿沙不花家族的社會網絡與文化傾向》，《內蒙古師範大學學報（哲學社會科學版）》，2009 年 03 期。
79. 周雪根：《〈國朝文類〉研究芻議》，《江西師範大學學報（哲學社會科學版）》，2009 年第 4 期。
80. 李舜臣、何雲麗：《論江右文化對虞集的影響》，《江西師範大學學報（哲學社會科學版）》，2009 年第 5 期。
81. 慈波：《潘昂霄〈金石例〉小考》，《江西科技師範學院學報》，2009 年 6 月第 3 期。
82. 楊繼紅：《論蒙元時期欽察人土土哈家族》，《內蒙古農業大學學報》，2009 年第 3 期。
83. 馬娟：《元代高昌偰氏家族再探》，《北方民族大學學報》，2009 年第 4 期。
84. 周雪根：《〈國朝文類〉研究芻議》，《江西師範大學學報（哲學社會科學版）》，2009 年第 4 期。
85. 劉春霞：《葉適碑誌文探析》，《廣東廣播電視大學學報》，2009 年第 5 期。
86. 任環：《論張說對傳統碑誌文的變革》，《邊疆經濟與文化》，2009 年第 8 期。

87. 嚴春華：《從碑誌文看中唐時期的私學與家學》，《紀念〈教育史研究〉創刊二十周年論文集（3）——中國教育制度史研究》，2009 年 9 月。
88. 賴天兵：《關於元代設於江淮／江浙的釋教都總統所》，《世界宗教研究》，2010 年第 1 期。
89. 岳振國：《元代維吾爾族文學家馬祖常的碑誌文研究》，《西北民族大學學報》，2010 年第 2 期。
90. 劉政：《元代商業繁榮高及其原因》，《南京林業大學學報（人文社會科學版）》，2010 年第 3 期。
91. 史偉：《元初江南的遊士與干謁》，《江西社會科學》，2010 年 09 期。
92. 喬芳：《從碑誌文看元好問的政治、社會價值觀念》，《江蘇大學學報》，2010 年 11 月，第 12 卷第 6 期。
93. 王磊、張法瑞：《略論元代的馬政》，《古今農業》，2011 年 01 期。
94. 丁超：《元代大都地區的農牧矛盾與兩都巡幸制度》，《清華大學學報》（哲學社會科學版），2011 年第 2 期。
95. 查洪德：《姚燧文章特色論》，《文學與文化》，2011 年 03 期。
96. 羅海燕：《契丹石抹家族在元代的變遷》，《黑龍江民族叢刊》，2011 年第 3 期。
97. 夏當英：《成吉思汗禮遇丘處機分析——以權力與宗教互動的視角》，2011 年第 3 期。
98. 王力春：《元人沙剌班考》，《北方論叢》，2011 年第 3 期。
99. 屈寧：《蘇天爵與元代史學》，《史學集刊》，2011 年第 3 期。
100. 魏文豔：《論劉辰翁的碑誌文》，《文學界》，2011 年 04 期。
101. 李貴銀：《論歐陽修以史筆為碑誌的成就》，《社會科學輯刊》，2011 年第 4 期。
102. 徐海容：《唐代碑誌文商品化傾向與文體嬗變》，《北方論叢》，2011 年第 4 期。
103. 蔣振華：《金元碑誌體散文的文化價值考察——以道教人士碑誌為中心》，《學術研究》，2011 年第 7 期。
104. 劉濤：《論南朝碑誌文的嬗變與撰述》，《山西師大學報》，2011 年 7 月，第 38 卷第 4 期。

105. 俞樟華、郭亞磊：《略論姚燧墓誌銘的史傳文學價值》，《荊楚理工學院學報》，2011 年 08 期。
106. 邱建智：《近百年來的墓誌起源與發展研究之回顧》，《早期中國史研究》第三卷第二期，2011 年 12 月。
107. 查洪德：《元代文壇風氣論》，《第二屆元上都遺址與文化研討會論文集》，2012 年。
108. 劉成群、烏麗亞·米吉提：《從牙刺瓦赤到阿合馬——元初回回政治集團間的衝突與權力轉化》，《西夏研究》，2012 年 01 期。
109. 王子今：《漢末政治風暴與「處士」的文化表現》，《社會科學》，2012 年第 1 期。
110. 魏崇武：《論郝經文體分類的特色及價值》，《社會科學研究》，2012 年 01 期。
111. 魏崇武：《論蒙元初期散文的宗韓之風》，《西南民族大學學報》（人文社會科學版），2012 年第 2 期。
112. 申萬里：《元初江南士人的懷舊情結初探》，《武漢大學學報》，2012 年第 2 期。
113. 趙文坦：《蒙元時期衍聖公襲封考》，《孔子研究》，2012 年 02 期。
114. 王梅堂：《元代答祿乃蠻氏先塋碑的文獻價值》，《黃河科技大學學報》，2012 年第 3 期。
115. 邱江寧：《「一代斗山」虞集論》，《文學評論》，2012 年 03 期。
116. 繆君君：《元好問「以碑存史」的碑誌文研究》，《考試週刊》，2012 年第 4 期。
117. 魏崇武：《試論蒙古前四汗時期的儒道關係》《廣州城市職業學院學報》，2012 年第 4 期。
118. 趙永平：《論陸游所撰碑誌文》，《江蘇教育學院學報》，2012 年 9 月，第 28 卷第 5 期。
119. 王長順：《墓碑誌文學性及其在唐代的嬗變——以陝西新出土墓碑誌文為重點的考察》，《咸陽師範學院學報》，2012 年 9 月，第 27 卷第 5 期。
120. 吳夏平：《唐著作郎官與碑誌文考論》，《古籍整理研究學刊》，2012 年 11 月第 6 期。

121. 熊燕軍：《戰略錯位與宋蒙（元）襄樊之戰——從南宋援襄諸軍的構成談起》，《宋史研究論叢》，2013 年 00 期。
122. 李貴銀：《論歐陽修的碑誌文創作觀》，《中國古代文學理論學會會議論文集》，2013 年。
123. 徐海容：《論初唐碑誌文的形成機制及歷史演變》，《求索》，2013 年 03 期。
124. 徐海容：《論白居易碑誌文的淑世情懷和時代精神》，《文藝評論》，2013 年 6 月。
125. 陳金鳳：《元世祖尊重龍虎山天師張宗演的政治意蘊》，宜春學院學報，2013 年第 10 期。
126. 喬芳：《再論遺山碑誌文的史料學價值——以「元妃干政」與「權臣誤國」為例》，《文藝評論》，2013 年 12 月。
127. 徐海容：《論晚唐碑誌文的發展變化》，《深圳大學學報》，2014 年 1 月，第 31 卷第 1 期。
128. 陳波：《〈元史〉訂補二題——兼及元人碑傳的諛墓與曲筆》，《元史及民族與邊疆研究集刊》，2014 年 01 期。
129. 魏崇武：《歐陽玄〈圭齋文集〉版本考》，《文獻》，2014 年第 2 期。
130. 付姝：《歸有光碑誌文分類研究》，《綿陽師範學院學報》，2014 年第 3 期。
131. 王紅梅：《九朝良臣：元代雍古名臣趙世延叢考》，《新疆大學學報（哲學人文社會科學版）》2014 年第 4 期。
132. 鄧如萍：《昔里鈐部及沙陀後裔的神話：宗譜的憂慮與元代家族史》，《西夏研究》，2014 年 04 期。
133. 周鑫：《治生與行道：元初科舉停廢與南方儒士之易業》，《廣東社會科學》，2014 年第 4 期。
134. 馬曉敏：《元代文學家姚燧研究綜述》，《內蒙古民族大學學報（社會科學版）》，2014 年 06 期。
135. 仝相卿：《宋代碑誌文中所見郡名考——以〈范文正公文集〉為例》，《中國歷史地理論叢》，2014 年 7 月，第 29 卷第 3 期。
136. 王素強：《元〈郝天澤墓誌銘〉考釋》，《西北師大學報》，2014 年 11 月。
137. 周小春：《略論歐陽玄的傳記作品特色》，《商》，2014 年 15 期。

138. 陳漢文：《蘇天爵的〈元文類〉與元代中後期的大都文壇》，《人文中國學報》，2015 年 00 期。

139. 包世軒：《曹雪芹西山最後居住地謝草池問題解析》，《曹雪芹研究》，2015 年第 1 期。

140. 劉暉：《元代鎮海三事鉤沉》，《黑龍江史誌》，2015 年 01 期。

141. 溫世亮：《危素文學思想與創作實踐平議》，《山西師大學報》（社會科學版），2015 年 01 期。

142. 郭成美、楊志娟：《揚州回族伊斯蘭教碑刻述評》，《回族研究》，2015 年第 3 期。

143. 〔日〕飯山知保：《金元時期北方社會演變與「先塋碑」的出現》，《中國史研究》，2015 年第 4 期。

144. 楊亮：《元代科舉制與延祐以後南北文風的混一》，《河南社會科學》，2015 年第 4 期。

145. 李貞慧：《史家意識與碑誌書寫——以歐陽修〈范文正公神道碑〉所書呂、范事及其相關問題為討論中心》，《清華學報》，2015 年第 4 期。

146. 張鵬：《北朝碑誌文所見南北文學交流》，《安康學院學報》，2015 年第 3 期。

147. 何山：《新刊隋唐碑誌俗字考》，《保定學院學報》，2015 年 9 月，第 28 卷第 5 期。

148. 喻靜：《密雲圓悟和臨濟宗虎丘系的中興》，《中國文化》第四十二期，2015 年 10 月。

149. 馬驍英，于景祥：《碑誌文體四類釋名考證》，《遼寧大學學報》，2015 年 11 月，第 43 卷第 6 期。

150. 張致苾：《從自撰墓誌銘看唐代文人之生命關懷》，《國立臺中科技大學通識教育學報》，2015 年第 4 期。

151. 楊向奎、黨文靜：《親屬對碑誌文的修改及其校勘意義》，《古籍整理研究學刊》，2016 年第 1 期。

152. 李俊義、吳甲才、張雲成：《元代〈全寧張氏先德碑銘〉漢文考釋》，《北方文物》，2016 年 01 期。

153. 關儒茜，李德山：《元好問與金史》，《北方論叢》，2016 年第 2 期。

154. 劉巧莉、王劍：《負土筑墓——明清華北宗族文化的地標》，《學習與探索》，2016 年 03 期。
155. 吳恩榮：《元代禮失百年與明初禮制變革》，《北京社會科學》，2016 年第 8 期。
156. 陳高華：《元代墓碑簡論》，《隋唐遼宋金元史論叢》，2017 年第 0 期。
157. 胡風雨：《回回炮在宋元襄樊之戰的應用及對後世的影響》，《湖北文理學院學報》，2017 年第 1 期。
158. 牛貴琥、師瑩：《論元代後期隱逸現象之特殊性》，《山西大學學報（哲學社會科學版）》，2017 年第 1 期。
159. 嘎日迪，斯欽巴圖，都仁：《元代〈全寧張氏先德碑銘〉蒙古文考釋》，《北方文物》，2017 年 02 期。
160. 趙彩娟、刁偉勇：《略論孛術魯翀碑銘文的成就》，《陰山學刊》，2017 年第 2 期。
161. 劉舫：《元代朱熹〈家禮〉論略》，《歷史教學問題》，2017 年第 2 期。
162. 楊富學、王朝陽：《論元代畏兀兒的忠君與報國》，《新疆師範大學學報》，2017 年 02 期。
163. 鄭煒：《略論元好問的民族思想》，《煙台大學學報（哲學社會科學版）》，2017 年 05 期。
164. 石勖言：《元代杭州宗陽宮文人群體考述》，《民族文學研究》，2017 年第 6 期。
165. 董名傑：《近三十年歐陽玄研究綜述》，《湖北科技學院學報》，2017 年 8 月。
166. 楊向奎、黄高峰：《古代處士墓誌的敘事策略及文化內涵》，《學術交流》，2017 年第 9 期。
167. 何彥芳：《魏晉傳記作品敘事手法特色——以〈南齊書〉為例》，《收藏與投資》，2017 年 10 期。
168. 范雪琳：《論先塋碑在元代的興盛與衰落》，《廣播電視大學學報（哲學社會科學版）》，2017 年 04 期。
169. 查洪德、李雪：《論元代傳記類文章的傳奇性》，《復旦學報》，2018 年 01 期。

170. 劉成群：《翰林國史院文人群體與元初文壇》，《民族文學研究》，2018 年第 4 期。
171. 武君：《抉擇·執念·使命：元遺民的心態與詩學觀——以戴良、丁鶴年、李祁、王禮為例》，《浙江師範大學學報（社會科學版）》，2018 年第 5 期。
172. 周興：《宋明儒者的禮教思想及其禮制實踐：以宗族思想為中心》，《安徽史學》，2018 年 06 期。
173. 唐雲芝：《論元廷賜碑之興與多民族碑誌文學的生成》，《民族文學研究》，2019 年第 1 期。
174. 范雪琳：《論新塋碑在元代的興起與衰落》，《中北大學學報（社會科學版）》，2019 年 03 期。

四、學位論文

1. 張東海：《元代江西陸學教育哲學思想研究》，江西師範大學碩士學位論文，2002 年。
2. 劉盛舉：《魏晉南北朝墓誌銘用韻初探》，西南師範大學碩士學位論文，2004 年。
3. 嚴春華：《中唐碑誌文研究》，四川大學碩士學位論文，2005 年。
4. 李發：《漢魏六朝墓誌人物品評詞研究》，西南大學碩士學位論文，2006 年。
5. 汪潤：《華北地區的祖塋與宗族組織：明清房山祖塋碑銘解析》，廈門大學碩士學位論文，2006 年。
6. 喬芳：《元好問碑誌文研究》，揚州大學碩士學位論文，2007 年。
7. 周雪根：《蘇天爵年譜》，廣西師範大學碩士學位論文，2007 年。
8. 張英：《傳統儒家生死觀研究》，黑龍江大學博士學位論文，2007 年。
9. 魏宏利：《北朝碑誌文研究》，西北大學博士學位論文，2008 年。
10. 李洪權：《全真教與金元北方社會》，吉林大學博士學位論文，2008 年。
11. 劉絢蓓：《中國古代碑誌文研究》，華東師範大學碩士學位論文，2009 年。
12. 梁豔：《歐陽玄及其〈圭齋文集〉研究》，中南大學碩士論文，2009 年。
13. 張迅瑾：《宋代宮女研究》，上海師範大學碩士學位論文，2009 年。
14. 黄蓓：《魏晉南北朝墓誌銘流變及文體特徵研究》，華中師範大學碩士學位論文，2009 年。

15. 侯振兵：《唐代處士與社會》，陝西師範大學碩士學位論文，2009 年。
16. 梁豔：《歐陽玄及其〈圭齋文集〉研究》，中南大學碩士論文，2009 年。
17. 任瑩：《金元雜劇之「河南現象」研究》，河南大學碩士學位論文，2010 年。
18. 關靜：《元代寺院經濟研究》，河南大學碩士學位論文，2010 年。
19. 徐若：《韓愈碑誌文研究》，長春理工大學碩士學位論文，2010 年。
20. 屈明月：《元代鈔法研究》，西南政法大學碩士學位論文，2010 年。
21. 靳月靜：《柳宗元碑誌文研究》，暨南大學碩士學位論文，2012 年。
22. 趙徵：《蘇軾的碑誌文研究》，遼寧師範學院碩士學位論文，2012 年。
23. 李卓婭：《元代女性墓誌銘研究》，華中師範大學碩士學位論文，2012 年。
24. 杜鵬：《元代侍衛親軍研究》，西北師範大學碩士學位論文，2012 年。
25. 王瑩：《姚燧年譜》，廣西師範大學碩士學位論文，2013 年。
26. 肖雲：《隋唐處士研究》，山西大學碩士學位論文，2013 年。
27. 李想：《王安石碑誌祭文研究》，廣西大學碩士學位論文，2013 年。
28. 王曉帆：《元代封贈制度三題》，中央民族大學碩士學位論文，2013 年。
29. 褚大慶：《〈東文選〉文體研究》，延邊大學博士學位論文，2013 年。
30. 吳愫劼：《元明易代之際悲劇人物危素研究》，西北師範大學碩士學位論文，2013 年。
31. 羅漪文：《東漢至中唐碑誌文體書寫演變》，國立清華大學博士學位論文，2013 年。
32. 劉通：《金元全真教女冠研究》，渤海大學碩士學位論文，2014 年。
33. 張鎮升：《宋末與元初閩粵贛邊畲漢民變比較研究》，廣東技術師範學院碩士學位論文，2014 年。
34. 張麗萍：《元代旌表制度研究》，山東師範大學碩士學位論文，2014 年。
35. 鄧文韜：《元代西夏遺民研究》，寧夏大學碩士學位論文，2014 年。
36. 彭芬：《金元全真道女冠研究》，西南大學碩士學位論文，2015 年。
37. 劉琳琳：《近十年石刻研究文獻綜述》，吉林大學碩士學位論文，2015 年。
38. 張華清：《姚燧散文研究》，揚州大學碩士學位論文，2015 年。
39. 江夢佳：《黃溍傳記研究》，浙江師範大學碩士學位論文，2015 年。
40. 徐麗娟《蘇天爵傳記研究》，浙江師範大學碩士學位論文，2015 年。

41. 齊達拉圖：《十至十二世紀蒙古高原部族史探究》，內蒙古大學博士學位論文，2015 年。
42. 李亞信：《程朱理學的「義」範疇研究》，山東大學碩士學位論文，2015 年。
43. 馬巍：《蒙元民族政策研究》，西北師範大學碩士學位論文，2015 年。
44. 陳小紅：《元代康里人不忽木家族及其華化研究》，暨南大學碩士學位論文，2016 年。
45. 鄧文韜：《元代唐兀人研究》，寧夏大學博士學位論文，2017 年。
46. 王培培：《王惲傳記研究》，浙江師範大學碩士學位論文，2017 年。
47. 李雅卉：《元代墓誌人物品評詞語研究》，蘭州大學碩士學位論文，2018 年。
48. 范先立：《蘇天爵〈元文類〉研究》，河南大學碩士學位論文，2018 年。
49. 劉朝華：《唐宋派的碑誌文理論研究》，遼寧大學碩士學位論文，2018 年。
50. 王永永：《金元時期山西道派研究》，山西師範大學碩士學位論文，2018 年。
51. 王若明：《危素研究》，北京師範大學博士學位論文，2019。

附錄一　墓碑文繫年

一、姚燧墓碑文繫年

太宗十年、宋嘉熙二年（1238）

姚燧出生。宋軍收復郢州、荊州、襄樊等地。廬州之戰，蒙軍敗退，撤出宋境。

太宗十一年、宋嘉熙三年（1239）

二歲。蒙軍攻打重慶。

太宗十二年、宋嘉熙四年（1240）

三歲。姚燧父姚格卒，伯父姚樞撫育之。

太宗十三年、宋淳祐元年（1241）

四歲。元太宗駕崩。姚樞為燕京行臺郎中。

乃馬真皇后元年、宋淳祐二年（1242）

五歲。金帳汗國建立，忽必烈召海雲法師。

乃馬真皇后二年、宋淳祐三年（1243）

六歲。

乃馬真皇后三年、宋淳祐四年（1244）

七歲。耶律楚材薨。

乃馬真皇后四年、宋淳祐五年（1245）

八歲。蒙軍佔領壽州。

定宗元年、宋淳祐六年（1246）

九歲。定宗即位。

定宗二年、宋淳祐七年（1247）

十歲。

定宗三年、宋淳祐八年（1248）

十一歲。定宗駕崩。

己酉年、宋淳祐九年（1249）

十二歲。

庚戌年、宋淳祐十年（1250）

十三歲。始見許衡於輝。

憲宗元年、宋淳祐十一年（1251）

十四歲。斡難河之會，推舉憲宗即位。

憲宗二年、宋淳祐十二年（1252）

十五歲。姚樞隨忽必烈遠征大理，為之陳曹彬典故。楊奐告老歸鄉。張德輝、元好問覲見忽必烈，尊其為「儒教大宗師」。

憲宗三年、宋寶祐元年（1253）

十六歲。忽必烈得京兆封地，遣姚樞設立京兆宣撫司，出征大理時又命其書止殺令。

憲宗四年、宋寶祐二年（1254）

十七歲。姚樞為勸農使，居關中，推行漢法。許衡任京兆提學。忽必烈滅大理。

憲宗五年、宋寶祐三年（1255）

十八歲。楊奐卒。姚燧從學許衡。

憲宗六年、宋寶祐四年（1256）

十九歲。忽必烈建開平度。

憲宗七年、宋寶祐五年（1257）

二十歲。蒙軍攻打安南。

憲宗八年、宋寶祐六年（1258）

二十一歲。

憲宗九年、宋開元元年（1259）

二十二歲。憲宗駕崩於釣魚城。

中統元年、宋景定元年（1260）

二十三歲。忽必烈即位，姚樞、許衡、竇默等被召入京師，後姚樞出任東平路宣撫使。

中統二年、宋景定二年（1261）

二十四歲。許衡授國子祭酒，姚樞為大司農丞。姚燧始讀韓文，並試為之。

中統三年、宋景定三年（1262）

二十五歲。李璮叛亂。姚樞赴省議事。

中統四年、宋景定四年（1263）

二十六歲。許衡赴開平。

至元元年、宋景定五年（1264）

二十七歲。姚樞以左丞行省河東，後赴上都。

至元二年、宋咸淳元年（1265）

二十八歲。姚樞行省事於西京等路，召許衡。

至元三年、宋咸淳二年（1266）

二十九歲。姚燧遊秦。

至元四年、宋咸淳三年（1267）

三十歲。忽必烈遷都中都。姚樞拜中書左丞，許衡任國子祭酒。

至元五年、宋咸淳四年（1268）

三十一歲，世祖用兵襄陽。

至元六年、宋咸淳五年（1269）

三十二歲。

至元七年、宋咸淳六年（1270）

三十三歲。許衡任中書左丞。

至元八年、宋咸淳七年（1271）

三十四歲。許衡除集賢大學士、國子祭酒，設國子學，召姚燧、耶律有尚等人入京。蒙古建國，國號為「元」。

至元九年、宋咸淳八年（1272）

三十五歲。蒙軍圍攻樊城。

至元十年、宋咸淳九年（1273）

三十六歲。正月，樊城破，二月，襄陽降。冊立真金為皇太子。許衡以疾請歸。姚樞拜昭文館大學士。

《故民鍾五六君墓銘》當作於此年之後

至元十一年、宋咸淳十年（1274）

三十七歲。伯顏率二十萬蒙軍南征，攻郢州、鄂州等地。

至元十二年、宋德祐元年（1275）

三十八歲。元軍趨近臨安，南宋遣使請和。姚燧為秦王府文學，後授奉議大夫，兼提舉陝西、四川等路學校。以秦王命安輯庸、蜀。

至元十三年、宋德祐二年（1276）

三十九歲。南宋降元，元軍入臨安，以宋帝、太后北去，益王即位。許衡赴京師，領太史院事。姚樞拜翰林學士承旨。姚燧使嘉州、合州等地。

《雷君伯靜甫墓誌銘》當作於此年之後

至元十四年（1277）

四十歲。

作《洞觀普濟圓明真人高君道行碑》

至元十五年（1278）

四十一歲。宋衛王即位，張弘范執文天祥。姚燧撫巡夔府。

至元十六年（1279）

四十二歲。元軍攻崖山，陸秀夫負帝投海而死，宋亡，文天祥被囚。夫人楊氏生女而卒。

作《譚公神道碑》

至元十七年（1280）

四十三歲。許衡以疾請還。姚樞薨逝。頒《授時歷》。姚燧為陝西、漢中道提刑按察使。

至元十八年（1281）

四十四歲。許衡薨逝。姚燧為秦憲副，娶趙氏，錄囚延安。

至元十九年（1282）

四十五歲。文天祥被殺。阿合馬死。姚燧居秦任秦憲，後辭。岳父趙君和父卒。

作《袁公神道碑》

至元二十年（1283）

四十六歲。姚燧居澧州，為山南湖北道提刑按察司副使。

至元二十一年（1284）

四十七歲，姚燧為湖北憲副，按部澧州。長子姚壎出生。

至元二十二年（1285）

四十八歲，姚燧為荊憲副，居澧州。

至元二十三年（1286）

四十九歲，姚燧以湖北憲副奉檄進京，為直學士，因疾留襄陽。

作《靈山先生董君實墳道碑》《孫府君神道碣》

至元二十四年（1287）

五十歲，桑哥為平章政事，乃顏反。姚燧為翰林直學士，張養浩於京師拜會姚樞。

作《送暢純父序》，作《玉陽體玄廣度真人王宗師道行碑》《南京路總管張公墓誌銘》《趙君和父墓誌銘》《參政胡公碑》

至元二十五年（1288）

五十一歲。姚燧自燕歸鄧。

作《中書右三部郎中馮公神道碑》《鄧州長官趙公神道碑》

至元二十六年（1289）

五十二歲。姚燧居鄧。

作《醫隱閻君阡表》《鄢陵主簿毛府君阡表》《南京路醫學教授李君墓誌銘》

《戍守鄧州千戶楊公神道碑》當作於此年之後

至元二十七年（1290）

五十三歲，姚燧授大司農丞，經洞庭、彭蠡、海門、余杭等地。

作《少中大夫敘州等處諸部蠻夷宣撫使張公神道碑》《武略將軍知弘州程公神道碑》

至元二十八年（1291）

五十四歲。桑哥、要束木伏誅。楊璉真伽下獄。姚燧至湖口縣學，遊吳城，還時過廣陵。

《平章政事史公神道碑》當作於此年後

至元二十九年（1292）

五十五歲。姚燧與胡祗遹、程鉅夫、王惲、楊恭懿等被召翰林，赴闕賜對。攜家寓居武昌，第二子圻出生。

至元三十年（1293）

五十六歲，姚燧自鄧居郢（今湖北荊州江陵縣附近）。

至元三十一年（1294）

五十七歲。世祖駕崩，成宗即位，詔翰林國史院修《世祖實錄》，以完澤為檢修，由姚燧選拔史官。後姚燧遊江西龍興，途途經南康，後歸鄂，中書省以朝請大夫、翰林學士召。

作《山南廉訪副使馮公神道碑》《懷遠大將軍招撫使王公神道碑》《皇元故懷遠大將軍同知廣東道宣慰司事王公神道碑銘》《中奉大夫荊湖北道宣慰使趙公墓誌銘》《瀏陽縣尉閻君墓誌銘》

《薊州甲局提舉劉府君墓誌銘》當作於此年之後。

元貞元年（1295）

五十八歲。姚燧參與修纂《世祖實錄》，初為檢閱官，後與高道凝同為總裁。

作《浙西廉訪副使潘公神道碑》《唐州知州楊君墓誌銘》《沖虛真人郝公道行碑》

元貞二年（1296）

五十九歲。姚燧改葬先公於輝，歸郢。

作《便宜副總帥汪公神道碑》《河南道勸農副使白公墓碣》《興元行省瓜爾佳公神道碑》

大德元年（1297）

六十歲。姚燧退居郢地，幼女出生。

作《真定新軍萬戶張公神道碑》《均州萬戶翟公碑》

大德二年（1298）

六十一歲，姚燧為趙孟頫《先聖畫贊》作序。又舟遊湖湘，遊長沙。

作《夫人李君神道碑銘》《唐州懷集令劉君墓誌銘》《湖廣行省左丞相神道碑》《太倉監趙君神道碣》

大德三年（1299）

六十二歲。姚燧寓居武昌南陽書院，遊黃州。

作《龐氏先德碑》《上懷恩州唐括君碑》

大德四年（1300）

六十三歲，姚燧居郢城。

大德五年（1301）

六十四歲，姚燧授中憲大夫，江東憲使。

作《董文忠神道碑》《少中大夫靜江路總管王公神道碑》《徽州路達總管府嚕噶齊兼管內勸農事虎公碑》

大德六年（1302）

六十五歲，作《讀史管見序》《國統離合表》。

作《金故昭勇大將軍行都統萬戶事榮公神道碑》《轉運鹽使曹公神道碑》《有元故中奉大夫福建等處行中書省參知政事焦公神道碑銘》〔註1〕

大德七年（1303）

六十六歲。姚燧蒐集楊奐之文，並為之作序。

作《宋太常少卿陳公神道碑》《平章政事忙兀公神道碑》《蒙古光祿表勳碑》《金正議大夫王公碑》

大德八年（1304）

六十七歲，姚燧自宣城病居太平潢池鎮。

作《穎州萬戶邸公神道碑》《領太史院事楊公神道碑》

大德九年（1305）

六十八歲。皇太子死。姚燧居龍興，與郝子明等人同遊西山，與程鉅夫相與留連南康，後至江州，提點湯公為建牧庵亭。

《榮祿大夫福建等處行中書省平章政事大司農史公神道碑》當作於此年後

大德十年（1306）

六十九歲，姚燧居武昌。

作《達嚕噶齊裴公碑》

大德十一年（1307）

七十歲。成宗薨逝，武宗即位。姚燧居於郢，被徵為太子賓客，授正奉大夫。

作《平涼府長官元帥兼征行元帥王公神道碑》《榮祿大夫江淮等處行中書省平章政事遊公神道碑》《臨江路總管府判官夏君母夫人張氏墓誌銘》

至大元年（1308）

七十一歲。仁宗開宮師府，後授姚燧為資善大夫、翰林承旨。姚燧乘舟北上，過高郵等地，詔修《成宗實錄》。

作《平章政事徐國公神道碑》《資德大夫雲南行中書省右丞贈秉忠執德威遠功臣開府儀同三司太師上柱國魏國公謚忠節李公神道碑》《有元故少中大夫淮安路總管兼府尹兼管內勸農事高公神道碑》《開府儀同三司太尉太保太子太師中書右丞相史公先德碑》

〔註1〕按：此文為殘碑，劉氏《年譜》中將其繫於此年之中，詳可見《姚燧集》(〔元〕姚燧著，查洪德編輯點校，人民文學出版社，2011年）輯佚部份考辨。

至大二年（1309）

七十二歲，姚燧拜榮祿大夫、集賢大學士、翰林學士承旨、知制誥、同修國史。

作《光祿大夫平章政事商議陝西等處行中書省事贈恭勤竭力功臣儀同三司太保封雍國公諡忠貞賀公神道碑》《潞國忠簡趙公神道碑銘》《參知政事賈公神道碑》《故從仕郎真州路總管府經歷呂君神道碑銘》《少中大夫孫公神道碑》《國子司業滕君墓碣》《招撫使李君阡表》《奉議大夫廣州治中閻君墓誌銘》《有元故中奉大夫江東宣慰使珊竹公神道碑銘》

《皇元高昌忠惠王神道碑銘》《安西路同州儒學正潘君阡表》作於此年或之後

至大三年（1310）

七十三歲。

作《中書左丞姚文獻公神道碑》《提舉太原鹽使司徐君神道碑》《資善大夫同知行宣政院事張公神道碑》《奉訓大夫知龍陽州孝子梁公神道碣》《河內李氏先德碣》《袁氏墓誌銘》

《百夫長贈中大夫上輕車都尉曹南郡侯坤都岱公神道碑》當作於此年或之後

《少中大夫輕車都尉渤海郡侯解公墳道碑》《朝列大夫飛騎尉清河郡伯張君先墓碣》當作於此年後

至大四年（1311）

七十四歲，武宗薨逝，仁宗即位。姚燧因《重建南泉山大慈化禪寺碑》與僧衝突。

作《武略將軍知秦州史君神道碣》

皇慶元年（1312）

七十五歲，姚燧居廬山。

作《南京兵馬使贈正議大夫上輕車都尉陳留郡侯布色君神道碑》《大元朝列大夫騎都尉弘農伯楊公神道碑銘》

皇慶二年（1313）

七十六歲，臥病郢城，復以翰林承旨召。

作《有元故奉訓大夫同知威楚開南等路總管席君神道碣銘》

九月姚燧薨逝，葬郢城北臺。

注：《岳氏宗塋之碑》一文疑為偽作，因此暫不放入繫年之內。

二、虞集墓碑文繫年

咸淳八年、至元九年（1272）

虞集出生。蒙軍圍攻樊城。

咸淳九年、至元十年（1273）

二歲。正月，樊城破，二月，襄陽降。

咸淳十年、至元十一年（1274）

三歲，始讀書。伯顏率二十萬蒙軍南征，攻郢州、鄂州等地。集弟槃出生。

咸淳十一年、至元十二年（1275）

四歲，蒙軍破岳州、真州、揚州、常州，逼近臨安。虞集外祖父楊文仲守漳州，其父汲攜家從之。

景炎元年、至元十三年（1276）

五歲。宋室降，元軍入臨安，以宋帝、太后北去，益王即位。虞集隨家人避亂嶺外，其母口授經書及歐、蘇之文。

景炎二年、至元十四年（1277）

六歲。虞集隨父母過閩郡。

祥興元年、至元十五年（1278）

七歲。宋衛王即位，張弘范執文天祥。

祥興二年、至元十六年（1279）

八歲。陸秀夫與宋帝沉海死，宋亡。虞集外祖父楊文仲死於國難，其父自嶺外還，歸葬外祖父於長沙。

至元十七年（1280）

九歲，虞集至長沙，始就外傅，與弟槃一同盡誦諸經，通其大義。

至元十八年（1281）

十歲。許衡卒。

至元十九年（1282）

十一歲。阿合馬死。文天祥被殺。太平、宣城等地民起反抗。

至元二十年（1283）

十二歲。廣東、建寧路、湖南、湖北多地民起反抗。

至元二十一年（1284）

十三歲。虞集隨父母寓居江西崇仁祖宅，隨父遊故宋諸公名卿之家，備聞前代典故。

至元二十二年（1285）

十四歲。虞集與弟槃從吳澄遊。

至元二十三年（1286）

十五歲。程鉅夫下江南訪求遺逸，趙孟頫、張伯淳等人被薦，吳澄以遺逸舉。

至元二十四年（1287）

十六歲。桑哥為平章政事，乃顏反叛。

至元二十五年（1288）

十七歲，吳澄字之，曰伯生。

至元二十六年（1289）

十八歲。

至元二十七年（1290）

十九歲。江西民亂。

至元二十八年（1291）

二十歲。桑哥罷相伏誅，楊璉真伽下獄。

至元二十九年（1292）

二十一歲。

至元三十年（1293）

二十二歲。弟虞槃娶姑母之女。

至元三十一年（1294）

二十三歲。元世祖病逝，皇孫即位。

元貞元年（1295）

二十四歲。董士選出任江西行省左丞。

元貞二年（1296）

二十五歲。贛州民亂，董士選平。虞集隨父授館於董士選家中。與元明善交。

元貞三年（1297）

二十六歲。董文用卒。

大德二年（1298）

二十七歲。虞集至金陵，授館董士選家中。

大德三年（1299）

二十八歲。其父與劉辰翁、熊朋來、吳澄等人遊，杜本、范梈從之。

大德四年（1300）

二十九歲。虞集客居錢塘，與楊載、范梈等人遊。董士選任御史中丞。

大德五年（1301）

三十歲。虞集至大都，客授董士選之館。

大德六年（1302）

三十一歲。虞集以董士選薦，授大都路儒學教授。

大德七年（1303）

三十二歲。虞集為董文用撰寫《行狀》，並撰《藁城董氏世譜》。董士選出為江浙行省右丞。吳澄離京。

大德八年（1304）

三十三歲。與袁桷、貢奎等人遊長春宮。

作《鄧伯某甫妻田夫人墓誌銘》

大德九年（1305）

三十四歲。

大德十年（1306）

三十五歲。

作《祝夫人墓誌銘》

大德十一年（1307）

三十六歲。成宗駕崩，武宗即位，立皇弟為太子。虞集擢升國子助教。夫人趙氏亡，一女夭折，臨川丁內艱。

武宗至大元年（1308）

三十七歲。丁憂中。

至大二年（1309）

三十八歲。虞集被召為國子助教，吳澄至京師。

作《汪夫人墓誌銘》

至大三年（1310）

三十九歲。虞集任國子助教。

至大四年（1311）

四十歲。武宗崩。罷尚書省。帖木迭兒為中書右丞相，仁宗即位。虞集任將仕郎、國子博士其父任潭州路學正，歐陽玄以諸生侍之。吳澄任國子司業。

仁宗皇慶元年（1312）

四十一歲。張珪任中書平章政事，吳澄稱病去職。虞集以病免。

作《周夫人李氏墓誌銘》

皇慶二年（1313）

四十二歲。張珪綱領國子學。虞集復為國子博士，弟虞槃任辰州路儒學教授。

作《王伯益墓表》

仁宗延祐元年（1314）

四十三歲。帖木迭兒復相。虞集改為從仕郎、太常博士，建言修三史，不行。

作《揭志道墓誌銘》《鄭夫人墓誌銘》

延祐二年（1315）

四十四歲。張珪拜平章政事。虞集在太常。

作《王誠之墓誌銘》

延祐三年（1316）

四十五歲。立皇子碩德八剌為太子。虞集奉詔代祀西岳，至成都，修虞允文之墓。

作《張隱君墓誌銘》《史夫人墓誌銘》

延祐四年（1317）

四十六歲。帖木迭兒罷相。虞集遷承事郎、集賢修撰，與袁桷一同主大都鄉試。

延祐五年（1318）

四十七歲。虞集奉旨南下迎吳澄。

作《林彥栗墓誌銘》《元故奉訓大夫江淮等處財賦都總管府副總管鄭侯墓誌銘》

延祐六年（1319）

四十八歲。虞集任翰林待制、儒林郎，兼國史院編修官。奉敕撰寫《敕賜玄教宗傳之碑》

延祐七年（1320）

四十九歲。仁宗駕崩，帖木迭兒復相位，殺楊朵兒只、蕭拜住，太子即位，纂修《仁宗實錄》

作《嶺北等處行中書省左右司郎中蘇公墓碑》

至治元年（1321）

五十歲。董士選卒。

至治二年（1322）

五十一歲。帖木迭兒卒，拜住為中書右丞相，張珪為中書平章政事，趙孟頫卒，元明善卒。虞集弟槃除湘鄉州判官。遊廬山，過浙江。

作《趙夫人岳氏墓誌銘》《晦機禪師塔銘》〔註2〕**《玄門掌教孫真人墓誌銘》《玉溪謝先生墓表》《大元故奉國上將軍行中書省參知政事廣東道宣慰使都元帥劉公神道碑銘》**

至治三年（1323）

五十二歲。南坡之變爆發，英宗與丞相拜住被殺，晉王即位，誅殺鐵失等人。楊朵兒只、蕭拜住、賀伯顏得以昭雪，楊載卒。虞集復入翰林國史院為待制，薦歐陽玄。吳澄至京師，授翰林學士。熊朋來卒。

泰定元年（1324）

五十三歲。虞集與袁桷等並為禮部會試考官，取程端學、宋褧等，袁桷辭歸，虞集升任承德郎、國子司業，侍講經筵。

作《兩浙運使智公神道碑》

泰定二年（1325）

五十四歲。張珪辭歸。吳澄離京。

作《牟伯成墓碑》《吏部員外郎鄭君墓碣銘》

泰定三年（1326）

五十五歲。

作《熊與可墓誌銘》《張宗師墓誌銘》《管軍千戶劉侯神道碑》

泰定四年（1327）

五十六歲。張珪卒。虞集與歐陽玄等考試禮部，取楊維楨、薩都剌等人，拜翰林直學士、奉議大夫、知制誥、同修國史。弟虞槃歸京途中去世。袁桷卒。

〔註2〕按：《虞集年譜》中曾將此文重複歸入至治二年與天曆二年，根據文章中所寫明的創作時間，當歸入本年。

作《御史中丞楊襄愍公神道碑》《賀丞相墓誌銘》《王知州墓誌銘》《真大道教第八代崇玄廣化真人岳公之碑》《史氏程夫人墓誌銘》《河東段氏世德碑銘》

致和元年、天曆元年（1328）

五十七歲。泰定帝駕崩，倒剌沙專權，奉泰定帝皇太子，燕帖木兒與之戰，迎周王。虞集進奉政大夫，兼國子祭酒。

作《大宗正府也可札魯火赤高昌王神道碑》《中書平章政事蔡國張公墓誌銘》《趙曼齡墓誌銘》《胡彥明墓誌銘》《句容郡王世績碑》《朱宜人吉氏墓碣銘》

天曆二年（1329）

五十八歲。明宗即位，立文宗為太子，後明宗駕崩，文宗即位。開奎章閣，虞集拜奎章閣侍書學士，薦揭傒斯、陳旅。

作《翰林學士承旨劉公神道碑》《故丹陽書院山長馬君墓碣銘》《葉謙父墓誌銘》《曹南王勛德碑》《智覺禪師塔銘》《大辨禪師寶華塔銘》《陳真人道行碑》

至順元年（1330）

五十九歲。文宗下令奎章閣纂修《經世大典》，立燕王為太子。柯九思入奎章閣。

作《趙文惠公神道碑》《知昭州秦公神道碑》《徽政院使張忠獻公神道碑》《宣徽院使賈公神道碑》《曾巽初墓誌銘》《王公信墓誌銘》《張氏先塋碑》《姚忠肅公神道碑》

至順二年（1331）

六十歲。皇太子薨。

作《國子助教李先生墓碑》《孫都思氏世勛之碑》《高魯公神道碑》《高昌王世勛之碑》《廣鑄禪師塔銘》《倪文光墓碑》《元故宣武將軍前衛親軍千戶皇公墓誌銘》《慕公世德碑》

至順三年（1332）

六十一歲。進《經世大典》，文宗駕崩，明宗之子即位，不久即崩，國事歸燕帖木兒決。

作《賀丞相神道碑》《倪行簡墓誌銘》

順帝元統元年（1333）

六十二歲。順帝即位。吳澄卒。

作《王宜之墓誌銘》《故修職郎建昌軍軍事判官雷君墓誌銘》《敕賜瑯玡郡公王氏先德碑》

元統二年（1334）

六十三歲。廣西傜人叛亂。

作《劉宗道墓誌銘》《李仲華墓表》

至元元年（1335）

六十四歲。罷科舉。

作《臨川隱士孫君屢常甫墓誌銘》《九萬彭君之碑》

後至元二年（1336）

六十五歲。

作《潁川夫人黃氏墓誌銘》《故臨川隱士婁君太和墓誌銘》《楊母趙夫人墓誌銘》

後至元三年（1337）

六十六歲。

作《正議大夫江南湖北道肅政廉訪使特贈宣忠效力翊戴功臣大司徒金紫光祿大夫上柱國夏國公謚襄敏楊公神道碑》《袁仁仲甫墓誌銘》《故臨川黃君東之墓誌銘》《蒙古拓拔公先塋碑》《高州判墓誌銘》

後至元四年（1338）

六十七歲。袁州、漳州等處民反。

作《皮槃維楨墓誌銘》《故奉訓大夫衡州路總管府判官致仕楊君墓誌銘》《鐵牛禪師塔銘》《斷崖和尚塔銘》

後至元五年（1339）

六十八歲。伯顏為丞相。

作《通議大夫簽河南江北等處行中書省事謚文肅陳公神道碑》

後至元六年（1340）

六十九歲。伯顏罷相。詔撤文宗廟主，欲問罪虞集。

作《故臨川處士吳仲谷甫墓誌銘》《昭文館大學士中奉大夫夏公神道碑銘》《黃縣尹墓誌銘》《孝子談君節婦廖夫人墓銘》

至正元年（1341）

七十歲。改奎章閣為宣文閣。

作《亡弟嘉魚大夫仲常墓誌銘》《王母龔氏孺人墓誌銘》《江西左丞史公神道碑》《吳提舉墓誌銘》《胡母李孺人墓誌銘》《靈隱景德寺東嶼海和尚塔銘》

至正二年（1342）

七十一歲。詔諸軍平道州亂。

作《故梅隱先生吳君墓銘》《靖州路總管捏古臺公墓誌銘》《熊同知墓誌銘》《艾聖傳墓誌銘》《傅民德墓誌銘》《曾孺人墓誌銘》《中山處士汪君墓銘》

至正三年（1343）

七十二歲，詔修遼、金、宋三史，欲以虞集為總裁，因其老病而止。陳旅卒。

作《立只理威忠惠公神道碑》《湖南憲副趙公神道碑》《新昌王縣尹墓誌銘》《趙照磨墓誌銘》《朱環溪墓誌銘》《萬安王縣尹墓誌銘》《游汝義墓誌銘》《趙夫人墓誌銘》

至正四年（1344）

七十三歲。黃河決堤。

作《焦文靖公神道碑》《昔里哈剌襄靖公神道碑》《汪縣尹墓誌銘》《故羅坊徵官劉君疇墓誌銘》《羅母郭氏孺人墓誌銘》《廣智全悟大禪師笑隱訢公神道碑》

至正五年（1345）

七十四歲。遼、金、宋三史成，《至正條格》成。

作《張掖劉氏下殤女子墓誌銘》《彭城郡侯劉公神道碑》《黃直夫墓誌銘》《黃母林宜人墓誌銘》《都漕運副使張公墓誌銘》《張宣敏公神道碑》《順德路總管張公神道碑》《天水郡侯秦公神道碑》《河東李氏先塋碑》《任氏先塋碑》《保定崔君墓誌銘》

至正六年（1346）

七十五歲。汀州民叛。

作《何氏先塋碑》《曹同知墓誌銘》《黃母詹宜人墓誌銘》《忠肅董公神道碑銘》《昭懿董公神道碑》《鐵關禪師塔銘》《呂簡肅公神道碑銘》

至正七年（1347）

七十六歲，河南、山東盜亂。沅州動亂。

作《鮑君實墓誌銘》《歙士吳寧之以寧墓誌銘》

至正八年（1348）

七十七歲。福建盜起，山東大水。台州方國珍作亂。

五月，虞集以疾卒。

三、歐陽玄墓碑文繫年

至元二十年（1283）

歐陽玄出生於霞陽山之白雲莊。

至元二十一年（1284）

二歲。

至元二十二年（1285）

三歲。

至元二十三年（1286）

四歲。程鉅夫下江南訪求遺逸，趙孟頫、張伯淳等人被薦。

至元二十四年（1287）

五歲。

至元二十五年（1288）

六歲。

至元二十六年（1289）

七歲。

至元二十七年（1290）

八歲。歐陽玄從鄉先生張貫之學。

至元二十八年（1291）

九歲。

至元二十九年（1292）

十歲。

至元三十年（1293）

十一歲。

至元三十一年（1294）

十二歲。元世祖病逝，皇孫即位。

元貞元年（1295）

十三歲。

元貞二年（1296）

十四歲。歐陽玄從宋進士方山李某學。

元貞三年、大德元年（1297）

十五歲。歐陽玄母李氏卒，居喪。

大德二年（1298）

十六歲。歐陽玄從宋進士吾山鄧某學。

大德三年（1299）

十七歲。

大德四年（1300）

十八歲。

大德五年（1301）

十九歲。

大德六年（1302）

二十歲。

大德七年（1303）

二十一歲。

大德八年（1304）

二十二歲。

大德九年（1305）

二十三歲。

大德十年（1306）

二十四歲。

大德十一年（1307）

二十五歲。成宗駕崩，武宗即位，立皇弟為太子。

武宗至大元年（1308）

二十六歲。

至大二年（1309）

二十七歲。

至大三年（1310）

二十八歲。

至大四年（1311）

二十九歲。武宗崩。罷尚書省。帖木迭兒為中書右丞相，仁宗即位。虞集父虞汲任潭州路學正，歐陽玄以諸生侍之。

仁宗皇慶元年（1312）

三十歲。

皇慶二年（1313）

三十一歲。詔行科舉。

仁宗延祐元年（1314）

三十二歲。歐陽玄以《尚書》入貢，憑《天馬賦》得湖廣鄉試首名。

延祐二年（1315）

三十三歲。歐陽玄參加會試，賜進士出身，授承事郎、岳州路同知平江州事。

延祐三年（1316）

三十四歲。

延祐四年（1317）

三十五歲。

延祐五年（1318）

三十六歲。

延祐六年（1319）

三十七歲。歐陽玄調太平路蕪湖縣尹，後丁繼母李氏憂。

延祐七年（1320）

三十八歲。

至治元年（1321）

三十九歲。

至治二年（1322）

四十歲。

至治三年（1323）

四十一歲。南坡之變，英宗與丞相拜住被殺，晉王即位，誅殺鐵失等人。楊朵兒只、蕭拜住、賀伯顏得以昭雪，楊載卒。虞集復入翰林國史院為待制，薦歐陽玄。

《元處士劉公梅國先生墓銘有序》當作於此年之後

泰定元年（1324）

四十二歲。歐陽玄任承直郎、武岡縣尹。

泰定二年（1325）

四十三歲。

泰定三年（1326）

四十四歲。以虞集、馬祖常等薦，歐陽玄入朝，召為國子博士。

泰定四年（1327）

四十五歲。歐陽玄考進士於禮部，升任國子監丞。

致和元年、天曆元年（1328）

四十六歲。泰定帝駕崩，倒剌沙專權，奉泰定帝皇太子，燕帖木兒與之戰，迎周王。歐陽玄授翰林待制、奉議大夫兼國史院編修官。

作《元故將仕郎臨安路錄事羅君墓誌銘》

天曆二年（1329）

四十七歲。明宗即位，立文宗為太子，後明宗駕崩，文宗即位，開奎章閣，任命歐陽玄為藝文少監。

《有元贈奉議大夫冀寧路總管府治中驍騎尉孝義縣子殷府君碑》當作於此年之後

至順元年（1330）

四十八歲。文宗下令奎章閣纂修《經世大典》，立燕王為太子。歐陽玄等奉詔纂修《經世大典》。

作《曾秀才墓誌銘》

至順二年（1331）

四十九歲。文宗皇太子薨。歐陽玄升藝文大監、檢校書籍事，階朝奉大夫。

至順三年（1332）

五十歲。《經世大典》成，文宗駕崩，明宗之子即位，不久即崩，國事歸燕帖木兒決。

作《元故隱士更齋先生劉公墓碑銘有序》

順帝元統元年（1333）

五十一歲。順帝即位。吳澄卒。歐陽玄任中順大夫、僉太常禮儀院事。

作《元故旌表高年耆德山村先生歐陽公墓碑銘》

元統二年（1334）

五十二歲。廣西猺人叛亂。歐陽玄拜翰林直學士、中憲大夫、知制誥同修國史，奉敕編修泰定、文宗、明宗、寧宗四朝實錄。

作《元贈效忠宣力功臣太傅開府儀同三司上柱國追封趙國公謚忠靖馬和馬沙碑》

順帝後至元元年（1335）

五十三歲。罷科舉。歐陽玄兼國子祭酒，進中奉大夫，召赴中都議事，詔為侍講學士。

作《元中書左丞集賢大學士國子祭酒贈正學垂憲佐理功臣太傅開府儀同三司上柱國追封魏國公謚文正許先生神道碑》

後至元二年（1336）

五十四歲。

作《元安平王氏世德之碑》《元封秘書少監累贈中奉大夫河南江北等處行省參知政事護軍追封齊郡公張公先世碑》《元故承務郎建德路淳安縣尹眉陽劉公墓誌銘》

後至元三年（1337）

五十五歲。歐陽玄因功升任侍講學士、中奉大夫。

作《元故中奉大夫江南諸道行御史臺侍御史劉公墓碑銘》

《居士歐陽南谷墓碑銘》當作於此年之後

後至元四年（1338）

五十六歲。袁州、漳州等處民反。歐陽玄兼國子祭酒，進通奉大夫。

後至元五年（1339）

五十七歲。伯顏為丞相。

作《河東郡公何公神道碑》

後至元六年（1340）

五十八歲。歐陽玄拜翰林學士、資善大夫、知制誥同修國史。

作《王氏世德碑》《大元勅賜故禮部尚書贈中奉大夫河南江北等處行中書省參知政事護軍追封河東郡公傅公神道碑銘有序》

順帝至正元年（1341）

五十九歲。改奎章閣為宣文閣。九月，歐陽玄南歸瀏陽。

《元贈從仕郎吉安路吉水州判官周君潛心墓碑銘》當作於此年之後

《有元贈中奉大夫湖廣等處行中書省參知政事護軍追封魯郡公許公神道碑銘並序》當作於此年到至正五年之間

至正二年（1342）

六十歲。詔諸軍平道州亂。

至正三年（1343）

六十一歲。詔修三史，遷使賜內醞二尊，召歐陽玄為總裁官，擬定凡例，裁定全書，其中論、贊、表、奏皆屬歐陽玄。

至正四年（1344）

六十二歲。黃河決堤。

作《元翰林侍講學士中奉大夫知制誥同修國史同知經筵事豫章揭公墓誌銘》《太傅趙國清獻公董士珍神道碑》《元故正議大夫福州路總管贈兵部尚書上輕車都尉追封渤海郡侯諡正肅吳公神道碑銘》

至正五年（1345）

六十三歲。遼、金、宋三史成，順帝諭旨丞相，因歐陽玄之功超授爵秩。《至正條格》成，歐陽玄奉敕作序。歐陽玄知貢舉，進翰林學士承旨、榮祿大夫、知制誥兼修國史。

作《元翰林學士承旨榮祿大夫知制誥兼修國史贈江浙等處行中書省平章政事魏國趙文敏公神道碑》

至正六年（1346）

六十四歲。汀州民叛。御史臺奏除福建閩海道肅正廉訪使，歐陽玄行次浙西，舊疾發作，請致仕，退居南山。

作《安成劉氏儒行阡表》

至正七年（1347）

六十五歲。河南、山東盜亂。沅州動亂。

作《元故徵士段公禮廷墓碑銘》

《元故翰林待制朝列大夫致事西昌楊公墓碑銘》當作於此年之後

至正八年（1348）

六十六歲。福建等地盜起，山東大水。台州方國珍作亂。虞集去世。

作《元故太中大夫佛海普印廣慈圓悟大禪師大龍翔集慶寺長老忠公塔銘》

《蒲城義門王氏先塋碑銘有序》當作於此年之後

至正九年（1349）

六十七歲。

作《元故奎章閣侍書學士翰林侍講學士通奉大夫虞雍公神道碑》《元故翰林學士中奉大夫知制誥同修國史貫公神道碑》

至正十年（1350）

六十八歲。歐陽玄復為翰林學士承旨，力辭不獲。此年冬奉敕撰《定國律》。

至正十一年（1351）

六十九歲。賈魯治河成功，歐陽玄作碑記之，又作《至正河防記》，後《元史》修纂時有所採納。

至正十二年（1352）

七十歲。歐陽玄乞致仕，特授湖廣等處行中書省右丞致仕，賜楮幣萬貫、玉帶一條，給俸賜以終其身。將行時，朝廷降旨不允，依前承旨，進階光祿大夫。

至正十三年（1353）

七十一歲。

至正十四年（1354）

七十二歲。汝潁等地兵興，歐陽玄獻策千餘言，終不被用，且家中遭受劫難，二位兄弟相繼去世，親族四百餘人死傷大半，妻子謝氏避難郡城之中，亦歿。歐陽玄知貢舉，充廷試讀卷官。

作《積齋程君端學墓誌銘》

至正十五年（1355）

七十三歲。

至正十六年（1356）

七十四歲。

作《元故朝散大夫僉太常禮儀院事宋公墓碑》《元故隱士廬陵劉桂隱先生墓碑銘》

至正十七年（1357）

七十五歲。大赦天下，宣歐陽玄赴內府草詔。

十二月戊戌，卒於寓舍。

四、蘇天爵墓碑文繫年

世祖至元三十一年（1294）

蘇天爵出生。元世祖病逝，皇孫即位。

成宗元貞元年（1295）

二歲。

元貞二年（1296）

三歲。

元貞三年　大德元年（1297）

四歲。董文用卒。

大德二年（1298）

五歲。曾祖父蘇誠卒。

大德三年（1299）

六歲。

大德四年（1300）

七歲。

大德五年（1301）

八歲。

大德六年（1302）

九歲。

大德七年（1303）

十歲。《大元大一統志》編成。

大德八年（1304）

十一歲。

大德九年（1305）

十二歲。

大德十年（1306）

十三歲。

大德十一年（1307）

十四歲。成宗駕崩，武宗即位，立皇弟為太子。

武宗至大元年（1308）

十五歲。

至大二年（1309）

十六歲。父蘇志道出任尚書省中書掾。

至大三年（1310）

十七歲。

至大四年（1311）

十八歲。武宗崩。罷尚書省。帖木迭兒為中書右丞相，仁宗即位。蘇天爵師安熙卒。

仁宗皇慶元年（1312）

十九歲。成宗實錄修成。

皇慶二年（1313）

二十歲。下詔行科舉，定條例。

仁宗延祐元年（1314）

二十一歲。帖木迭兒復相。虞集任從仕郎、太常博士，建言修三史，不行。蘇天爵最晚於此年入國子學。

延祐二年（1315）

二十二歲。張珪拜平章政事。開科舉，廷試進士，張起巖登第一，同科者有楊載、歐陽玄、黃溍、許有壬等人。

延祐三年（1316）

二十三歲。立皇子碩德八剌為太子。外祖父劉成卒，後馬祖常為之作《征行百戶劉君墓碣銘》，父蘇志道赴嶺北賑濟災民。

延祐四年（1317）

二十四歲。帖木迭兒罷相。虞集遷承事郎、集賢修撰，與袁桷一同主大都鄉試。父蘇志道任嶺北郎中，後官奉直大夫，樞密院判官事經歷，秩同五品，追封父蘇榮祖為奉直大夫、同知中山府事，飛騎尉，真定縣男，祖母吳氏為真定縣君。蘇天爵姑丈劉從道拜謁鄧文原，鄧文原為蘇榮祖作《蘇府君墓表》。蘇天爵參加國子貢舉公試，拔為首位，授從仕郎，大都路薊州判官。

延祐五年（1318）

二十五歲。

延祐六年（1319）

二十六歲。

作《元故贈中順大夫中山知府郭府君墓表》

延祐七年（1320）

二十七歲。仁宗駕崩，帖木迭兒復相位，殺楊朵兒只、蕭拜住，太子即位，纂修《仁宗實錄》。三月，父蘇志道卒於京師，蘇天爵歸真定丁憂。七月，母劉氏去世，家居守喪。虞集為作《嶺北等處行中書省左右司郎中蘇公墓碑》。

至治元年（1321）

二十八歲。岳父張德林病逝，宋本為之作《真定張君墓表》。

至治二年（1322）

二十九歲。帖木迭兒卒，拜住為中書右丞相，張珪為中書平章政事，趙孟頫卒，元明善卒。蘇天爵除喪服，為安熙撰寫行狀。

至治三年（1323）

三十歲。南坡之變，英宗與丞相拜住被殺，晉王即位，誅殺鐵失等人。楊朵兒只、蕭拜住、賀伯顏得以昭雪。楊載卒，熊朋來卒。袁桷應蘇天爵之請作《安先生墓表》。

泰定元年（1324）

三十一歲。虞集與袁桷等並為禮部會試考官，取程端學、宋褧等，袁桷辭歸，虞集升任承德郎、國子司業，侍講經筵。蘇天爵因袁桷薦入翰林國史院，預修《英宗實錄》，後升應奉翰林文字。

泰定二年（1325）

三十二歲。張珪辭歸。蘇天爵任文林郎、翰林國史院典籍官。

泰定三年（1326）

三十三歲。

作《金鄉劉氏阡表》

泰定四年（1327）

三十四歲。張珪卒。虞集與歐陽玄等考試禮部，取楊維楨、薩都剌等人。袁桷卒。蘇天爵任應奉翰林文字、承直郎、同知制誥、兼國史院編修官，廷策進士時，被命掌試卷。

作《袁文清公墓誌銘》

致和元年、天曆元年（1328）

三十五歲。泰定帝駕崩，倒剌沙專權，奉泰定帝皇太子，燕帖木兒與之戰，迎周王。鄧文原卒。

天曆二年（1329）

三十六歲。明宗即位，立文宗為太子，後明宗駕崩，文宗即位。開奎章閣，虞集拜奎章閣侍書學士，薦揭傒斯、陳旅等。張養浩卒。業師齊履謙卒。蘇天爵於奎章閣任職，《元朝名臣事略》編成，歐陽玄作序。

作《故曹州定陶縣尹趙君墓碣銘》

至順元年（1330）

三十七歲。文宗下令奎章閣纂修《經世大典》，立燕王為太子。柯九思入奎章閣。蘇天爵與黃清老等預修《英宗事略》成，馬祖常為蘇天爵文集作跋。

至順二年（1331）

三十八歲。皇太子薨。王理作《元朝名臣事略》序。蘇天爵為太史屬，升翰林修撰，又擢為江南行臺監察御史。

作《濮州儒學教授張君墓誌銘》

至順三年（1332）

三十九歲。進《經世大典》，文宗駕崩，明宗之子即位，不久即崩，國事歸燕帖木兒決。許有壬為《國朝名臣事略》作序。蘇天爵就職御史南臺，奉詔錄囚湖廣、漢陽等地，召拜監察御史，除奎章閣授經郎。

作《甄母墓誌銘》《元故少中大夫江北淮東道提刑按察使董公神道碑銘》

順帝元統元年（1333）

四十歲。順帝即位。吳澄卒。蘇天爵兼經筵譯文官。

作《元故尚醫竇君墓碣銘》

元統二年（1334）

四十一歲。廣西傜人叛亂。宋本卒。蘇天爵參與預修《文宗實錄》，遷翰林待制，除中書右司都事，兼經筵參贊官。《元文類》刊行，王理為之作序。

作《楊氏東塋碑銘》《高邑李氏先德碑銘》

後至元元年（1335）

四十二歲。罷科舉。順帝命翰林國史院纂修累朝實錄及后妃、功臣列傳。

作《禮部員外郎王君墓誌銘》《皇元贈太傅開府儀同三司康靖邢公神道碑》《張文季墓碣銘》《甄德修墓碣》《處士賈君墓表》

後至元二年（1336）

四十三歲。蘇天爵改御史臺都事。制贈蘇志道為集賢直學士亞中大夫輕車都尉，追封真定郡侯。

作《房山賈君墓碣銘》《元故鷹坊都總管趙侯墓碑銘》

後至元三年（1337）

四十四歲。許有壬為蘇志道作神道碑銘，蘇天爵遷禮部侍郎。

作《元故奉訓大夫昭功萬戶府知事馬君墓碣銘》《元故承德郎壽福院判官林公墓碑銘》

後至元四年（1338）

四十五歲。袁州、漳州等處民反。孛朮魯翀卒。馬祖常卒。

後至元五年（1339）

四十六歲。伯顏為丞相。蘇天爵出為江北淮東道肅正廉訪使。

作《彭城郡君耿夫人墓誌銘》《朝列大夫監察御史孟君墓誌銘》《元故通議大夫徽州路總管兼管內勸農事朱公神道碑》《元故少中大夫江西湖東道肅政廉訪使趙忠敏公神道碑銘》

後至元六年（1340）

四十七歲。伯顏罷相。詔撤文宗廟主，欲問罪虞集、馬祖常。蘇天爵入為樞密院判官，後改禮部尚書。

作《李遵道墓誌銘》

至正元年（1341）

四十八歲。改奎章閣為宣文閣。蘇天爵任參議中書省事。

作《楊府君墓誌銘》《真定杜氏先德碑銘》《元故正議大夫僉宣徽院事周侯神道碑銘》《易州李氏角山阡表》

至正二年（1342）

四十九歲。詔諸軍平道州亂。傅若金卒。柳貫卒。蘇天爵拜湖廣省政。

作《元故翰林直學士贈國子祭酒諡文安謝公神道碑銘》《焦先生墓表》《元故贈長葛縣君張氏墓誌銘》

至正三年（1343）

五十歲，詔修遼、金、宋三史，欲以虞集為總裁，因其老病而止。陳旅卒。

作《故梧州幕府王長卿墓誌銘》《元故鄱陽程君墓誌銘》

至正四年（1344）

五十一歲。黃河決堤。蘇天爵任陝西諸道行御史臺御史，召為集賢侍講學士，兼國子祭酒。

作《元故廣州路儒學教授傅君墓誌銘》《元故集賢學士國子祭酒太子右諭德蕭貞敏公墓誌銘》《內丘林先生墓碣銘》

至正五年（1345）

五十二歲。遼、金、宋三史成，《至正條格》成。因忤時相意而罷歸。

作《大元贈奉訓大夫博興知州程府君墓碑銘》

至正六年（1346）

五十三歲。汀州民叛。宋褧卒。蘇天爵任集賢侍講學士，兼國子祭酒，充京畿道奉使宣撫。

作《元故翰林直學士贈國子祭酒范陽郡侯諡文清宋公墓誌銘》《皇元贈通議大夫翰林直學士上輕車都尉滎陽郡侯鄭公神道碑銘》《元故榮祿大夫御史中丞贈推誠佐治濟美功臣河南行省平章政事冀國董忠肅公墓誌銘》《大元贈中順大夫兵部侍郎靳公神道碑銘》（奉敕）《元故翰林侍讀學士贈陝西行省參知政事呂文穆公神道碑銘》（奉敕）《元故亞中大夫河南府總管韓公神道碑銘》

至正七年（1347）

五十四歲，河南、山東盜亂。沅州動亂。蘇天爵起為湖北道宣慰使、浙東道廉訪使，未行，拜江浙省參知政事。

作《故少中大夫同僉樞密院事郭敬簡侯神道碑銘》

至正八年（1348）

五十五歲。福建盜起，山東大水。浙東台州方國珍作亂。虞集以疾卒。黃清老卒。黃溍為蘇誠作《處士蘇公墓表》。蘇天爵任浙東海右道肅正廉訪使後任江浙等處行中書省參知政事，總江浙等處行省之事。

作《靜修先生劉公墓表》

至正九年（1349）

五十六歲。奉詔為大都路總管。

作《元故太史院使贈翰林學士齊文懿公神道碑銘》《元故奉訓大夫湖廣等處儒學提舉黃公墓碑銘》《故處士贈秘書兼秘書郎烏君墓碑銘》《元故承務郎真定等路諸色人匠府總管關君墓碑銘》

至正十年（1350）

五十七歲。為柳貫文集作序。

至正十一年（1351）

五十八歲。劉福通等擁護白蓮教首領韓山童起義，後韓山童為朝廷所誅。

劉福通等人以紅巾為號。方國珍降元，授官。徐壽輝起義稱帝，號天完。

至正十二年（1352）

五十九歲。徐壽輝軍攻陷漢陽、武昌、岳州、徽州等地。定遠郭子興起義，朱元璋從之，克壕州。方國珍復叛。詔蘇天爵任江浙行省參知政事，後蘇天爵以憂思病逝軍中。

五、危素墓碑文繫年

成宗大德七年（1303）

危素出生。

大德八年（1304）

二歲。

大德九年（1305）

三歲。

大德十年（1306）

四歲。在祖父危龍友督促下，危素始讀書。

大德十一年（1307）

五歲。

武宗至大元年（1308）

六歲。

至大二年（1309）

七歲。危素隨祖父治儒業，讀家中所藏書。

至大三年（1310）

八歲。危素奉父命拜謁鄉先生周士岳等人。

至大四年（1311）

九歲。危素學於金溪劉有定處士。

仁宗皇慶元年（1312）

十歲。

皇慶二年（1313）

十一歲。

仁宗延祐元年（1314）

十二歲。

延祐二年（1315）

十三歲。

延祐三年（1316）

十四歲。

延祐四年（1317）

十五歲。危素通五經大旨，為童子師。

延祐五年（1318）

十六歲。

延祐六年（1319）

十七歲。

延祐七年（1320）

十八歲。危素向金溪主簿徐長公請教舉子業，並錄《平傜六策》。

英宗至治元年（1321）

十九歲。危素求學於吳澄、孫轍門下。

至治二年（1322）

二十歲。危素求學於范梈、虞集門下，與呂虛夷結識。

至治三年（1323）

二十一歲。

泰定帝泰定元年（1324）

二十二歲。危素於金溪曾氏森桂坊求學，與友人曾靜等同遊翠關。

泰定二年（1325）

二十三歲。危素與友人同遊崇山。

泰定三年（1326）

二十四歲。危素攜詩文謁見祝蕃、李存，柳貫時任江西儒學提舉，危素以諸生謁見，得其訓導之言。

泰定四年（1327）

二十五歲。

文宗天曆元年（1328）

二十六歲。危素數次拜訪陳苑。

天曆二年（1329）

二十七歲。

文宗至順元年（1330）

二十八歲。

至順二年（1331）

二十九歲。

至順三年（1332）

三十歲。

順帝元統元年（1333）

三十一歲。

元統二年（1334）

三十二歲。危素與友人一同整理《游先生文集》，並請虞集、李存為金溪當地孝女作文。

順帝後至元元年（1335）

三十三歲。

後至元二年（1336）

三十四歲。

作《禪居寺芳禪師塔銘》

後至元三年（1337）

三十五歲。危素刊刻《雲林集》，遊金陵，以詩文示張起巖，得其讚許。

《元故奉議大夫行宣政院經歷王公墓誌銘》《故從仕郎福州路總管府經歷李君墓誌銘》當作於此年或之後

後至元四年（1338）

三十六歲。危素寓居金陵崇因寺，與僧、道好友同遊牛頭山。

後至元五年（1339）

三十七歲。危素隨張起巖至大都，朵兒只班為筑室，揭傒斯名「說學齋」。與朱右結識。

後至元六年（1340）

三十八歲。危素居於京師迎陽坊，與蘇天爵結交。

順帝至正元年（1341）

三十九歲。桂義方卒，危素為其作碑，楊維楨改碑。

作《舒君師文墓碣銘》《宋將仕郎呂君墓誌銘》

《桂先生碑》當作於此年之後

至正二年（1342）

四十歲。危素入為經筵檢討，為順帝講學，妻舒氏卒。

作《元故都昌陳先生墓誌銘》

至正三年（1343）

四十一歲。危素參與《宋史》編纂。

作《故臨川處士饒君大可甫墓碣銘》

至正四年（1344）

四十二歲。危素赴河南、江浙、江西等地，為三史修纂搜訪材料，購求袁桷所藏之書。

作《端靜沖粹通妙真人黃君壽藏碑》《曾夫人何氏墓碣銘》《故貴谿彭君墓碣銘》

《故從仕郎襄陽路谷城縣尹彭君墓誌銘》當作於此年或之後

至正五年（1345）

四十三歲。危素改任承事郎、國子監助教，續娶趙氏。

作《曾秀才墓誌銘》《沈秀才墓誌銘》

《吳仲退先生墓表》《元故資善大夫福建道宣慰使都元帥古速魯公墓誌銘》當作於此年之後

至正六年（1346）

四十四歲。危素居於太液池上，仍為國子助教，授經宮學，與迺賢相交，危素父得元廷追贈，由黃溍為其作碑。

作《舒伯可墓誌銘》《宜興儲先生墓誌銘》《鄭童子墓銘》

《玄儒吳先生碑》當作於此年之後

至正七年（1347）

四十五歲。危素除應奉翰林文字同知制誥，兼國史院編修官，後任宣文閣授經郎，兼經筵譯文官。

至正八年（1348）

四十六歲。危素復入翰林，負責編修《后妃》《功臣》傳，錄修三史進獻書籍目錄，並作序。

作《劉中立故妻張氏墓誌》《故管領隨路蒙古漢人軍民都總管府判官彭君墓誌銘》

<u>至正九年（1349）</u>

四十七歲。危素寓居金臺坊。

作《處士劉公墓誌銘》《故襲封衍聖公贈中奉大夫河南江北等處行中書省參知政事護軍追封魯郡公謚文肅孔思晦神道碑》《故管領隨路蒙古漢人軍民都總管府判官彭君墓誌銘》《故金潭先生于君墓銘》《故將仕郎漳州路總管府知事趙府君墓銘》

<u>至正十年（1350）</u>

四十八歲。

作《元故江山縣儒學教諭翰林修撰承務郎同知制誥兼國史院編修官鄭府君墓誌銘有序》《王仲善墓誌銘》

<u>至正十一年（1351）</u>

四十九歲。危素任儒林郎、太常博士，定著儀文，正祭祀之禮。

作《故昭信校尉管軍千戶累贈中奉大夫山東東西道宣慰使護軍追封太原郡公王公神道碑》《劉桂翁先生墓誌銘》

<u>至正十二年（1352）</u>

五十歲。

作《大元欽象大夫提點司天監事王公壽藏碑》《宋鄉貢進士周先生墓碣銘》《故何君國佐墓銘》《故翰林學士承旨資善大夫知制誥兼修國史贈推忠輔義守正功臣集賢學士上護軍追封淶水郡公謚忠嘉耶律公神道碑》

<u>至正十三年（1353）</u>

五十一歲。危素任奉訓大夫、國子監丞，後擢升為兵部員外郎，至雄、霸二州墾田。

作《鄧汝貞墓銘》

《元江西湖東道肅政廉訪司經歷贈嘉議大夫中書禮部尚書上輕車都尉追封滎陽郡侯鄭公紹墓誌銘》當作於此年之後

<u>至正十四年（1354）</u>

五十二歲。

作《故承事郎汴梁路通許縣尹王公墓碣銘》《故天臨路醫學教授嚴君墓銘》《顏一初墓碣銘》《故劉君允恭夫人余氏墓誌銘》

至正十五年（1355）

五十三歲。危素任奉議大夫、禮部郎中，拜朝散大夫、監察御史，又遷工部侍郎。

至正十六年（1356）

五十四歲。危素任朝請大夫大司農丞，主持保定屯田。

至正十七年（1357）

五十五歲。危素任中奉大夫司農少卿，又遷禮部尚書。

至正十八年（1358）

五十六歲。紅巾軍克河間等地。危素任參議中書省事，兼經筵官。

作《大元故翰林侍講學士中奉大夫知制誥同修國史同知經筵事贈中奉大夫江西等處行中書省參知政事護軍追封江夏郡公諡文獻黃公神道碑》

至正十九年（1359）

五十七歲。易州兵亂。危素任通奉大夫御史臺治書侍御史，皇太子賜「澄清忠義，清白傳家」之字。

作《大元敕賜故翰林學士承旨光祿大夫知制誥兼修國史贈光祿大夫司徒上柱國追封楚國公諡文憲程公神道碑銘》

至正二十年（1360）

五十八歲。危素拜通奉大夫中書參知政事同知經筵事，提調四方獻言詳定使司。

作《有元元阿育王山廣利禪寺住持兼住天童景德寺佛日圓明普濟禪師光公塔銘》

至正二十一年（1361）

五十九歲。

至正二十二年（1362）

六十歲。

作《大元敕賜追封西寧王忻都公神道碑》《元故薛君思永配倪夫人墓銘》

至正二十三年（1363）

六十一歲。

至正二十四年（1364）

六十二歲。危素任資政大夫，除翰林學士承旨，榮祿大夫知制誥兼修國史。後出為嶺北等處行中書省左丞。

作《元故江山縣儒學教諭翰林修撰承務郎同知制誥兼國史院編修官鄭府君墓誌銘有序》

至正二十五年（1365）

六十三歲。危素棄官，居房山。

作《元故番易李先生墓誌銘》

至正二十六年（1366）

六十四歲。

至正二十七年（1367）

六十五歲。

元順帝至正二十八年、明太祖洪武元年（1368）

六十六歲。七月，危素復為翰林學士承旨，上疏辭免。後元亡，危素欲於報恩寺中投井而死，為友人所勸，並於明軍入京時保護累朝實錄不為兵士所毀。

作《元故徵君杜公伯原父墓碑》《侍讀學士尚師簡神道碑》

明洪武二年（1369）

六十七歲。二月，危素至南京，朱元璋授翰林侍講學士，中順大夫、知制誥、同修國史，後因故被彈劾罷官。

洪武三年（1370）

六十八歲。正月，危素復官，四月，兼弘文館學士，冬，為監察御史王著等彈劾，被免職，後出居和州。

洪武四年（1371）

六十九歲。

作《故封奉政大夫禮部郎中驍騎尉高邑縣子奉先墓誌銘》

洪武五年（1372）

七十歲。

正月十日，作《炬法師塔銘》

正月二十三日，危素辭世。

附錄二　元代處士表

	生　年	墓主	篇　名	作者	不出仕原因
1.	1179 金大定十九年	劉章	京兆劉處士墓碣	楊奐	不志官場
2.	1192 金明昌三年	宋珍	故南塘處士宋公墓誌銘並序	王惲	不志官場
3.	1194 金明昌五年	寇靖	處士寇君墓表	劉因	朝代更替
4.	1199 金承安四年	王政	王晉卿父王隱士神道碑	胡祗遹	朝代更替
5.	1199 金承安四年	秋鶚	汝南處士秋君墓表	戴表元	朝代更替
6.	1209 南宋嘉定二年	吳豫	場圃處士吳公墓誌銘	方回	不志官場
7.	1216 南宋嘉定九年	劉達仲	樂邱處士墓誌銘	劉辰翁	不志官場
8.	1221 金興定五年	蘇誠	處士蘇公墓表	黃溍	不志科舉
9.	1228 金正大五年	瓜爾佳秉直	瓜爾佳隱士墓誌銘	胡祗遹	朝代更替
10.	1229 南宋紹定二年	殷澄	故處士殷君墓碑	楊維楨	朝代更替（守節）
11.	1231 南宋紹定四年	嚴恭	錢塘嚴處士墓碣	鄧文原	不志官場
12.	出仕金代	魏仲	魏處士墓碣銘	胡祗遹	朝代更替
13.	金代出生	高榮	隱士高君墓誌銘	胡祗遹	朝代更替
14.	1235 南宋端平二年	林雷龍	清逸處士春山林君墓誌銘	黃仲元	朝代更替守節
15.	1236 南宋端平三年	吳克珍	婺源處士吳君墓誌銘	鄧文原	不志官場
16.	1238 南宋嘉熙二年	聶復孫	處士聶君墓誌銘	程鉅夫	朝代更替
17.	1239 南宋嘉熙三年	郭士元	郭處士壙誌	貝瓊	不明
18.	1240 南宋嘉熙四年	吳處士	吳處士墓銘	楊載	家族傳統

19.	1242 南宋淳祐二年	陳㬊伯	海陰陳處士墓誌銘	袁桷	朝代更替
20.	1244 南宋淳祐四年	周鼎	故洞真處士周君墓誌銘	吳澄	朝代更替
21.	1244 南宋淳祐四年	鍾應麟	即心處士鍾君墓誌銘	王禮	宗教修煉
22.	1244 南宋淳祐四年	林遵文	故中山處士林明甫墓銘	黃仲元	朝代更替
23.	1245 南宋淳祐五年	陳仕貴	故桂溪逸士陳君墓碣銘	吳澄	科舉廢止、開后不中
24.	1245 南宋淳祐五年	曹原傑	故逸士曹君名父墓表	吳澄	不明
25.	1246 南宋淳祐六年	甄昌祖	處士甄君墓碣銘	宋本	不志官場
26.	1247 南宋淳祐七年	陳應洪	靜山處士陳君墓誌銘	程鉅夫	不志官場
27.	1247 南宋淳祐七年	何劉發	竹隱處士墓誌銘	陸文圭	不志官場
28.	1248 南宋淳祐八年	黃淳	故逸士黃幼德墓碣銘	吳澄	其他
29.	1248 南宋淳祐八年	汪庭桂	存耕處士汪公庭桂墓誌銘	王球	朝代更替
30.	1249 南宋淳祐九年	陳瑜玉	故臨川處士陳君墓碣銘	吳澄	科舉廢止
31.	1249 南宋淳祐九年	單濟之	處士單君濟之墓誌銘	陸文圭	不志官場
32.	1250 南宋淳祐十年	陳紹祖	故處士陳繼翁墓誌銘	程端學	朝代更替
33.	1253 南宋寶祐元年	趙君	故逸士趙君墓誌銘	吳澄	宋宗室
34.	1253 南宋寶祐元年	葛繼祖	故金溪逸士葛君墓誌銘	吳澄	科舉廢止
35.	1253 南宋寶祐元年	劉時明	故處士劉君墓誌銘	吳澄	不志官場
36.	1254 南宋寶祐二年	馬之純	澹居處士馬君墓碣銘	柳貫	不志官場
37.	1255 南宋寶祐三年	熊師賢	故逸士熊君佐墓誌銘	吳澄	科舉廢止
38.	1255 南宋寶祐三年	蕭德孫	故逸士廬陵蕭君墓銘	吳澄	科舉廢止、開后不中
39.	1256 南宋寶祐四年	倪景和	倪處士墓誌銘	劉岳申	不志官場
40.	1256 南宋寶祐四年	熊召子	靖逸處士熊公墓誌銘	揭傒斯	性格耿直
41.	1257 （約）南宋寶祐五年	袁度	處士袁君墓表銘	張養浩	不志官場
42.	1258 南宋寶祐六年	袁弘道	故逸士袁君修德墓誌銘	吳澄	朝代更替（家中鉅變）
43.	1258 南宋寶祐六年	薛勉	故處士薛君墓誌銘	吳澄	朝代更替
44.	1258 南宋寶祐六年	薛勉	文清薛處士墓誌銘	袁桷	不志官場
45.	1259 南宋開慶元年	游應斗	故逸士游君建叔墓表	吳澄	科舉廢止
46.	1259 南宋開慶元年	張元定	故逸士張君靜翁墓誌銘	吳澄	不明
47.	1259 南宋開慶元年	劉過	元故隱士吏齋先生劉公墓碑銘有序	歐陽玄	不明

48.	1259 南宋開慶元年	汪應新	中山處士汪君應新墓銘	虞集	朝廷不用
49.	1260 南宋景定元年	黃長元	故靜樂逸士黃君墓誌銘	吳澄	科舉廢止
50.	1260 南宋景定元年	吳逸士	吳逸士銘	宋无	科舉廢止
51.	1261 南宋景定二年	賈壤	處士賈君墓表	蘇天爵	不志官場
52.	1261（約）南宋景定二年	李墩	李處士墓誌銘	鄭元祐	不志官場
53.	1262 南宋景定三年	陳殷	逸士陳君墓誌銘	揭傒斯	不志官場
54.	1262 南宋景定三年	唐如介	唐處士墓誌銘	唐元	不志官場
55.	1262 南宋景定三年	朱士林	元故西岩處士朱公墓誌銘	郭畀	不志官場
56.	1263 南宋景定四年	烏沖	故處士贈秘書兼秘書郎烏君墓碑銘	蘇天爵	不志官場
57.	1263 南宋景定四年	張有常	故處士張君吉甫墓誌銘	舒頔	有司不合
58.	1264 南宋景定五年	劉隆瑞	元處士劉公梅國先生墓銘有序	歐陽玄	不志官場
59.	1266 南宋咸淳二年	黃叔雅	處士黃仲正甫墓誌銘	袁桷	不志官場
60.	1266 南宋咸淳二年	鄭天覺	故滎陽佚耕處士鄭公墓誌銘	貝瓊	朝代更替
61.	1268 南宋咸淳四年	陳士龍	故逸士陳君雲夫墓誌銘	吳澄	不志官場
62.	1268 南宋咸淳四年	劉詵	元故隱士廬陵劉桂隱先生墓碑銘	歐陽玄	朝代更替，參加科舉後隱退
63.	1269 南宋咸淳五年	王子清	故金陵逸士寅叔王君墓碣銘	吳澄	科舉廢止
64.	1272 南宋咸淳八年	劉振道	故梅埜逸士劉君墓誌銘	吳澄	不志官場
65.	1272 至元九年	何體仁	故濱川漁逸何先生墓碣銘	薛泰	不志官場
66.	1273 南宋咸淳九年	邵彌遠	雪溪處士邵公墓誌銘	楊維楨	不志官場
67.	1274 至元十年	汪天祐	處士汪君墓誌銘	趙汸	不志官場
68.	1274 南宋咸淳十年	高師周	高處士師周墓誌銘	劉詵	不合有司
69.	生於宋代	吳德夫	故處士季德吳君墓誌銘	吳澄	科舉廢止
70.	由宋入元	陶德生	元故處士陶君墓表	黃溍	出仕不成
71.	1277 至元十四年	劉傳	故靜觀處士劉君墓碣銘	蘇天爵	不志官場
72.	1277 至元十四年	倪濟亨	元故處士倪君墓誌銘	程端禮	不志官場
73.	1278 至元十五年	王元	王處士墓誌銘	鄭元祐	宗教修煉
74.	1278 至元十五年	王廷珍	處士王君墓誌銘	鄭玉	不志官場

75.	1279 至元十六年	饒泰來	故臨川處士饒君大可甫墓碣銘	危素	科舉不中
76.	1281 至元十八年	張性善	張處士性善墓誌銘	劉詵	不合有司
77.	1281 至元十八年	虞炫	蜀虞處士墓碣銘	鄭元祐	不志官場
78.	1283 至元二十年	羅世華	元故衡玄處士羅君墓誌銘	戴良	不志官場
79.	1283 至元二十年	彭仁翁	處士彭公墓誌銘	陳高	不志官場
80.	1284 至元二十一年	許汴	許處士汴墓誌銘	揭傒斯	科舉不中
81.	1284 至元二十一年	戴杞子	南山處士戴君杞墓誌銘	貢奎	早逝
82.	1285 至元二十二年	徐興	逸士徐君墓誌銘	揭傒斯	不志官場
83.	1286 至元二十三年	劉士亨	故處士劉君墓誌銘	許有壬	不志官場
84.	1286 至元二十三年	劉有定	處士劉公墓誌銘	危素	不志官場
85.	1287 至元二十四年	高師文	故逸士高周佐墓誌銘	吳澄	不志官場
86.	1288 至元二十五年	傅翼	故處士傅君墓誌銘	殷奎	不志官場
87.	1289 至元二十六年	王蕙	故處士金華王君墓誌銘	黃溍	不志官場
88.	1289 至元二十六年	陳良能	元故陳處士墓誌銘	楊維楨	有司不合
89.	1291 至元二十八年	袁德昌	處士袁君墓誌銘	陳基	不志官場
90.	1293 至元三十年	楊綏	處士楊君墓誌銘	揭傒斯	科舉不中
91.	1293 至元三十年	夏濬	元故處士夏君墓誌銘	貢師泰	不志官場
92.	1293 至元三十年	王鑑	王處士墓誌銘	陳基	不志官場
93.	1294 至元三十一年	王琰	屏山處士王君墓誌銘	黃溍	不志官場
94.	1295 元貞元年	唐士仁	處士唐德卿墓誌銘	虞集	不志官場
95.	1295 元貞元年	倪驤	故處士倪君墓誌銘	楊維楨	不志官場
96.	1296 元貞二年	馮天瑞	故處士馮君墓誌銘	楊維楨	有司不合
97.	1296 元貞二年	唐榮祖	元故處士唐君墓誌銘並序	戴良	不志官場
98.	1298 大德二年	曾說	元故隱士怡如曾先生墓誌銘	陳謨	有司不合
99.	1299 大德三年	張功懋	張處士墓誌銘	謝應芳	修佛道
100.	1300 大德四年	姚椿壽	姚處士墓誌銘	楊維楨	不志官場
101.	1301 大德五年	虞德章	芝庭處士虞君墓銘	楊維楨	不志官場
102.	1301 大德五年	倪瓚	處士雲林先生墓誌銘	周南	不志官場
103.	1301 大德五年	陳益	陳處士墓銘	朱右	不志官場
104.	1303 大德七年	張仁近	故拙齋處士張公墓碣銘	貝瓊	科舉廢止
105.	1304 大德八年	翟德興	喬山處士翟君墓誌銘	楊維楨	不志官場

106.	1305（約)大德九年	殷庠	元故殷處士碣銘	楊維楨	不志官場
107.	1306 大德十年	史蒙卿	靜清處士史君墓誌銘	袁桷	不志官場
108.	1311 至大四年	高恕	逸士高君墓誌銘	梁寅	
109.	1314 延祐元年	夏榮達	玄逸處士夏君墓誌銘並序	戴良	不好經書
110.	1319 延祐六年	韓性	故韓處士碣銘	貝瓊	不志官場
111.	1323 至治三年	倪可與	處士倪君仲權墓表	烏斯道	不志官場
112.	1323 至治三年	周天祐	故貞孝處士周公墓誌銘	貝瓊	科舉不中
113.	1326 泰定三年	朱仰	東屯朱處士墓誌銘	劉楚	朝代更替
114.	1333 至順四年	何仁	故處士何希顏墓誌銘	殷奎	習醫術
115.	1340 至正庚辰	黎謙益	黎逸士伯諒墓誌銘	梁寅	不志官場
116.	生於元代	徐舜臣	故元處士徐君墓誌銘	許有壬	不志官場
117.	生於元代	瞿信	大明故處士瞿君墓誌銘	殷奎	不志官場
118.	不明	曾君	故山南逸士曾君墓誌銘	吳澄	不明
119.	不明	張謙	張處士墓銘	魏初	不明
120.	不明	彭應桂	彭處士墓誌銘	鄧文原	科舉廢止
121.	不明	郭適	處士郭圖南墓誌銘	劉岳申	不志官場
122.	不明	魏一愚	青門處士墓銘	楊維楨	不志官場
123.	不明	章成	梅隱處士章君墓銘	陳高	不志官場
124.	不詳	范起莘	梅谿范隱士壽墓誌銘	劉壎	修煉

附錄三　元代蒙古、色目等墓主表

	篇　名	作者	墓　主	冊數	頁數	所屬氏族
1.	總帥汪義武王世顯神道碑	楊奐	汪世顯	1	155	蒙古汪古部
2.	中書令耶律公神道碑	宋子貞	耶律楚材	1	169	契丹耶律氏
3.	資善大夫集慶軍節度使蒲察公神道碑銘並引	元好問	蒲察元衡	1	514	女真蒲察氏
4.	資善大夫武寧軍節度使夾谷公神道碑銘	元好問	夾谷土剌	1	516	女真夾谷氏
5.	龍虎衛上將軍耶律公墓誌銘	元好問	耶律思忠	1	597	契丹耶律氏
6.	龍虎衛上將軍術虎公神道碑	元好問	朮虎筠壽	1	599	女真朮虎氏
7.	恆州刺史馬君神道碑	元好問	馬慶祥	1	605	雍古部馬氏
8.	贈鎮南軍節度使良佐碑	元好問	陳和尚	1	607	女真陳氏
9.	奉國上將軍武廟署令耶律公墓誌銘	元好問	耶律辨才	1	613	契丹耶律氏
10.	臨淄縣令完顏公神道碑	元好問	完顏懷德	1	621	女真完顏氏
11.	尚書右丞相耶律公神道碑	元好問	耶律履	1	683	契丹耶律氏
12.	金故光祿大夫刑部尚書尼龐窟公墓誌銘	李庭	尼龐窟海山	2	158	女真尼龐窟氏
13.	大元宣差陝西京兆府總管大夫人尼龐窟氏墓誌銘	李庭		2	159	女真尼龐窟氏
14.	大元故宣差萬戶奧屯公神道碑銘	李庭	奧屯世英	2	174	女真奧屯氏
15.	大元故懷遠大將軍彰德路嚕噶齊揚珠台公神道碑銘	胡祗遹	納琳居準	5	400	蒙古弘吉剌氏

16.	大元故懷遠大將軍懷孟路嚕噶齊兼諸軍鄂勒蒙古公神道碑	胡祗遹	蒙古巴爾	5	402	蒙古，氏族不明
17.	舒穆嚕氏神道碑	胡祗遹	舒穆嚕額森	5	406	契丹石抹氏
18.	故大名路徵收課稅所長官耶律公神道碑	胡祗遹	耶律澤民	5	432	契丹耶律氏
19.	耶律氏墓銘	胡祗遹	耶律澤民	5	444	契丹耶律氏
20.	什達爾夫人墓碣銘	胡祗遹	什達爾	5	464	回紇
21.	大元故大名路宣差李公神道碑銘並序	王惲	李益立山	6	397	唐兀昔李鈐氏
22.	大元國故衛輝路監郡塔必公神道碑銘並序	王惲	塔必迷失	6	401	不明
23.	元兀林答碑	方回	兀林答	7	399	不明
24.	縣尹呼延公碑	武震	呼延彥玉	8	259	不明
25.	故四路屯田達嚕噶齊王公墓銘	魏初	蒙固岱	8	499	不明
26.	丞相莽哈岱美棠碑文	劉辰翁	莽哈岱美棠	8	740	不明
27.	太師廣平貞憲王碑	閻復	月呂魯那演	9	257	蒙古阿兒剌氏
28.	駙馬高唐忠獻王碑銘	閻復	闊里吉思	9	261	蒙古汪古部
29.	樞密句容武毅王碑	閻復	土土哈	9	265	色目欽察氏
30.	丞相興元忠憲王碑	閻復	完澤	9	268	蒙古克烈氏
31.	皇元高昌忠惠王神道碑銘並序	姚燧	達實密	9	548	蒙古克烈氏
32.	湖廣行省左丞相神道碑	姚燧	阿爾哈雅	9	551	畏兀貫氏
33.	平章政事蒙古公神道碑	姚燧	博囉罕（博羅歡）	9	559	蒙古忙兀氏
34.	平章政事徐國公神道碑	姚燧	伊札吉台徹爾	9	566	蒙古燕只吉台氏
35.	徽州路總管府達嚕噶齊兼管內勸農事虎公神道碑	姚燧	虎益	9	569	唐兀昔李鈐氏
36.	興元行省瓜爾佳公神道碑	姚燧	瓜爾佳隆古岱	9	606	女真瓜爾佳氏
37.	百夫長贈中大夫上輕車都尉曹南郡侯坤都岱公神道碑	姚燧	坤都岱	9	623	色目欽察氏
38.	南京兵馬使贈正議大夫上輕車都尉陳留郡侯布色君神道碑	姚燧	布色長德	9	625	女真布色氏

39.	資德大夫雲南行中書省右丞贈秉忠執德威遠功臣開府儀同三司太師上柱國魏國公謚忠節李公神道碑	姚燧	李阿嚕	9	648	唐兀昔李鈐氏
40.	有元故中奉大夫江東宣慰使珊竹公神道碑銘並序	姚燧	拔不忽	9	725	蒙古珊竹氏
41.	中大夫延平路宣相杏林公墓誌銘	劉壎	亦忽都立	10	428	回鶻後裔，氏族不明
42.	敕賜太傅右丞相贈太師順德忠獻王碑	劉敏中	哈剌哈孫	11	537	蒙古斡剌納兒氏
43.	敕賜將作院使哈飒不華昭先碑銘	劉敏中		11	547	畏兀人，氏族不明
44.	敕賜資德大夫中書右丞商議福建等處行中書省事贈榮祿大夫司空景義公不阿里神道碑銘	劉敏中	不阿里（撒亦的）	11	550	西域人
45.	敕賜益都行省達魯花赤贈推忠宣力功臣金紫光祿大夫太尉上柱國溫國公謚忠襄珊竹公神道碑銘	劉敏中	純直海	11	582	蒙古珊竹氏
46.	敕賜鎮國上將軍福建道宣慰使兼鎮守建德萬戶贈榮祿大夫平章政事柱國溫國公謚恭惠珊竹公神道碑銘	劉敏中	大達立	11	585	蒙古珊竹氏
47.	敕賜輔國上將軍大宗正府也可札魯花赤贈榮祿大夫平章政事溫國公謚懿靖珊竹公神道碑銘	劉敏中	咬住	11	589	蒙古珊竹氏
48.	大元榮祿大夫宣政使領延慶使贈推誠佐理功臣太師開府儀同三司上柱國齊國文忠公神道碑	吳澄	潔實彌爾	15	380	不明
49.	故光祿大夫江南諸道行御史臺大夫贈銀青榮祿大夫江浙等處行中書省左丞相上柱國魯國元獻公神道碑	吳澄	伯都	15	388	蒙古忙兀氏
50.	元故濬州達魯花赤贈中議大夫河中府知府上騎都尉追封魏郡伯墓碑	吳澄	逑哥察兒	15	411	唐兀人，氏族不明

51.	拂林忠獻王神道碑	程鉅夫	愛薛	16	324	拂林人
52.	林國武宣公神道碑	程鉅夫	完者都	16	340	色目欽察氏
53.	武都忠簡王神道碑	程鉅夫	阿失帖木兒	16	356	畏兀人，氏族不明
54.	涼國敏慧公神道碑	程鉅夫	阿尼哥	16	362	今尼泊爾人
55.	信都常忠懿王神道碑	程鉅夫	畝住	16	366	不明
56.	秦國昭宣公神道碑	程鉅夫	哈荅孫	16	374	蒙古人，氏族不明
57.	秦國先墓碑	程鉅夫		16	382	蒙古人，氏族不明
58.	秦國文靖公神道碑	程鉅夫	安藏	16	388	畏兀人，氏族不明
59.	故昭勇大將軍欽察親軍都指揮使巴約特公墓碑	程鉅夫	伊蘇岱爾	16	424	蒙古巴約特氏
60.	大元河東郡公佈都公神道碑銘	程鉅夫	步都納	16	438	西域巴喇勒哈氏
61.	河東郡公佈都公夫人李氏墓碑	程鉅夫		16	484	不明
62.	故砲手軍總管克烈君碑銘	程鉅夫	勖實帶	16	528	蒙古克烈氏
63.	中奉大夫廣東道宣慰使都元帥墓誌銘	陸文圭	揚珠布哈	17	666	輝和爾氏
64.	大元敕賜故榮祿大夫中書平章政事守司徒集賢院使領太史院事贈推忠佐理翊亮功臣太師開府儀同三司上柱國追封趙國公諡文定全公神道碑銘	趙孟頫	阿魯渾薩理	19	231	畏兀全氏
65.	故昭文館大學士榮祿大夫平章軍國事行御史中丞領侍儀司事贈純誠佐理功臣太傅開府儀同三司上柱國追封魯國公諡文貞康里公碑	趙孟頫	不忽木	19	235	康里氏
66.	大元敕賜龍興寺大覺普慈廣照無上帝師之碑	趙孟頫	膽巴	19	303	西藏人
67.	奉議大夫甘肅省理問瓜爾佳公墓誌銘	同恕	瓜爾佳安仁	19	405	女真瓜爾佳氏
68.	耶律濮國威愍公墓誌銘	同恕	蒙固岱	19	431	契丹耶律氏

69.	補顏普化碑	同恕	補顏普化	19	448	西域人，氏族不明
70.	宣武將軍汀州路達嚕葛齊瓜爾佳玉隴齊公墓誌銘	劉將孫	瓜爾佳玉隴齊	20	429	女真瓜爾佳氏
71.	故榮祿大夫平章政事鞏國武惠公神道碑銘	鄧文原	哈剌帶特	21	124	西域合魯氏
72.	大元宣武將軍韶州路達嚕葛齊阿布格察喇公神道碑	劉岳申	阿布格察喇	21	591	達里台氏
73.	駙馬昌王世德碑	張士觀		22	392	蒙古亦啟列氏
74.	完顏氏先塋碑	張士觀		22	397	女真完顏氏
75.	資善大夫資國院使贈資政大夫江浙等處行中書省左丞上護軍順義郡公謚貞惠玉呂伯里公神道碑銘並序	袁桷	玉呂伯里伯行	23	571	玉呂伯里氏
76.	安懿王完澤神道碑	曹元用	完澤	24	270	不明
77.	太師淇陽忠武王碑	元明善	月赤察兒	24	332	蒙古許慎氏
78.	丞相東平忠憲王碑	元明善	安同	24	340	蒙古札剌爾氏
79.	丞相淮安忠武王碑	元明善	伯顏	24	346	蒙古八鄰氏
80.	平章政事廉文正王神道碑	元明善	廉希憲	24	352	畏兀廉氏
81.	魏國忠懿公神道碑	元明善	阿里罕	24	364	回回人，氏族不明
82.	大元故昭武大將軍嘉定路總管奧屯公神道碑銘有序	元明善	奧屯真	24	387	女真奧屯氏
83.	雍古公神道碑銘有序	元明善	笁尒	24	390	雍古氏
84.	句容郡王世績碑	虞集		27	229	色目欽察氏
85.	高昌王世勳碑	虞集		27	244	高昌亦都護
86.	孫都思氏世勳碑	虞集		27	248	蒙古孫都思氏
87.	楊襄愍公神道碑	虞集	朵兒只	27	265	河西人，氏族不明
88.	高莊僖公神道碑	虞集	高觿	27	281	女真高氏
89.	高昌王神道碑	虞集	月魯哥	27	287	畏兀氏
90.	楊襄敏公神道碑	虞集	教化	27	308	河西人，氏族不明
91.	昔里哈剌襄靖公神道碑	虞集	昔里哈剌	27	331	畏兀氏
92.	立只理威忠惠公神道碑	虞集	立只理威	27	334	唐兀人，氏族不明

93.	靖州路達魯花赤魯公神道碑	虞集	鐵柱	27	374	畏兀人，氏族不明
94.	蒙古拓拔公先塋碑銘	虞集	按察兒	27	405	蒙古拓拔氏
95.	靖州路總管捏古台公墓誌銘	虞集	捏古台	27	525	蒙古捏古台氏
96.	大元敕賜故中順大夫諸色人匠都總管府達魯花赤竹君之碑	揭傒斯	竹溫台	28	511	不明
97.	敕賜康里氏先塋碑	黃溍		30	58	康里氏
98.	翰林學士承旨致仕脫脫公先塋碑	黃溍		30	67	蒙古默而吉台氏
99.	答祿乃蠻氏先塋碑	黃溍		30	69	乃蠻氏
100.	中書右丞相贈孚道志仁清忠一德功臣太師開府儀同三司上柱國追封鄆王謚文忠神道碑	黃溍	拜住	30	146	蒙古札剌爾氏
101.	江浙行中書省平章政事贈太傅安慶武襄王神道碑	黃溍	也速解兒	30	153	康里氏
102.	朝列大夫僉通政院事贈榮祿大夫河南江北等處行中書省平章政事追封魯國公札剌爾公神道碑	黃溍	別里哥帖穆爾	30	157	蒙古札剌爾氏
103.	宣徽使太保定國忠亮公神道碑	黃溍	答失蠻	30	162	回紇人，氏族不明
104.	遼陽等處行中書省左丞亦輦真公神道碑	黃溍	亦輦真	30	165	畏兀人，氏族不明
105.	宣徽使太保定國忠亮公神道第二碑	黃溍	買奴	30	191	回紇人，氏族不明
106.	廣東道都轉運鹽使贈推誠守忠全節功臣資德大夫河南江北等處行中書省右丞上護軍追封高昌郡公謚忠愍合剌普華公神道碑	黃溍	合剌普華	30	197	回紇偰氏
107.	資善大夫河西隴北道肅政廉訪使凱烈公神道碑	黃溍	拔實	30	201	蒙古凱烈氏
108.	沿海上副萬戶石抹公神道碑	黃溍	明里帖木兒	30	224	契丹石抹氏
109.	嘉議大夫婺州路總管兼管內勸農事捏古解公神道碑	黃溍	忽都達而	30	233	蒙古捏古解氏

110.	明威將軍管軍上千戶所達魯花赤遜都台公墓誌銘	黃溍	脫帖穆耳	30	345	蒙古遜都台氏
111.	上都新軍管軍千戶夾谷公墓誌銘	黃溍	明安答而	30	450	女真夾谷氏
112.	真定路總管府達魯花赤致仕道家奴嘉議公墓誌銘	黃溍	道家奴	30	480	蒙古人，氏族不明
113.	魏郡夫人偉吾氏墓誌銘	黃溍	月倫石護篤	30	510	畏兀古速魯氏
114.	元甘肅等處行中書省平章政事榮祿大夫公神道碑	贍思	哈珊	32	233	畏兀人，氏族不明
115.	大元故鎮國上將軍河南淮北蒙古軍都萬戶府副都萬戶贈輔國上將軍樞密副使護軍追封雲中郡公諡襄懋忽神公神道碑銘並序	孛术魯翀	伯里閣不花	32	332	蒙古忽神氏
116.	皇元故武略將軍濟南冠州萬戶府千夫長監默勒齊公神道碑銘	孛术魯翀	末赤	32	344	乃蠻氏
117.	故禮部尚書馬公神道碑銘	馬祖常	月忽乃	32	499	雍古馬氏
118.	敕賜大司徒薊國忠簡公神道碑	馬祖常	忙兀的斤	32	502	畏兀氏
119.	故貞節贈容國夫人薩法禮氏碑銘	馬祖常	薩法禮	32	506	花剌子模人
120.	元故翰林學士中奉大夫知制誥同修國史貫公神道碑	歐陽玄	貫雲石	34	651	畏兀貫氏
121.	元贈效忠宣力功臣太傅開府儀同三司上柱國追封趙國公諡忠靖馬和馬沙碑	歐陽玄	馬和馬沙	34	748	回回人，氏族不明
122.	敕賜推誠宣力定遠佐運功臣太師開府儀同三司上柱國曹南忠宣王神道碑銘並序	許有壬	阿剌罕	38	322	蒙古札剌爾氏
123.	敕賜故資德大夫御史中丞贈攄忠宣憲協正功臣河南行省右丞上護軍魏郡馬文貞公神道碑銘並序	許有壬	馬祖常	38	330	雍古部馬氏
124.	大元贈光祿大夫江浙等處行中書省平章政事柱國追封趙國公阿塔海牙公神道碑銘並序	許有壬	阿塔海牙	38	355	畏兀貫氏

125.	故忠翊校尉廣海鹽課司提舉贈奉訓大夫飛騎尉漁陽縣男于闐公碑銘	許有壬	剌馬丹	38	372	穆斯林，氏族不明
126.	故僉書江西等處樞密院事贈樞密副使護軍雲中郡成毅公神道碑銘並序	許有壬	葉諦彌實	38	374	朵魯伯解氏
127.	贈嘉議大夫濟南路總管上輕車都尉追封博平郡侯奧屯公神道碑並序	許有壬	高山	38	377	女真奧屯氏
128.	西域使者哈只哈心碑	許有壬	哈只哈心	38	388	回回人，氏族不明
129.	故嘉議大夫廣東道都轉運鹽使贈通議大夫戶部尚書上輕車都尉追封高昌郡侯合剌普華公墓誌銘	許有壬	合剌普華	38	399	高昌偰氏
130.	贈僉太常禮儀院事齾克篤公神道碑銘	許有壬	齾克篤	38	415	蒙古酎溫台氏
131.	故中奉大夫侍御史慕公墓誌銘	許有壬	慕完	38	445	不明
132.	故奉政大夫淮西江北道肅政廉訪使贈嘉議大夫禮部尚書上輕車都尉追封恆山郡公諡正肅普顏公神道碑銘並序	許有壬	普顏	38	462	畏兀人，氏族不明
133.	元故右丞相怯烈公神道碑銘並序	許有壬	鎮海	38	482	克烈氏
134.	江西行中書省左右司郎中高昌普達實立公墓誌銘	鄭元祐	普達實立	38	761	畏兀人，氏族不明
135.	石抹公墓誌銘	李源	石抹謙甫	39	466	契丹石抹氏
136.	皇元故昭文館大學士兼國子祭酒贈河南行省右丞相耶律文正公神道碑銘有序	蘇天爵	耶律有尚	40	270	契丹耶律氏
137.	元故中奉大夫江浙行中書省參知政事追封南陽郡公諡文靖孛朮魯公神道碑銘並序	蘇天爵	孛朮魯翀	40	275	女真孛朮魯氏
138.	元故資德大夫御史中丞贈攄忠宣憲協正功臣魏郡馬文貞公墓誌銘	蘇天爵	馬祖常	40	391	雍古部馬氏

139.	孛元卿墓銘	楊維楨	孛顏忽都	42	66	蒙古人，氏族不明
140.	大元故太傅錄軍國重事宣徽使領大司農太醫院事鐵可公墓誌銘	蔡文淵	鐵可	46	27	今巴基斯坦人
141.	故翰林學士承旨資善大夫知制誥兼修國史贈推忠輔輔義守正功臣集賢學士護軍追封淶水郡公諡忠嘉耶律公神道碑	危素	耶律希亮	48	425	契丹耶律氏
142.	大元敕賜追封西寧王忻都公神道碑壬寅	危素	忻都	48	444	蒙古人，氏族不明
143.	元故資蓋善大夫福建道宣慰使都元帥古速魯公墓誌銘	危素	達里麻吉而的	48	498	回紇古速魯氏
144.	大元贈敦武校尉軍民萬戶府百夫長唐兀公碑銘並序	潘迪	閭馬	51	17	唐兀人，氏族不明
145.	大元加封宏吉烈氏相哥八剌魯王元勳世德碑	胡祖廣		52	410	蒙古弘吉剌氏
146.	友石山人墓誌銘	吳海	那木罕	54	277	不明
147.	漳州路達魯花赤合魯溫侯墓表	王褘	迭理彌實	55	617	合魯溫氏
148.	樂善公墓碑	蘇若思	騷馬	56	108	穆斯林，氏族不明
149.	西天提納薄陀尊者浮屠銘並序	李穡	指空	56	616	不明
150.	孫母高昌氏墓誌銘	王禮	額森德濟	60	761	高昌輝和爾氏

附錄四　元代少數民族作家墓碑文創作情況表

	篇　名	作　者	墓　主	卷	冊	頁
1.	和公大禪師塔銘	耶律楚材		一二	1	236
2.	燕京崇壽禪院故圓通大師朗公碑銘	耶律楚材	李祖朗	一二	1	239
3.	平章政事壽國張文貞公神道碑	元好問	張萬公	二七	1	442
4.	王黃華墓碑	元好問	王庭筠	二七	1	447
5.	沁州刺史李君神道碑	元好問	李楫	二七	1	451
6.	閑閑公墓銘	元好問	趙秉文	二八	1	455
7.	朝散大夫同知東平府事胡公神道碑	元好問	胡景崧	二八	1	460
8.	寄庵先生墓碑	元好問		二八	1	464
9.	朝列大夫同知河間府事張公墓表	元好問	張公著	二八	1	467
10.	內翰文獻楊公神道碑銘	元好問	楊雲翼	二九	1	470
11.	嘉議大夫陝西東路轉運使剛敏王公神道碑銘	元好問	王擴	二九	1	477
12.	通奉大夫禮部尚書趙公神道碑	元好問	趙思文	二九	1	482
13.	內翰王公墓表	元好問	王若虛	三〇	1	488
14.	內翰馮公神道碑銘	元好問	馮璧	三〇	1	492
15.	國子祭酒權刑部尚書內翰馮君神道碑銘	元好問	馮延登	三〇	1	498
16.	順安縣令趙公墓碑	元好問	趙雄飛	三一	1	502
17.	資善大夫吏部尚書張公神道碑銘並引	元好問		三一	1	504
18.	通奉大夫鈞州刺史行尚書省參議張君神道碑銘並引	元好問	張汝翼	三一	1	510

19.	資善大夫集慶軍節度使蒲察公神道碑銘並引	元好問	蒲察元衡	三一	1	514
20.	資善大夫武寧軍節度使夾谷公神道碑銘	元好問	夾谷土剌	三一	1	516
21.	御史張君墓表	元好問	張汝明	三二	1	520
22.	御史程君墓表	元好問	程震	三二	1	522
23.	商平叔墓銘	元好問	商衡	三二	1	525
24.	雷希顏墓銘	元好問	雷淵	三二	1	527
25.	大司農丞康君墓表	元好問	康錫	三二	1	530
26.	聶元吉墓誌銘	元好問	聶天驥	三二	1	532
27.	太中大夫劉公墓碑	元好問	劉汝翼	三三	1	534
28.	中順大夫鎮南節度副使張君墓碑	元好問	張景賢	三三	1	537
29.	陽曲令周君墓表	元好問	周鼎	三三	1	538
30.	奉直趙君墓碣銘	元好問	趙端卿	三三	1	540
31.	史邦直墓表	元好問	史元	三三	1	542
32.	御史孫公墓表	元好問	孫德秀	三三	1	543
33.	故河南路課稅所長官兼廉訪使楊公神道之碑	元好問	楊奐	三四	1	546
34.	劉景玄墓銘	元好問	劉昂霄	三四	1	551
35.	文儒武君墓銘	元好問	文儒武	三四	1	553
36.	郝先生墓銘	元好問	郝天挺	三四	1	553
37.	曹徵君墓表	元好問	曹珏	三四	1	556
38.	真定府學教授常君墓銘	元好問	常用晦	三五	1	558
39.	善人白公墓表	元好問		三五	1	560
40.	南峯先生墓表	元好問	呂豫	三五	1	562
41.	臨海弋公阡表	元好問	弋潤	三五	1	564
42.	蘧然子墓碣銘	元好問	趙滋	三五	1	566
43.	蘇彥遠墓銘	元好問	蘇車	三五	1	568
44.	盧太醫墓誌銘	元好問	盧昶	三五	1	570
45.	張遵古墓碣銘	元好問	張師文	三五	1	571
46.	張君墓誌銘	元好問		三五	1	572
47.	族祖處士墓銘	元好問	元滋新	三六	1	574
48.	承奉河南元公墓銘	元好問	元升	三六	1	576

49.	敏之兄墓銘	元好問	元敏之	三六	1	576
50.	贊皇郡太君墓銘	元好問		三六	1	577
51.	聶孝女墓銘	元好問	聶舜英	三六	1	581
52.	孝女阿秀墓銘	元好問		三六	1	582
53.	東平行臺嚴公神道碑	元好問		三七	1	584
54.	龍虎衛上將軍耶律公墓誌銘	元好問	耶律思忠	三七	1	597
55.	龍虎衛上將軍術虎公神道碑	元好問	朮虎筠壽	三八	1	599
56.	恆州刺史馬君神道碑	元好問	馬慶祥	三八	1	605
57.	贈鎮南軍節度使良佐碑	元好問	陳和尚	三八	1	607
58.	輔國上將軍京兆府推官康公神道碑銘	元好問		三八	1	610
59.	奉國上將軍武廟署令耶律公墓誌銘	元好問	耶律辨才	三八	1	613
60.	大丞相劉氏先塋神道碑	元好問	劉敏	三九	1	615
61.	歸德府總管范陽張公先德碑	元好問		三九	1	618
62.	臨淄縣令完顏公神道碑	元好問	完顏懷德	三九	1	621
63.	費縣令郭明府墓碑	元好問	郭嶠	三九	1	623
64.	廣威將軍郭君墓表	元好問	郭琩	三九	1	625
65.	潞州錄事毛君墓表	元好問		三九	1	628
66.	顯武將軍吳君阡表	元好問	吳璋	四〇	1	631
67.	忠武任君墓碣銘	元好問	任德懋	四〇	1	633
68.	信武曹君阡表	元好問	曹元	四〇	1	635
69.	千戶喬公神道碑銘	元好問	喬惟忠	四〇	1	637
70.	千戶趙侯神道碑銘	元好問	趙天錫	四〇	1	640
71.	故帥閻侯墓表	元好問	閻輪	四〇	1	643
72.	濮州刺史畢侯神道碑銘	元好問		四一	1	645
73.	宣武將軍孫君墓碑	元好問	孫慶	四一	1	647
74.	龍山趙氏新塋之碑	元好問		四一	1	649
75.	冠氏趙侯先塋碑	元好問		四一	1	652
76.	西寧州同知張公之碑	元好問	張榮祖	四一	1	654
77.	兗州同知五翼總領王公墓銘	元好問	王德祿	四一	1	656
78.	五翼都統領豪士信工之碑並引	元好問	信亨祚	四一	1	657
79.	清涼相禪師墓銘	元好問	弘相	四二	1	660

80.	華岩寂大士墓銘	元好問	惠寂	四二	1	662
81.	墳雲墓銘	元好問	僧法雲	四二	1	663
82.	孫伯英墓銘	元好問	孫伯英	四二	1	664
83.	紫虛大師于公墓碑	元好問	離峰子	四二	1	665
84.	天慶王尊師墓表	元好問	王志常	四二	1	667
85.	沖虛大師李君墓銘	元好問		四二	1	669
86.	通真子墓碣銘	元好問	李志安	四二	1	669
87.	圓明李先生墓表	元好問	李志源	四二	1	671
88.	通玄大師李君墓碑	元好問	李大方	四二	1	673
89.	藏雲先生袁君墓表	元好問	袁從義	四二	1	675
90.	告山贇禪師塔銘	元好問	法贇	四二	1	677
91.	故規措使陳君墓誌銘	元好問	陳仲謙	四三	1	679
92.	漆水郡侯耶律公墓誌銘	元好問		四三	1	681
93.	尚書右丞相耶律公神道碑	元好問	耶律履	四三	1	683
94.	楊振墓碑	元好問	楊振	四三	1	689
95.	齊河劉氏先塋碑記	元好問		四三	1	691
96.	州將張侯墓表	元好問		四三	1	693
97.	安肅郝氏先塋碑	元好問		四三	1	694
98.	徽公塔銘	元好問	澄徽	四三	1	695
99.	參知政事王公神道碑	孛术魯翀	王忱	一〇三〇	32	328
100.	大元故鎮國上將軍河南淮北蒙古軍都萬戶府副都萬戶贈輔國上將軍樞密副使護軍追封雲中郡公謚襄愍忽神公神道碑銘並序	孛术魯翀	伯里閣不花	一〇三〇	32	332
101.	平章政事致仕尚公神道碑	孛术魯翀	尚文	一〇三一	32	336
102.	皇元故武略將軍濟南冠州萬戶府千夫長監默勒齊公神道碑銘	孛术魯翀	末赤	一〇三一	32	344
103.	大都路總管姚公神道碑銘	孛术魯翀	姚天福	一〇三一	32	346
104.	元贈隴西郡侯李公祖考妣神道碑銘	孛术魯翀	李國用	一〇三一	32	353
105.	左丞陳公墓表	孛术魯翀		一〇三一	32	356
106.	渤海郡侯吳繹世慶墓銘	孛术魯翀	吳繹	一〇三一	32	357
107.	參知政事南陽郡公韓昌墓誌銘	孛术魯翀	韓昌	一〇三一	32	359
108.	張公先德碑	馬祖常		一〇三八	32	457

109.	敕賜御史中丞趙公先德碑銘	馬祖常		一〇三九	32	459
110.	皇元敕賜贈翰林學士杜文獻公神道碑	馬祖常	杜瑛	一〇四〇	32	475
111.	翰林學士元文敏公神道碑	馬祖常	元明善	一〇四〇	32	475
112.	集賢直學士貢文靖公神道碑	馬祖常	貢奎	一〇四〇	32	482
113.	大元贈中奉大夫行中書省參知政事張公神道碑	馬祖常	張昂霄	一〇四〇	32	486
114.	致仕禮部尚書邢公神道碑銘	馬祖常	邢秉仁	一〇四〇	32	489
115.	僉燕南河北道肅政廉訪司事趙公神道碑	馬祖常	趙思恭	一〇四〇	32	491
116.	敕賜贈參知政事胡魏公神道碑	馬祖常	魏景先	一〇四一	32	495
117.	故禮部尚書馬公神道碑銘	馬祖常	月忽乃	一〇四一	32	499
118.	敕賜大司徒薊國忠簡公神道碑	馬祖常	忙兀的斤	一〇四一	32	502
119.	故貞節贈容國夫人薩法禮氏碑銘	馬祖常	薩法禮	一〇四一	32	506
120.	濟南安氏先塋碑	馬祖常		一〇四一	32	508
121.	朝請大夫大名路治中致仕馮君先塋碑銘	馬祖常		一〇四一	32	509
122.	故朝請大夫禮部郎中王君神道碑	馬祖常	王興祖	一〇四一	32	511
123.	安定郡夫人王氏墓誌銘	馬祖常		一〇四二	32	514
124.	故榮祿大夫大司農卿郝公墓誌銘	馬祖常		一〇四二	32	516
125.	故顯妣梁郡夫人楊氏墓誌銘	馬祖常		一〇四二	32	518
126.	征行百戶劉君墓碣銘	馬祖常	劉成	一〇四二	32	520
127.	監黃池稅務王君墓碣銘	馬祖常	王元父	一〇四二	32	521
128.	無一禪師塔銘	偰文質	釋善會	一一四四	36	188
129.	滇南華亭山圓覺寺元通禪師行實塔銘	述律傑	釋元通	一四三八	46	533
130.	玉案祖師雪庵塔銘	述律傑	雪庵	一四三八	46	534
131.	鎦府君墓銘	余闕	鎦斗鳳	一四九七	49	176
132.	葛徵君墓表	余闕	葛聞孫	一四九七	49	177
133.	張同知墓表	余闕	張杏孫	一四九七	49	179
134.	兩伍張氏阡表	余闕	張拱辰	一四九七	49	181
135.	蔡孝子順墓表	典理彌實	蔡順	一七〇〇	56	111